JN174262

教師の
メンタルヘルスと
キャリア

高木 亮・北神正行 編
Ryo Takagi & Masayuki Kitagami

Teacher's
mental health
and career
development

ナカニシヤ出版

はじめに

　中央教育審議会は『教職生活の全体を通じた教員の資質能力の総合的な向上方策について（答申）』（平成24年8月28日）を取りまとめた。そこでは臨時教育審議会以降の教員養成に関する使命感や責任感，知識・技能などの専門性のあり方に加えて，「教職生活全体を通じ」た「学び続ける教員像」が提示されている。具体的には教員養成と教育行政による現職教育の連続性とともにOJTや免許制度のさらなる改善，大学院修了教員増加の促進，管理職までの段階的な職能のプログラム化などが指摘されている。さらに，学校や教職，その中での資質能力向上を促進できるような「魅力」とともに，悩みなどへの「雰囲気づくり」や「サポート体制」の充実が目指されている。つまり，従来の教師教育の養成・採用・研修の枠組みが，「養成段階」・「採用段階」・「現職段階」[1]・「管理職段階」と詳細化し，加えて「多様な人材の確保」も提示される教職生活の総合的なデザインを意図している。

　筆者らはそれぞれ日本教育行政学会および日本教育経営学会を主たる活躍の場として，教職大学院の設立（北神）や管理職のリーダーシップ，信頼（露口），臨床心理的視点を通した学校・教師への支援（増田），協働性，学校規模（波多江），職業キャリア（高木）などを極力実証的に実務と研究をになってきた。その中で，それぞれの研究の専門がこの教職生活全体つまり"教職キャリア"という論点で包括できることに気づかされた。一方で教員養成もリーダーシップ，メンタルヘルス，ストレス，協働いずれも今のところ単体の変数（例えば，精神疾患事由早期退職率や休職率）もしくは短期間におこるプロセス（独立・従属変数間の関係性を検討するモデルなど）として検証はされているものの，「教職生活全体」というような長期的で広範な"何を持って規定され（独立変数の課題）"さらに"将来何につながるか（従属変数の課題）"については検証の難しさ[2]もあり，充分な検討がなされていない。教育政策上のキャッチフレーズは単体の実証・実務研究としてまとめるには少し"大風呂敷"の感もあ

るが，実証・実務研究がどこまでを明らかにしており，これから研究展望として何ができるのかを検討する価値はあろう。

　一般的にキャリアとは"軌跡"や"荷馬車"などの単語の音を連想させることから名づけられた職業を中心とした人生観のことである（渡辺・ハー，2001）。この研究枠組みと蓄積を基に教員養成段階から定年までの"教職生活全体"俗にいうなら"教師の一生"を概観する上で実証的・実務的に現状を整理することを今回の研究の目的としている[3]。

　本書では第1部で主に先行研究の整理を通して日本の教師の職業人の一生のプロセス（キャリア）に関する基本的概要をできるだけ客観的に把握することを目指す。特にストレスに関する先行研究に注目している理由は，教師の悩みや苦労，不満などを原因としてのストレッサー（独立変数）として把握し，離職や自殺リスクなども含めた不健康や不健康全般を結果としてのストレス反応（従属変数）として扱う分析モデルの汎用性である。つまり，教師ストレス研究には教師の主観的世界観を把握し描写できる研究方法論としての個性がある。あわせて，日本の教師対象の調査研究としては質・量ともに最も先行研究が充実したものの一つであり，他の職種や海外の状況ともある程度比較が可能であるという強みも有している。しかし，結果としてストレス過程のみではキャリアが把握できないため，その原因に至る過程として教職キャリアに注目し，期待し，推測や探索を交えつつ議論したい。

　第2部では教師にとっての職業上の困難であるストレスが中長期的には教師にどのような影響をもたらすかを質的・的それぞれの環境に注目した視点で検討を行う。過去の困難の体験は多くが後の職業生活にとっての有益な糧となることが多い。短期的な過程検討をはかる従来の教師ストレス研究ではストレッサーのある環境をみつけると"大変だ"であったり，"（問題のある事象を）排除するべきだ"との論考を行いがちであった。しかし，教師にとって負担となる学区や学校の諸状況はむしろ教師の活躍を必要としている，公共の介入であったり所得の再分配が必要とされる場や環境でもある。教師の負担や健康リスクには配慮しつつも，その場を通して中長期の教師の職業人としての幸福であり，また学校教育の成果としての日本の繁栄を模索したい。

　第3部では教師個人の立場にたって「職業人としてどのように生きるのか」

の課題を考える。定型的なキャリアモデルが有意義なわけではなく，またこの
ような視点に立った先行研究は少ない。そのような現状で，『教職生活の全体
を通じた教員の資質能力の総合的な向上方策について（答申)』を基に，養成
段階と初任段階，現職段階，管理職段階といった発達段階にそってその課題を
考えてみたい。

（髙木亮）

【注釈】

（1）この部分に近年の主幹教諭や指導教諭の創設で制度的・実務的に重要視される"ミ
ドルリーダーの段階"も加えることができるかもしれない。

（2）後で詳しくみることになるが，量的データの検証にとってはリッカート法の平均化
つまり多様性の希薄化議論が中心になることと，一部の特に熱心な研究を除き一度
きりの調査で仮想的に因果関係を検証する点などが注意点に挙げられる。質的研究
についてはあくまで現在の視点で過去を回想するという不安定な主観に長期の因果
関係の描写を頼らざるを得ない点が注意点に挙げられる。とはいえ，データの収集
と実証分析をする努力をなさない研究者に，これらの限界を一方的に批判する資格
がないことも付け加えておきたい。

（3）また，教職におけるメンタルヘルスとは現在定着しているようなストレスや精神疾
患に限った問題ではなく，教職の満足感・充足感とその積み重ねである教職のキャ
リア自体をどのようにデザインするかという課題を持つ（江澤，2013）。一方，榊
原（2009）や水本（2009）の指摘するように教師ストレス研究が教師の不健康問題
に重点を置きすぎるあまり"健康な学校"や"それを支えうる能力"についての議
論のバランスに欠けることも限界である。さらに，川端（2007）のいうように我が
国で「メンタルヘルス」というとヘルス＝健康ではなく，病的状態の治療と予防に限っ
た問題意識を指してしまっているという問題があるのかもしれない。ストレス論を
超えて教職の満足感・充足感を増やし，リスクとコストを無理のない範囲にまとめ
るようなキャリア全般の支え方を考えることが今後の課題であろう。

目　　次

はじめに　　i

第1部　教師をめぐるメンタルヘルス論の限界とキャリア論への期待

第1章　精神衛生とメンタルヘルスをめぐる学校経営および教育行政の課題
　　　　（高木）……………………………………………………………………　2

第2章　学校観と教育課程の変遷から見た教師のキャリア
　　　　―昭和20〜30年代の学校教育を手がかりに―（高木・北神）……　14

第3章　学歴・学校歴意識と生徒指導問題の変遷から見た教師のキャリア
　　　　―昭和50〜平成10年代の学校教育を手がかりに―
　　　　（高木・北神）……………………………………………………………　37

第4章　地方分権と教育方法のイノベーションから見た教師のキャリアの課題
　　　　（高木・北神）……………………………………………………………　51

第5章　教師ストレスとキャリア研究の現状（高木）………………………　75

第2部　教師のキャリア形成（職業上の人生軌跡）とストレス

第6章　様々な教師のキャリア―教師の個人史への着目―（高木）………　104

第7章　人事異動の影響と地域性（波多江）…………………………………　119

第8章　学区と地域が教師に与える影響（露口）……………………………　128

第9章　学校規模など学校の構造が与える影響（波多江）…………………　143

第3部　教師のキャリアをデザインする課題

第10章　初任段階をめぐる課題（露口・増田）………………………………　156

第11章　現職・中堅段階をめぐる課題（波多江）……………………………　183

第12章　管理職段階をめぐる課題（露口）……………………………………　195

第13章　まとめにかえて
　　　　─本質的な意味での「メンタルヘルス＝キャリア」への提言─
　　　　（増田・露口・高木）………………………………………………… 211
おわりに　　237
引用文献　　241
索　　引　　259

第 1 部

教師をめぐるメンタルヘルス論の限界と
キャリア論への期待

第1章　精神衛生とメンタルヘルスをめぐる学校経営および教育行政の課題

高木　亮

1．本章の目的

（1）はじめに

　1990年代頃より急増した教師ストレス研究は様々な知見を明らかにしている。多角的な知見が蓄積されつつあるが，それらについてのレビューは多くはない[1]。そこで本章は教師ストレスにおいて特に議論の少ない治療的・精神衛生的[2]な配慮を必要とする深刻な状況について先行研究を整理し展望をまとめることとした。

（2）教師の精神疾患と「病休」

　ストレスの不幸な結果の一つが心身の疾患である。後天的なストレス性（以下，「心因性」）精神疾患または心因性身体疾患（心身症）になった場合は当然教育活動の能力が低下し[3]，さらに状況が悪化した場合は多くが有給休暇の消化を経て「病休」に至る。公務員の「病休」には二段階があり，労働者の権利として取得される病気休暇と行政上の命令（分限処分）として発令される病気休職がある（詳しくは，森部，2007参照）。教職員については各自治体の地方公務員に関する条例を踏まえた教職員人事規定に基づくため，地方によって制度は異なる。そのため病気休暇と病気休職いずれも復職が大きな課題として問題視されるが（沢崎ら，2007），その実態は地域の違いや定義の違いなどもあり把握が難しく，内実も不明確な部分が多い[4]。

　これらの一連のプロセスにおいて，精神疾患による病気休職者については文部科学省の公刊統計[5]があり，教職員の精神疾患等の状況については都道府県の公的医療機関の医師等による研究報告[6]がある。しかし，有給休暇と病気休暇の取り扱いや，復職時の注意点，復職後の職場と当人の状況などについ

ては一般職業研究において真剣で深刻な議論（例えば，宮岡・清水，2007；大内ら，2010）がされているにもかかわらず，教職に関しては精神科医の提言が若干ある以外ほとんど議論されていない。そこで本章では精神疾患による「病休」の過程に焦点を当てて先行研究をレビューし教育経営学の立場で課題を考察する。

2．教師の「病休」に関する諸課題

「病休」の問題についてはデータ収集の困難や守秘義務の配慮の必要性からデータが限られ議論が難しい。そこで，教職に限らず他の職種の職業人での議論も含め現在問題とされている諸課題を整理していこう。

（1）教師の精神疾患による「病休」の問題

東京都公務員の精神疾患による「病休」の発生率は1,000人中約3人（1993年），4人（1998年），11人（2005年）と増加傾向にある（吉野，2007）。同時期の教師の精神疾患による病気休職者は文部科学省の分限処分調査によれば1,000人毎に約1人，2人，4.5人である。東京都の「病休」伸び率が1993年から2005年までに3.6倍，教師の休職伸び率は4.5倍となる。また，藤井（2005）が取り上げる地方公務員全体の「病休」では約2.4人（1996年）から4.5人（2001年）で伸び率1.8倍[7]，同時期の教師の休職の伸び率は1.8倍である。

これらのデータはあくまで公務員の病気休暇と病気休職を合計した数字と教師の病気休職を比較したものであり厳密な比較とはいいにくいが，精神疾患に関する人事上の問題の深刻化は教師だけに当てはまる問題ではなく，公務員や大手民間企業正社員など身分保障の充実した労働者全般の課題であることが分かる[8]。

ただ，公務員に比べ教師においてより深刻な休職の発生率が極端に高いことと，心因性各種疾患の発生リスクの大きさ（山口，1999；中島，2005a）に問題の所在があるといえる。また，財政の問題を考えれば「病休」に関わる発生率だけでなく，幼・小・中・高・特別支援・中等教育学校の100万人前後という教師の職域としての母数の大きさ，東京都だけで「病休」対策費用が60億

4　第1章　精神衛生とメンタルヘルスをめぐる学校経営および教育行政の課題

円を超える[9]状況などに社会問題としての課題がある。

（2）精神疾患の種類と教職における問題

　精神疾患による病気休職という区切りの中で気をつける必要があるのが，それに至る根本的原因の部分である。ここでは中島（2000; 2003; 2006）のケース紹介と分類の議論を基に，概ね以下の5つに分けて考えてみたい。

　ア）人格・態度や能力に問題がなく心因性精神疾患に至った

　イ）人格・態度に問題はないが能力的な不充分さから心因性精神疾患に至った

　ウ）人格・態度に問題があり，その「方便」としての「精神疾患」を主張する

　エ）人格・態度の問題が周囲との葛藤を生じ，結果的に心因性精神疾患に至った

　オ）心因性以外の原因による精神障害に至った[10]

　アとイについては基本的に従来の教師ストレス研究が想定としてきた問題である。教師ストレス研究では過重労働や本人と周囲の葛藤が原因となりストレス反応としての心因性精神疾患に至るため，ストレッサーを削減する方法論やストレスの耐性の開発を考えることで未然の予防や復職後の安全を考えるが，アとイはこれにより改善が期待できる。治療的・精神衛生的課題としてアとイの病気治療と「病休」における円滑な復職は大きな課題になるが，イについては職能成長を促す開発的課題が同時に求められ，能力の向上が見られない場合に人事上の問題として改めて表面化することとなる。

　一方，ウとエについては人格障害などの根本的問題を内在し，嗜癖（アディクション）としてのアルコール・ギャンブル依存さらに借金や異性問題などの他に，暴言や暴行といった問題行動として顕在化する部分を持つ[11]。これらは以前「不適格教員」と呼ばれた人事上の別の課題として表面化することになる。エについては基本的に治療や能力開発の余地がなく，本章の課題とは別の人事上の制度に関わる課題であるが，結果として心因性疾患となっている以上は，アやイとの区別が混乱しやすいことが問題である。なお，ウについても問題行動を行う人格の問題を病気として精神疾患の一種として分類することもあ

るため留意が必要である（詳しくは，岡田，2004）。また，オについては疾患の種類や個別のケースごとに予後が大きく異なり一概に議論できない。

　校長経験者であり岡山県教委人事課勤務経験者（森上敏夫中国学園大学教授）へ聞き取りを行ったところ，1990年代後半より病気休職が一部で悪用されている実態が各都道府県教委で認識され始め，「病休」の有給期間の枠組みと「病休」の通算期間に関する規定の設定などが制度として整理され始めた。これによりウのタイプの悪用については未然に防がれるか，制度上退職となるなどにより対応され，現状では「以前よりだいぶ落ち着いた」といわれる。

　一方で近年はエのタイプの問題がアとイの区別が曖昧になりつつあるという「新型うつ病」の問題も生じている（例えば，牛島，2007；岩谷，2007など）。教職員においても問題行動が「心の闇」など精神疾患という文脈で説明する傾向が見られ，これが教職員の精神疾患全体のイメージの混乱・誤解を生んでいる傾向がある。そもそも，上述のような大まかな分類でも根本的な原因の違いがあるにもかかわらず公には全て「精神疾患による病気休職」と定義され，さらに大枠の「指導力不足教員」という極めて曖昧な定義に包括されてしまうことの問題点を指摘したい。

（3）「病休」の認定課題

　教職における職域病院[12] を有さない自治体が多いため精神疾患ないし諸症状により病気にかかった主治医の診断書があればそれが根拠として病気休暇も病気休職もそのまま認定が受けられるのが実情であろう。その際，復職の見通しをまったく持たずに「病休」の処理がなされることと，当人でないと務まらない職務が大半を占める教職の性格上，講師等の代員配置の根拠として強力[13]な病気休職が学校としては必要になるケースが多い。特に休暇で済むケースを休職として発令され，当人の回復可能性をかえって阻害しているという指摘もある（中島，2005a）。

　また，自治体ごとに病気休暇の期間は90日と180日があり，「病休」の枠組みにおける給与の扱い，再度の「病休」扱いの可否を定める規定，代員や加配に関する規定などが自治体によって大きく異なっている[14]。そのため，病気休職について統計的な分析をはかる研究（例えば，高木，2009；保坂，2010，

高木，2010など）の議論自体の価値には限界があり，統計上非公開の有給休暇と病気休暇の取得者やその実態についての検討が必要であろう。

（4）「病休」中の課題

「病休」中の教師の問題として想定できる点は「病休」期間中の生活の問題である。最初の3ヶ月までの休暇時は給与満額支給であるが，例えば岡山県や東京都においては休職初年度は給与が8割になり，2年目以降は給与支給がなくなる[15][16]。いずれにせよ「病休」中において経済的事由は個人にとって深刻な課題になる[17]。また，休職時においては周囲の目を怖れ，精神的不安定になり「家に籠りっきり」になりやすいことや（小林，1994），「することがなく」焦りばかり募る（遠藤，2003）などの実態が指摘されている。

これらにより復職を主治医に頼み込み無理に復職し本人も学校現場もかえって混乱が深まるケースが指摘され（例えば，中島，2004），このような傾向は教師に限らず民間企業でも問題になっている（大内ら，2010）。さらに，休職中は本人が主観的に同僚や管理職に対する不満を感じる傾向が他の職種より強い（中島，1994）。自らの「病休」体験をつづった遠藤（2003）は診断書の提出のあり方をめぐって管理職に強く不満をぶつけ，教育政策自体への八つ当たり的な不満を回想の中で述べている。これらは「病休」中に当人が"適切な対応をされていない"ことの不満の表れともとれる。なお，遠藤（2003）を読めば，このような休職者の対応をする管理職の苦労もしのばれる。

前述の森上教授への聞き取りでは「ストレスと精神疾患に至った舞台である学校に来ることは休職者当人にとって苦しく困難で，校長自身が有給をとって休職者と一緒に病院に行ったり，休日にレストラン等で面談する」などの苦労が語られている。このような配慮を全ての管理職に「当然」の職務と求めることは危険であろう。また，民間企業の経営コンサルタントは1年の「病休」の対策費用は当人の年収に匹敵し，同僚や管理職への仕事量のしわ寄せによる仕事の効率低下ははかり知れないとしている（川端，2007）。データ化は困難であるが現在の「病休」制度が潜在的に生んでいる学校経営への悪影響は深刻であろう。

以上をまとめれば，本人の「病休」中の適度な復職につながる活動や人事上

の面談の規定作りが必要であろう。現状では校長をはじめとした勤務校への負担や負荷も大きく，主治医等に医療的な判断を任せ切ってしまう危険もある（例えば，大西・黒木，2004；山登，2007など参照）。そのような中，2000年代より一般職業人の休職復帰プログラムとして休職者のリワークプログラムが効果を上げ（有馬，2010），他にも集団でのグループワークや語り合いを通して漸進的に復職するプログラム（田島ら，2007）も充実しつつある。これらは今後の「病休」の制度改善に参考になるように思われるが，健康保険の不適用や公費支援のあり方など難題も多い。

（5）「病休」からの復職の課題

　「病休」からの現場への復職は教師において他の職種より厳しく（中島，2007），分限免職に至ることはほぼ無いものの，ひっそりと自主的な退職に至るケースが「3割程度」という指摘もある（沢崎ら，2007）。民間企業でも復職後の職能の異なる部署異動は職務遂行上も本人の適応上も難しいとされる（大内ら，2010）。加えて，中島（2007）が指摘するように「教壇に復帰するという」という「ハードル」の高さと，教職以外の配置転換も選択肢として難しい教職の特質が指摘されている。そもそも，このような復職の困難が問題視され対策が始まったのはここ10年ぐらいである。

　現在，文部科学省公刊統計で毎年「教育職員に係る懲戒処分等状況一覧」において都道府県毎の復職制度の実施状況が公表され，ある程度現状をうかがうことができる。平成21年度の公表では勤務校の校長らが責任者となりフルタイムの復帰の前にパートタイムの「リハビリ出勤」を行い，復職の可否を判定する形の自治体が多い。

　しかし、「リハビリ出勤」[16]には異論を唱える声も少なくない。そもそも職場は医療施設でも福祉施設でもなく「リハビリ的な復職支援」自体ができないとの指摘や（大西，2007），勤務先である学校現場として重要なのは精神障害等の改善に関わる「疾病性」の対応ではなく，仕事に安全で生産性を持って担う能力が回復したかどうかの「事例性」の判断であり（大西・近藤，2008），疾患の治療ではなく予防と疾患リスク低下に関わる能力の開発の拠点としての意義を持っている（中島，2005b）。また，「リハビリ出勤」は休職中の労働外

作業命令なのか労働なのかの定義が曖昧で労災認定や休業補償・給与の取り扱いに様々な問題が存在する（大内ら，2010）。少なくとも現状の学校現場に疾病性に関わりのある「リハビリ出勤」を求めること自体が危険やリスクがあると考えられる。

　ところで，民間企業で復職問題に関わるコンサルタントの指摘によれば復職支援期間において少なくとも管理職の生産性は1割は低下するといわれ，同僚への仕事の負担増など組織全体の生産性低下と人間関係の悪影響も生じるとされ（川端，2007），それに加えての「リハビリ出勤」の対応の負荷の増加は計りしれない。また，管理職よりも同僚から不満という形で休職者への厳しい意見が生じやすい（大内ら，2010）。今後の実施状況の評価が重要であるが，「リハビリ出勤」をどこで行うべきかについては慎重な再考を要すると指摘したい[19]。

3．教師の「病休」制度改善のための対策の提案

（1）精神疾患による病気休職と「指導力不足教員」の定義の詳細化

　世論において問題視された（旧称）「不適格教員」もベテラン教師の精神疾患も教職初期の能力未開発を原因とする精神疾患も，いずれも現状では「指導力不足教員」問題としてまとめられる。また，特に精神科領域でリスクのある詐病の問題や「新型うつ病」の問題，人格や嗜癖に関する障害もこの問題はいずれも精神疾患における「病休」の課題として顕在化する問題である。自治体によっては指導力不足と精神疾患の問題を別に定義する自治体も一部あるが，いずれにせよ充分に原因の本質を区別をした把握が必要である（中島，2005b）。そのため，この問題を根本的原因である人格・態度・能力までにさかのぼった分類をはかる必要性を指摘したい。加えて，対策を考える上で精神疾患の治療や予防という視点とあわせて，「指導力不足」の回復と改善という点で職能成長の開発も把握される必要がある。

（2）包括的な「病休プログラム」開発の課題

　現状の「病休」からの復帰前後にのみ焦点を当てた復職プログラムだけでは不充分であり，「病休」全体を包括的に考え，対応する必要性を指摘したい。「病

休」の判定と「病休」期間への対応，さらに復職時期もあわせた一貫したプログラムやガイドラインの開発が必要である。その上での課題を3点にまとめてみよう。

一つ目はコーディネート（独立した機関どうしの関係作り）の課題である。「病休」について当人以外に学校現場（特に管理職）と当人の主治医との調整が診断書と復職の扱いにおいて混乱が生じやすい。そのため，教育行政が主治医以外の学校現場に理解のある精神科医療機関と直接連携し，当人・主治医と学校現場との調整仲介を「病休」の全期間を通しての関係性の開発を行うことが有効であろう。

二つ目は「病休」中のルールと課題を設定する仕組み作りである。「病休」期間において当人は特に仕事も作業課題もなく，そのことが焦りや引きこもり，問題の悪化につながることが多い。そこで入院や通院などとの都合を調整しつつ，デイサービス的なリワークプログラムのような治療兼能力開発の学校外の課題に参加し，漸進的に回復をはかりながら復職に備えるような仕組み作りを期待したい。特にこれにより病気休職の濫用や悪用を防止できるとともに，「病休」におけるコーディネートも進むことと展望できる。

三つ目は「リハビリ出勤」の改善課題である。リハビリ出勤は厚生労働省の「心の健康問題により休業した労働者の職場復帰支援プログラム」（2004;2008改訂）にも取り上げられ定着しつつある復職の仕組みの一つである。しかし，勤務校へ「リハビリ」をはかることの問題についてはすでに列挙した。「リハビリ出勤」であり現行の復職プログラムについてはより詳しい検討が必要にはなるが，これらの枠組みを「病休」期間全体に広げつつ発展的に改善させていく必要があろう。例えば上述の「病休」期間全体の作業課題づくりと，勤務校以外の教育行政・教育関連機関でのリハビリ出勤などを経て，異動を経た完全復帰など漸進的な復職プログラムが上記の文脈において無理が少ないとも考えられる。

（3）学校現場の精神衛生・治療的課題のスリム化

すでに触れたように特に校長の「病休」中の休職者への対応や復職時の学校現場への負荷は非常に高い。通常の教育活動を遂行しなければならない学校現

場に「疾病性」の対応を期待するのは極めて危険である。中島（2005b）が指摘するように学校現場は精神疾患の予防的課題や教職の充実感の確保，教職上の職能開発といった開発的課題において能力を発揮する可能性を有している。現行の「病休」に関わる精神衛生・治療的期待は大幅に見直すことが有効であると指摘したい。

（4）精神疾患発生初期の有給休暇・病気休暇への着目

文部科学省公刊統計のある病気休職の状態はすでに精神疾患をめぐる問題が生じて相当の時間が経っており早期の対応や予防・開発的視点に立った対応が困難である。休職という数年単位を見据えて病気休職からの完全復帰への道筋を作ることは重要な課題であるが，可能であれば心身の不調の軽いうちに早期発見を行い極力深刻化を防ぐことがより有益である。そのため，精神疾患等の初期における有給休暇と病気休暇取得直後の課題について現在はほとんど把握されていないこと自体の改善課題である。予防的課題と治療的課題の曖昧なこの状況においての問題の所在と改善のためのあり方について資料収集と各立場の役割分担を踏まえた対策の提案が課題となろう。また，病気休暇だけでなく有給休暇も含めた「病休」として復帰を見据えた対策の枠組み作りが必要であると強調したい。

（5）おわりに

本章では特に「病休」とその周辺の問題として疾患の種類や復職支援のあり方などを中心に整理した。そのため，「病休」以外のストレスや多忙の結果として想定されるその他の課題は今後の検討課題として，以下に列挙するにとどめたい。

例えば，女性教師の流産と育児の混乱のリスク（大阪教育文化センター，1997），他の職種より教職が自殺のリスクが高いとされる問題（丸谷・久場川，1987），過労死にあたる事例が少なくないこと（大阪教育文化センター，1997；八木，2005）などが心因性の精神疾患・身体疾患の問題として指摘できる。また別の問題として，平成19年の文部科学省（2007）の『指導が不適切な教員の人事管理に関する取組等について』における関連統計で平成9年度

には50名に満たなかった採用初年度の教師の依願退職者が平成19年度には300名を超えており，希望降格についてもこの10年で採用する自治体が増えたため平成12年度の3名から平成21年度の223名まで増加している。

　もともと欧米の教師ストレス研究が専門職の職能の成長・発揮と，有能な人材の確保と人材流出（早期退職）の防止を研究の目的としている（Travers & Cooper, 1996；八木，2005）。このような危機感は我が国の教師ストレス研究では少なく例外的に秦（2003）などが懸念を示している程度である。結局のところ教師のストレスの問題は本章で論じた「病休」や退職者の増加の問題以外にも教育活動自体への悪影響や教職自体の専門性・人材確保の悪化など学校教育制度自体を揺るがしかねない様々な「結果」につながりかねない。今後はストレスの「結果」生じる様々な問題を予防する視点で多角的に「原因」であるストレスやその前提になる諸問題を改善するための包括的な仕組み作りが課題になる。特に本書の表題である“教職キャリア”つまり教師という職業を中心に見据えた人生観や人生設計のあり方自体に注目し，他の章で検討を行いたい。

【注釈】

（1）レビューを行った先行研究としては90年代末までのストレスの原因について注目した田上ら（2004），ストレス抑制要因の可能性について議論した西坂（2003），ストレス反応であるバーンアウト尺度に着目した落合（2003），さらに精神疾患等の問題について丁寧に整理した相川（1997）などがある。

（2）1990年頃より「精神衛生」という表現が「メンタルヘルス」という表現に替わっている。このことは概ね前者が精神疾患の治療を目的とした概念であるのに対し，後者は精神衛生の課題とともに職業生活の充実（Well BeingやWellness）までも含めた包括的概念である点が異なる（福水，1994）。また，東京三楽病院の元精神科部長故中島一憲氏は「広義のメンタルヘルス」として教師に健康と充実が必要であることを強調していた。本章では，精神疾患罹患以降の問題を“治療”の課題，精神疾患罹患の高リスク状態を“予防”の課題，精神衛生に直接リスクはないものの教職の充実と職能成長の課題を能力“開発”の課題として表現を使い分けている。

（3）現在の教育行政用語としての「指導力不足教員」問題と以前に用いられた「不適格教員」問題は分けて考える必要がある。しかし，前者の定義では後者の定義と比べて心因性精神疾患等の結果として指導力が発揮できない教員も含まれてしまうこととなる。この場合，真面目で職務に前向きな教師ストレスによる精神疾患となった

12　第1章　精神衛生とメンタルヘルスをめぐる学校経営および教育行政の課題

教師も「指導力不足」と表現されかねない。指導力不足教員問題から見た精神疾患の問題は八尾坂（2005）が詳しい。

（4）「3分の1原則」として3分の1が比較的早期に休暇・休職より復帰し，3分の1が休職の長期化，3分の1が職業の継続が難しい状況に至るとした指摘がある（沢崎ら，2007）。また，精神疾患による入院者の追跡調査で退院後の復帰が他の職種より悪い4割以下であるとの指摘もされている（中島，1995）。

（5）毎年末に前年度分限処分の統計が『教育職員に係る懲戒処分等の状況について』として発表され，精神疾患による病気休職者の人数が都道府県政令市ごとに公表される。

（6）1960-70年ごろの関東中央病院の診察記録の統計報告（加藤，1975）や1973-85年の栃木県国立病院における教職員の診察状況の報告（丸谷・久場川，1987），東京都の教職員互助会（共済組合）関連病院（いわゆる職域病院）である三楽病院の精神科の報告として福水（1994）や中島（1995；1998；2005）がある。今のところ，われわれはこれら医療機関の研究報告ででしか教師の精神疾患とその関連の問題の所在や変化が把握できない。

（7）藤井（2005）は雇用の安定した優良企業でもほぼ同率の伸び率であると指摘している。

（8）この傾向について抗うつ薬の新薬開発が進み，抑うつを中心に治療可能余地が進んだ。一方で，現在でも治療が困難なケースも無理な改善の期待がなされ，混乱した治療や社会復帰の議論に陥りやすい「操作主義」の問題を指摘している（齊藤，2007）。

（9）東京都の教師の年間精神疾患事由病休対策費用が60億円超とされる（2009年11月5日付け産経ニュース〈http://sankei.jp.msn.com /life /education /091106 /edc0911060046000-n1.htm〉（アクセス2010年5月11日））。

（10）精神疾患には内因性の精神疾患（内因性精神疾患）として若年のアルツハイマーや統合失調症がある。内因性とは対人関係やストレスなどの外因ではないことを示す。ゆえに労働環境改善で予防はできない。若年性アルツハイマーはそもそも生涯発症率が十万分の一程度であり，統合失調症は250分の1といわれる。前者は教職に関する統計の試算自体が難しい程の低い発症率である。後者は10代での発症率が大きいため大卒ホワイトカラー層については六千人の職業人のうちに1人が毎年発症し，常時10人程度が在職しつつ，そのうち8人は治療を受け仕事を継続可能であるといわれる（詳しくは，藤井，2005）。これら内因性のものは発症率が少なく，かつストレスにより発生率が変化するものではなく，教師教育等によって対応できない課題である。そのため本書でこれらの詳しい議論は割愛する。

（11）心因性精神疾患や各種人格障害さらに依存症などの行動上の諸問題は大西（2008；2009）が詳しい。

（12）当該職域の共済組合等の運営による病院を指す。

（13）特に小規模校と生徒指導・進路指導の求められる中学3年担任などのケースでは休暇で済む状況を休職として扱うケースが多い（例えば，中島，2007）。岡山県でも病気休暇の場合は非常勤の加配の範囲で対応され，代員には特別な理由書を提出し

た上での審査が必要とされる（森上敏夫教授への聞き取りより）。財政状況や行政慣習の違いがあるが，聞き取った範囲では「病気で一月以上の休み」などが代替要員確保の基準となる自治体が複数あった。また，「病休」代替要員確保の予算減が産休・育休代替要員の予算源と同一である自治体が複数あり，21世紀ゼロ年代の小学校教諭大量採用ラッシュ後の「産休・育休ラッシュ」を不安視する管理職・教育行政勤務者の声が複数聞かれたことも付記しておきたい。

(14) 教育職員の統計ではないが，類似として総務省統計『地方公共団体の勤務条件等に関する調査結果』において国家公務員つまり90日を病気休暇の取り扱いとする場合とそれ以上の取り扱いについて一覧が公表されている。近年，国家公務員の基準よりも教師の病気休暇を長く扱う自治体は減少している。

(15) 病気休暇の90日以上を減給とする国家公務員と同じ扱いと異なる扱いの自治体に分かれる。

(16) 逆に給与支給期間を利用した「病休」制度悪用のリスクもある。例えば，東京都公立学校教職員組合（東京教組）が発行する機関紙に「かしこく病休をとる方法」として「病休」の悪用を促しかねない文脈の記事を掲載し問題となっている（2009年12月20日づけ『産経ニュース』「東京教組が“病休指南”」〈http://sankei.jp.msn.com/ politics /local/ 0912 20/ lcl0912200131000-n 1 .htm〉，2010年1月確認）。このことは詐病や悪用の「指南」と有権者より受け取られかねず，教師の精神疾患およびストレスの問題自体が世論から誤解されかねない極めて残念な事態である。

(17) 前述の森上教授への聞き取りでは，岡山県や参考となった自治体の状況として病気休職の濫用などの問題意識から復職審査の厳密化や復職支援の在り方が平成15年頃に整備されはじめたとされる。事実，それ以前は病気休職等でも勤務時とほとんど給与が変わらず，何度も休暇・休職を繰り返すことが可能な制度であり，悪意があれば濫用は可能で経済的利益があった。しかし，筆者の弟（特別支援学校教諭）が病気休職をした際は，ボーナスの停止と月給の減額とともに治療費が重いこともあり，生活に関わる定期的支出を見直す必要に迫られていた。子供や介護などに直面するライフステージの教師には，このような経済的変化はより苦しいものとなろう。

(18) 「ならし出勤」「復職試行期間制度」とも呼ばれ，いわゆる時短やフレックス制度を使って運用されることもある（大内ら，2010）。

(19) 前述の森上敏夫教授の聞き取りで指摘された問題点として，①休職の原因となった職場へ本人が回復途上に出向くことは基本的に本人には極めて辛いことで，②校長の面会などの対応が休日や校長の有給休暇での学外対応にならざるを得ないこと，③「リハビリ出勤」に本人や教職員の負担がかかること，④「リハビリ出勤」終了後，年度明けを持って異動をする必要があり，それが学校自体にとっても動機づけを持ちにくいこと，などが指摘されている。これは教育行政勤務時代に「病休濫用者」を厳しく批判し制度改善に関わった人物が校長として勤務した際の回想である。濫用と正当なストレス性精神疾患の教諭を峻別する必要をここから強く感じることができる。

第2章　学校観と教育課程の変遷から見た教師のキャリア
―昭和20-30年代の学校教育を手がかりに―

高木　亮・北神正行

1．問題と目的

（1）本章の目的

　終戦から現在に至るまで一貫して教師の職業は多忙であると論じられてきた。定期的に労働時間等の定量研究（古くは日本教職員組合，1954；最近のものとしては東京大学，2007：2008）が行われ，90年代以降は多忙と関わる教師文化や学校文化での検討（例えば，久冨，1994；油布，1995）がなされ，国際基準に基づいた日本の教師の多忙の分析と職務満足感との関連性（神林，2015a），戦後個々に行われてきた教師の多忙・勤務時間調査をデータとした上でのメタ分析（神林，2015b）なども報告されている。一方，教師の心理に圧迫感のある諸職務を概観し，教師の多忙と多忙感を区別した量的検討（例えば，高旗ら，1992；岡東・鈴木，1997；北神，2001；坂本ら，2014など）や，これらをあくまで教師の主観ではあるが包括的に把握できる教師のストレスの側面から把握し議論した視点[1]（例えば，大阪教育文化センター，1997；松浦，1998：三沢，2013；神林，2015c）も増加している。

　このように多忙や多忙感さらにストレスに関する研究は多いものの，その職務の内実の変化については検討途上といえる。特に戦後一貫して教師の学校に勤務する平均時間はほぼ一定であり[2]，後述するように教師にとっての労働条件や学校の職場環境は整備が進み，多忙とされる教職を支える体制については戦後少しずつではあるが確実に改善がなされた。にもかかわらず，1990年代以降の精神疾患による病気休職者の増大などの問題意識の深刻化が進展している点は何故なのかを検討を職務の内実とその変化を論じたい。このことを通して，職病の変化や社会の学校・教師への評価が教師の日常やキャリアにどのような影響を与えたかの観点から議論をこころみる。

（2）教師の役割の定義の曖昧さ

　現在，法制上は学校の役割とは「公の性質をもつもの」（教育基本法（学校教育））[3]であり，教師の職務は「児童（生徒）の教育をつかさどる」（学校教育法における小学校や中学校，高校など一条校における規定）とされる。つまり，学校とは公共サービスの一つであり，教師は教育を担う公共性の高い職業である，という大枠の定義がなされ，20世紀の末には学校現場の実情や実践場面の状況にあわせて運用されていると評価されている（下村，1997）。日本の学校の役割および教師の職務範囲は私教育の伝統を持ち教科指導的内容に主軸を置く欧米の学校と異なり，日本では広い「生活学校」としての広い教育内容と教育方法を包括する役割を明治以来伝統的に担ってきた（例えば，結城，2000a；2000b）。また，初代文部大臣森有礼の『Education of Japan』ですでに確認できるような大衆教育という日本の特徴も根づいている。地域の中の公的な存在と定義されてきたわが国の初等中等教育の学校が担ってきた機能や役割，使命については地域の実情やニーズを受けて非常に複雑で多岐にわたった内容で構成されてきたといえる（葉養，1999）。

　第4章で詳しく検討するが，21世紀の「第三の教育改革」と呼ばれる現状の中で，中央教育審議会答申『新しい時代の義務教育を創造する』（2005年10月）などでは「求められる教師像」についてより詳しく言及がなされている。そこでは①教職に対する情熱，として使命感や愛情，責任感に基づいた情熱，②教育の専門家としての力量，③総合的な人間力を挙げている。現在では当然のように整備された教師の役割は21世紀以降に体系的に整理されたものである。しかし，これらを見ても教職の役割は捉えづらい。逆にいえばこれ以前の教師の「求められる姿」は統一的な職業の定義が曖昧で実情・実践場面さらに直接や間接的な社会の要求に強く規定されてきたといえる。この教師の国や地方での体系化，言い方を変えればかつて「教師の教育権」と呼ばれた自由度が相対的に制限されていくプロセスを考え，このことを通して教職キャリアの適応の難しさをうかがいたい。

　ところで，教師の多忙・多忙感やストレスにつながる職務は生徒指導や「周辺的」または「動機づけが曖昧」とされる職務が影響するとされている。しかし，いじめや不登校，非行といった現在の定義に基づいた生徒指導という言葉

は1980年ごろからの第三の少年非行ブームにより定着したものである。また，「周辺的」または「曖昧な」職務という表現の対ともいえる学校・教師の「主要・中核職務」としての教育課程への貢献は生徒指導上の問題が生じた80年代以降に「主要・中核」と示されはじめた感がある。現在では学校や教師の主要職務として計画的に実施する教育活動である各学校の教育課程がイメージできるようになったのは比較的最近のことであるとの推測を本章で概観したい。そこで教育課程の基準としての『学習指導要領』の位置が定着するプロセスに注目する。

2．昭和20-30年代の学校と教師

（1）「牧歌的」な学校と教師の立場

　昭和20年の敗戦からはじまる戦後の教育改革は明治の学制に次ぐ「第2の教育改革」といわれ戦前の制度と一線を画している（山住，1986）。しかし，広田（1999）は明治末からの一貫した公立学校の存在意義を地域の中での子供の生活教育を担うことに加え，子供だけでなく地域全体の封建的・非民主的性格を克服するための地域社会の拠点となるべき使命を担ったとしている。つまり，明治より日本の学校教育は学力以前に民主化という広い人格形成・能力開発を目的にかかげた生活学校とそれを広く曖昧に支える職業人である教師を置いてスタートしたといえる。

　昭和25年の朝鮮戦争の特需景気や，昭和35年の池田勇人政権による所得倍増計画などからなる高度経済成長は国内の戦後の混乱期を終えることとなる。いわゆる「55年体制」とされる政治の安定と，それを背景とした教育委員会法廃止と地方教育行政法制定により教育行政の中央集権化が形成され，日本の学校教育の行政的機能が整備された（小島，1996）。また，高度経済成長により，質の高い理科系労働人口の必要性が要請され，それを受けた「マンパワー政策」が進められる。そのような政策の下「教育爆発」といわれる学校教育の義務教育段階以降への進学の急増が起こるのが昭和20〜30年代である（山住，1986）。

　終戦直後の教師を巡る問題の焦点は施設・教師数などの量的不足からくる多

様な仕事と多忙な状況の問題である（日本教職員組合，1954）。そもそも終戦までの義務教育が6年であった状況に加えて，戦災で学校校舎すら焼失したものが多い状況で義務教育を9年に延長し，学校の体制について男女共学を前提にした6-3-3-4制の単線型の体系に再編成したこと自体が無謀なまでに野心的な教育改革であった。また，戦前の教職は地域の名士の子供か学費を払えない若者が"教職だけでは経済的に自立が難しいこと"を前提に就く職種であった。戦後の農地改革等は有産階級をほぼ消失させ，教育委員会制度をはじめとした民主的で法治的な地方教育行政制度も戦前のような教員人事の成立する余地を許さなかった[4]。また教員免許状が新制大学卒業を前提とするものともなった。このため教師の当時の給与や労働条件の劣悪さから新制大学を卒業者の教師のなり手が少なくなった。また，施設の未整備や人員不足が一人当たりの教師の多忙を生み，授業などの質の確保が行えないことを問題視している。そのため，給与改善をはじめとする労働条件の改善と授業以外の校内での細かな「雑務」の内容についての「雑務排除論」などの運動につながる。このような給与や施設整備，「雑務排除論」の視点は基本的に今日にも引き継がれる問題である（藤田ら，1996）。しかし，ここであがる「雑務」は21世紀の我々が想像するものとは異なることも後述したい。

　この時代の教師の立場もそのほとんどが現在と質を異にするといえる。まず，挙げられるのが当時の教師の人員数や施設の不十分さは現在よりもかなり深刻である点（門脇，2004；若井，1989）である。一方で当時は発展する経済を背景に教育行政は条件整備に学校は"民主化"であれ"学習の充実"に，教師は特定の職務の内容や役割における充実という専門職化への能動的で主体的な方向性を保障された（広田，1999）。多忙・劣悪な労働環境ながら"明るい未来"を展望しやすい雰囲気があった。そのため，日本教職員組合（1954）などを見る限り，教師の側からの不満は勤務時間の不明確さ，労働条件の問題（宿直や休みの実質的な少なさ，給与の低さなど），学校をめぐる教育資源（職員，物質的条件，予算など）の量的不足に関する問題意識までで，少なくとも今日指摘されることの多い教育行政や保護者，地域などとの関係性における精神的な葛藤やストレスは取り上げられていない。また，教育課程として"何を教えていたか？"と"どのように教えていたか？"の内容と方法論の実像がうかがい

18 　第2章　学校観と教育課程の変遷から見た教師のキャリア

しれない。一方，教師のなり手の少なさの結果として教師の能力的不十分さは社会的にも問題意識として認識されていた[5]。

（2）"牧歌的"な時代の学校の教育課程

　この時代の教育課程つまり学校や教師は計画的にどのような教育活動を担ってきたかについて概要を整理しよう。教科書や授業は当然，明治期より存在したものの，今のような『学習指導要領』をミニマムスタンダードとし，教育行政と各学校の実情に応じた体系的な枠組みはこのころはまだ存在しなかった。例えば，昭和26年改訂の『学習指導要領』では授業時間数は無く，パーセント表示で授業数の幅を例示し，教科以外の授業時間は体験活動を重視した時代にもかかわらず時間数に示されていない。また，昭和33年の『学習指導要領』改訂で道徳が登場するが，ここでも体験活動（特別活動や学校行事）が時間数に示されておらず，領域が時間数として整備されるのは昭和52年改訂の『学習指導要領』を待たねばならない。つまり，『学習指導要領』の法的拘束力が確定した昭和51年旭川学力調査事件最高裁判所判決以降になり，学校で行われている授業時間が初めて『学習指導要領』に基準が示されるようになったのである。学級担任制である小学校と教科担任制である中学校・高校においての差はあろうが，昭和22年の『学習指導要領（試案）』の登場と昭和31年の教育委員会法廃止・地方教育行政法制定以降，現在の校長の教育課程編成権（学校教育法）や教育委員会の教育課程に関する管理・監督権（地方教育行政法）が実質化するにはこの後20年の時間がかかり，現場の教師の抵抗や紛争の後に判例が確定するまではさらに10年の期間を要した。このことは，教育課程つまり正式に計画される学校の教育活動と授業や学校内での教育実践が「教師の教育権」の名のもとに"何をしてもいい"わけではなくなっていったプロセスを形作ったといえる。

　概ね，昭和20年代は小・中学校教師の絶対的不足の時代，昭和30年代は教師配置数の量的な不足の若干の解消がなされ教育内容自体の改善可能性が生じた時代（若井，1989）と指摘している。このころは，着実に労働条件や学校の職場環境整備がなされるが，教師の質と教育の質の問題は改善が進みにくかった時代といえる。現在と比べこのような状況は児童生徒や保護者，地域住

民との葛藤はあまり顕在化せず，「牧歌的時代」であったといえよう（広田，1999）。また，教育課程についても旭川学力調査事件最高裁判所判決直前に昭和20〜30年代の教育課程基準に関する法令整備の混乱をまとめた古野（1975）は教師の「教育権の独立」を強調し，法令はそれを侵害をしない範囲での基準整備をする必要性を指摘されている。このような国の教育課程の体系的基準を否定する論調は今としては違和感があるが，当時の学校現場はそれだけの教師の授業の実施に自由度を与えることが許され，また質の改善が余地の少ないと感じられた状況であったといえるのかもしれない。このことなどを考えれば教育課程の基準が実質的になく，施設も整備されない時代に現在の視点で"教師の職務の周辺と中核"を峻別することが難しいことを理解する必要があるのかもしれない。

　次に職務の内容と範囲からみえる現代との違いをみてみよう。当時の教師の職務をめぐる問題として，まず挙げられるのが昭和20年代に強かった施設未整備による教育活動のための付加的なもしくは教育活動外の職務を担ったことである。この時期はデューイ（Dewey, J.）のプラグマティズム教育観やコア・カリキュラム論などからくる体験学習の重要性の強調から地域に出た学習指導や教育活動が多かった。その他にもプールや図書館の未整備による授業の準備や引率に関わる活動など相当な時間が費やされたようである[6]（門脇，2004）。他にも校舎や物置など学校設備自体の製作や改造に関する教師の「建設工事の労働奉仕」，それらに関わる事務手続き，さらに学校整備の資金獲得のための「自発的アルバイト」などすら行われたケースもある（松崎，1972）。このあたりは今になり読めば多忙ではありながらも，何か楽しげな現代の感覚からすれば極めて"牧歌的"な印象を見出すこともできよう。この他にも，戦前から存在し，終戦の混乱で増加した未就学の児童生徒を就学させるための働きかけといった児童福祉的役割や，それらの奨学金などの条件整備に関わる折衝や事務手続きなども多くなされたとされる（松崎，1972；門脇，2004）。学校外での職務としては保護者や地域住民の「民主化」なども教師の担う課題とされたため，「青年学級の活動」をはじめ農業や生活に関わる科学的内容の学習グループの指導的参加も多かったようである（国分，1956）[7]。先に触れたような「雑務」とはこのような現在のイメージと大きく異なる福祉の不十分さの穴埋めや

20 第2章 学校観と教育課程の変遷から見た教師のキャリア

社会貢献，さらに児童生徒の体験学習がそのまま地域住民の育成に直結すると感じられるような“牧歌的”な雰囲気から構成されていることが分かる。

昭和20年代は教師本来の職務としては「有用な知識」など授業を通して伝えることとされ，「ものの見方」などの価値観の問題，「民主主義的な姿勢」をもった自発的な児童生徒の姿勢を育てることが当時この中身として示されている（国分，1956）。当時は授業の内容やその方法論は使用義務が曖昧なころの教科書がある程度で，教育課程についても大枠の時間数以外に基準などもほとんどなく，今から見れば自由度が非常に大きい。現在の感覚でいえば“何をしていたのか”また“何をしたらいいのか”不安になるほどの自由度であり，調べてもその実態が把握しきれない。『学習指導要領』の法的拘束力や教科書の検定導入とからみ政治的な葛藤が顕在化するのは，この後の昭和30年代に入って後である（西村，1972）。また，こういった葛藤や給与などの改善などの要求・不満から当時の教師が組合活動にかなりの労力を割いていたこともうかがえる（国分，1956：秋山，1965ｃ）。どれが中核的職務でどれが周辺的職務か語らないが，当時はそれぞれの教師が職務の「中核」と「周辺」を自由に個々人が定義することが許されるような雰囲気があったのかもしれない。そして，進学率も低かった時代には学力の要求も普遍的ではなかったはずである。推測的になるが，このころの教師の勤務実態やキャリアは同じ職業とまとめることも危険なほど現代と異質なものであったであろう。

昭和30年代に入ると学校や教職の定義自体にも“牧歌的”な要素が変質し始めていたことも留意しておきたい。昭和20年代での『学習指導要領試案』公示と『学習指導要領』改訂による経験主義によるコア・カリキュラムから，昭和30年代の『学習指導要領』改訂による教科の系統・体系性の留意による学習内容の規格整理である。これは教育課程の管理・監督権の法的根拠となる地方教育行政法の成立（昭和31年）も一つの後押しとなっていると理解することができる。昭和20年代までのあまりにも自由で“牧歌的”ともいえる学習指導は，すでに戦前の感覚からしても“牧歌的”に過ぎると感じられる要素を有していたようで批判は存在したが，進学率の例外的に高い都市圏[8]で見られる程度であった。この“牧歌性”の批判を当時の少なくない学校や教師が意識しないでいられたことが“牧歌性”という風土の源であったように感じら

れる。昭和30年の時点で高校進学率50％，大学進学率10％未満の状況であるが，昭和45年には高校進学率80％，大学進学率30％となる進学率急増はこの“牧歌性”を変質したといえよう[9]。

　教科書検定制度や『学習指導要領』の指導内容に関する法的拘束力などは，昭和30年代より紛争化し，昭和50年代に確定審判例が出そろうまで議論と一定の混乱を巻き起こすこととなる。しかし，昭和50年代には高校進学は9割を超え，大学進学も4割に達しつつある状況で高校進学は「当たり前」となる。この20年の間に受験学力への関心は格段に全国で平均的に高まった。その際に昭和50年代に中年期を迎えた教師が「経験主義」などとともに昭和20年代の“牧歌性”を振り返るような雰囲気を語っても現実味のあるものではなかったろう。このあたりの混乱は社会的に学歴や学校歴が戦後強く意識される「平等感」に対して極めて敏感な問題であるのに対して，今に至るまでも充分な議論を避けるようにしてきた（吉川，2006）教育界の今後の検討課題なのかもしれない。また，現代の学校や教師と比べて，社会的要請で教職キャリアの実像がここまで大きく変わってしまうことを留意する価値があるのかもしれない。

（3）“牧歌的”時代の教師の多忙・多忙感

　当時の教師は上記のような現在ではあまり詳しくうかがうことができない教育活動つまり教育内容と方法の実態を担っていたといえる。事実，教師は授業時間の枠組みも含めた職務規定が非常に不明確であることから，「いくらでも手を抜けられる」職業とも教師自身が評価している（永井，1957）。また，当時の保護者は「子供を人質にとられているため」学校を出れば学校や教師の不満や噂を積極的に口にするものの，校内に不満や要求を持ってくるケースはほとんどなく，例外的に教師に要求をしてくる親は児童生徒の受験学力を要求する「教育ママ」だけであるとされている（伊上，1965）。つまり，当時すでに地域や保護者の学校や教師に対する不平や，不満，噂話などは存在したが，受験関係を例外に顕在化しにくかったことに現在との違いがある。

　後の昭和50年代以降に，問題になる非行や問題行動などの生徒指導上の問題について，このころの教師は授業などが終わった放課後の教師の勤務時間外

の労働として「悪戯」を叱ることが話題として取り上げられている程度しか記述が見当たらない（秋山，1965a）。また，このような指導を「生徒指導」と表現されている場面は管見の限り確認できなかった。代わりに「生徒指導上の問題」は主に進学熱の急な高まりや集団就職をめぐる問題などの進路指導上の問題を指す場面の単語として登場する（伊上，1965；秋山1965a；秋山，1965b）。詳しい検討を今後要するが，このころは「生活指導」の議論は見られても，問題行動に関する対応という今でいう「生徒指導」の議論は見られず，「生徒指導」という表現が別の定義で使われている可能性がある。これは昭和41年発行の『生徒指導の手引』がいじめや不登校への言及がなく，体験活動等の充実による児童生徒理解と生活・学びの充実を強調するという，現在でいうところの積極的生徒指導にあたる文脈を主として論じていることも証左といえるかもしれない。文献を概観した印象では今日の意味で「生徒指導」が用いられるのは昭和50年代の戦後第三の少年非行のブームを契機としている印象も指摘しておきたい。これらの論点は次章で主に取り上げる。

　ところで，直接の多忙を構成する問題ではないが教師の勤務実態をめぐる問題として，この時期盛んに取り上げられている問題は大学卒の職業人としては「専門職というには問題のある」給与の少なさである（秋山，1965c）。これが人事上の「汚職」や「プレゼントの要求[10]」などの腐敗や問題行動（秋山，1965b）の原因であり，もともと志があった教師にも職務への情熱を空しく感じさせ，親や児童生徒に「貧しい存在」として軽んじられることで授業などに弊害があることが指摘されている（伊上，1965）。また，給与や僻地手当ての少なさから僻地の人事異動の拒否や事前工作などが発生し，なり手の不足も指摘されて，僻地での少数の教師の苦労や多忙に様々なエピソードが伝えられている（鎌田，1965）。これらは現在と比べて仕事の"貧しさゆえの割に合わなさ"を感じさせたことによる多忙感の問題と捉えることもできる。

　以上のように，昭和20～30年代は学校の教育が制度として拡大・確立していく上での条件整備が充分追いつかないことによる，"牧歌的"ながら一人当たりの負担が多いという量的多忙が存在したといえよう。さらに，給与に関する問題が多いことから，教師の質的・量的な人材確保の弊害と，"給与の割には多忙"という多忙感につながったといえる。

3．昭和40年代―“専門職”としての教職の成立―

（1）専門職となった教師という職業

　昭和30年代までの状況で見たように，教師の専門職化という方針は今から見れば条件自体が整っていない状況での，授業や学習の質の向上を中核にすえていたが，授業観や学習観は個々の教師によって当然のように大きく異なった。1966年のユネスコ・ILO[11]の勧告による専門職としての教師の定義はこの教授方法論の強化という専門職性の方向性を強化する性格のものであったといえる。また，「一億総中流」意識を形づくった昭和40年代という高度経済成長後半の急激な進学率の増大とベビーブーム世代（1947～49年生まれ）が学齢期に達し進学していく明るさのある時期でもあった。後に「団塊の世代」と呼ばれるこのベビーブーム世代は3学年に限って一学年の人数が250万人と極端に多く，彼らの卒業後の学校は相対的少子化で児童・生徒数あたりの教員配置数が自然と緩和された。また，義務教育以外の学校段階にとっても彼らの在学中は“特需”となり，彼らの卒業後は質を改善する機会となった。子育てから学校に至るまでのビジネスが成立するなど日本の子育て支援・教育・福祉自体の改善につながる礎となったといえる。つまり，昭和40年代は教育の量的な拡充から質的な拡充に議論がシフトしていく時期に適した学齢人口推移となった。あわせて高度経済成長期の社会や保護者の高学歴化へのニーズも社会的背景となって（油布，1998；広田，1999），教師の専門職化は異論の余地がなかったであろう。

　しかしながら，青木（2002）が指摘するように労働者としての教師側の主張がその後まったく無くなったわけでもない。また，聖職者としての教師への期待が現在も社会や政治家の間でも強く示されている（例えば，町村信孝，2005『保守の論理』）。少し冷静になって考えれば理解できるが，“聖職性”や“労働者性”，“専門職性”というものは職業モデルのような類型性を説明するものではなく，類型性の参考となるべき職業特性・因子の名称である。そのため，いわゆる教職像が専門職という特性を強調した定義に変わったところで，この上記3つの職業特性は多少のウエイトの大小の違いこそあれ，いずれも求めら

れ続けるものである。事実，21世紀になって行われた調査においても理想として，また現実として"専門職性"と"聖職性"，"労働者性"のそれぞれが一定程度ずつ教師自身の主観において必要とされているという調査成果の報告などがなされている（秦・鳥越，2003）。ところで，秦政春氏といえば教育社会学分野で最も早く教師ストレスの問題を指摘している人物であるが，教職観にその根本的原因の一つを見出した点が興味深い。

（2）教職員組合と教育行政

では，なぜ教師という職業は専門職という類型であるかのように一斉に理解されたのであろうか。このあたりは昭和40年代が教師の給与が大幅に改善されたことと関係が深いようだ。そもそも，専門職論の高まりは1974年の日本教職員組合の教師を"労働者論"を全面に押し出し賃金などの待遇改善を訴えた「四・一スト」が，"聖職論"を背景にした建前で拒否する政府・文部省と対立し双方痛み分けの決着となったことが背景となっている。この際に教職員組合は教育活動を後回しにしてまでストライキを行う姿勢が世論から厳しい批判を受け，同時に社会的なインフラである学校の機能不全の背景は政治も行政にとっても頭の痛い問題であることが顕在化した。両者とも，その"落としどころ"として"労働者論"と"聖職論"の中間的な位置にある"専門職論"に落ち着いたわけで，これは政治的プロセスに過ぎないとの指摘が当時からなされている（望月・矢倉，1979）。

この"落としどころ"で教師や学校現場にとって重要であった点は，それまで聖職者としてある種の閉鎖的な定義を受けつつ現実には緩やかな職務の状況に置かれ，外部からの要求が直接にはなされる機会が少なかった教職をめぐる社会的風土から（例えば，永井，1957：秋山，1965c），専門職という開放的な定義をなされたことで職務に対する要求が厳しく日常的に不満が顕在化しやすい社会的風土への変化が生じたことに一因があるといえよう（望月・矢倉，1979）。なお，「四・一スト」の翌年から昭和50年代前半までの3次にわたる人材確保法に基づいた教職員給与改善計画により，義務教育等特別手当が新設・拡大された。昭和40年代中ごろと比べ昭和50年代中ごろには教師の給与が3〜5割近くにまで大幅に改善された。このことが教師の給与面での不満であり，

組合活動の動機づけ自体を低下させたと指摘されている（前川，1997）。ここに終戦直後からの給与の低さからくる様々な多忙・多忙感の問題は昭和40年代以降に段階を追って一応の解決をしていくこととなろう。ところで，昭和30年代より教職員組合と教育行政の闘争は"勤評闘争"（昭和31～34年）や"学テ闘争"（昭和41年）など複数論点があるが，現代の視点で見ればこれらの闘争の大きな原動力は前川（1997）が指摘するように給与改善，次いで雇用の安定性の改善にあった。そもそも組合の使命は給与を含めた待遇と雇用の維持であろう。貧しいだけでなく，ホワイトカラーとして給与が現在と異なり定年の規定がない時代に公務員ではあっても実質的な退職の強要等は昭和30年代においては珍しくなかった（例えば，日本教職員組合，1977；河上，2006）。その状況での教職員組合の活動は概ね合理性があった。

　教師の労働負荷を規定する児童数あたりの教員配置はいわゆる第一次ベビーブーム世代[12]の各学校段階就学時を終え，彼らが卒業を経ることで自然と定数改善がなされていく。21世紀の現在の少子化とも重なるが，数年で児童生徒数が低下するこの相対的な少子化の時期に，政策として従来通りの教員数の雇用を維持すれば学級定数をはじめとした児童生徒あたりの教員数が高まるのは自明である。教員数維持で学級定数等を下げるか，児童生徒数の低下にあわせて教員数を削減し学級定数等を一定にするかの政策的選択肢が存在するが，この時点で文部科学省も教職員組合も教員数維持・定数減は同様の立場に立っている。組合・文部省（現文部科学省）対 大蔵省という構図はこの時期すでに成立していたし，考えてみれば自然な構図である[13]。あくまで，より劇的な定数改善を求め，給与改善についても現実的な落としどころを踏まえた上で交渉を行う当時の教職員組合のしたたかさはうかがえるが，大枠で教育行政と教職員組合の合理的な対立点は給与改善後はなくなっていく[14]。一方で後に述べるように，この時期以降の教職員組合の活動は"労働者性"や"専門職性"の追求というには説明がつかない「平和教育」や「憲法」，「歴史認識」，「学校の民主化」など今から見れば組合の使命というには不自然な思想に主軸を移していく。このような給与改善後の組合運動の方向性は結果として，組合闘争ないしその紛争が裁判に敗れ判例をはじめとした法令整備が組合からすれば自爆的に厳格化する以外は価値らしいものはなく，学校や社会さらに組合自体の価

値に傷跡を残しただけであるように現在からは見える。特にこのプロセスで古野（1975）で述べられる「教師の教育権の独立性」は教育課程の体系性という側面で条件や基準という拘束が付加されていくこととなる。

　ところで，ある種の不可解な教職員組合の議論が活発なころに海外ではユネスコ・ILOの議論などで専門職性の内実として障害と移民に対応した「特別支援教育」や教師の多忙・健康が発展的に議論されていたようである（八木，2005）。同時期に組合がもう少し本来の"労働者性"や"専門職性"の課題，具体的には教師の心理的な労働負荷やその原因として顕在化しつつあった児童生徒の障害や生徒指導問題に注目し，国民にも納得を得られやすい待遇や政策改善の説明などに費やしていたら現在の教師のストレスや多忙・多忙感問題はもう少し違った落ち着いた状況ではなかったのかと筆者には悔やまれてならない。これらのことは，今，現在の教職キャリアには教職員組合に代わるような"労働者性"や"専門職性"の課題に応える専門職団体の必要性を示唆しているように思われる。

（3）専門職化による職務の内容・範囲の形成

　油布（1998）は昭和40年代から教師の宿直率が急激に減少し，40年代の教育関係の雑誌で教師の勤務時間の規定の明確化の議論が始まっていることに注目する。事実，1970年以前に宿直等は段階的に減少・廃止となっていっており（詳しくは東谷，1968），女性教師の今でいうワークライフバランスの視点よりこの問題が変化していったことなどが近年になり確認されている（河上，2006）。油布（1998）はこのような変化より昭和40年代に学校の役割や教師の職務が空間的・時間的に地域との区切りを作り，学校内の範囲への「囲い込み」が起こったと指摘している。この原因として学校内での危機管理的な内容の事件を強く学校の責任を問う形の報道が急増したことを注目し，学校が従来の地域から開かれた存在であることに安全管理上責任を持てなくなり始めたこと[15]を指摘している（油布，1998）。この傾向はすでに触れたように，昭和30年代末までに特に学習面での職務の専門的な能力発揮を重視する視点が強調されたことや，高度経済成長期の教育爆発ともいわれる進学熱の増大が保護者からすれば受験競争に勝ちぬくための学歴・学校歴につながる強い指導を求め，それ

3. 昭和40年代—"専門職"としての教職の成立—　27

に応じることに教育行政も学校も教師も力点をおいたこと（竹内，1991）など
も促進要因になったといえよう。

　ここから，教師の職務は昭和30年代以前の地域社会の中での教師の量的な
不足や施設未整備による「牧歌的」な「多忙」から，学校内に時間的・空間的
に「囲い込み」がなされた範囲の中での学習指導と学校生活の安全管理という
職務の専門的な責任の明確化が徐々に定義され，それが増えていくことからく
る「多忙」に性質の変化が生じたといえよう。ここでは「囲い込み」が起こっ
たメカニズムと，当時の教師の専門職性の方向性を整理したい。

（4）判例により学校と教師の責任が規定される仕組みの成立

　学校事故の判例について見れば昭和25年から昭和35年の間は6件だった学
校事故の訴訟が昭和35年から40年にかけての5年で10件，昭和40年代の10
年間で60件に急増[16]している（上井，1977d）。当時，法律家の立場からす
れば学校事故が訴訟増加は児童生徒や保護者，地域住民の「権利意識の向上」（上
井，1977b），「学校の責任の明確化」（上井，1977b）として評価されている。
つまり，昭和20～30年代では「子供を人質にとられている」などとして顕在
化しにくかった保護者らの学校への主張や要求は，先のストライキの批判を経
たり，聖職性というある種の閉鎖性が弱まり開放的な専門職性が強くなったこ
と，さらに裁判という保証の要求という形でも顕在化し始めたことが分かる。
上井（1977a；1977b）は原告つまり児童生徒及び保護者の負傷や障害という
社会的な弱い立場の経済的救済を優先することを目的とし，法廷戦術として保
護監督義務違反等による学校の過失を厳しく解釈することの重要性を指摘して
いる。また，これらは「便宜上」教師の職務の責任範囲と責任の水準をより厳
しくしているものに過ぎず，「教師の教育活動が萎縮するとは思えない」とし
ている（上井，1977b）。つまり，救済の手段として稀に起きる事件・事故に
おいて個々の学校・教師の責任を法廷で厳しく指摘しても，これがその責任を
果たすプロセスのグレーで"牧歌的"な大多数の学校や教師の貢献の実態に影
響を与えることはないと楽観視していた節が見られる。

　しかしながら，当時のPTA関係者の視点に立った久根口（1977）はPTA行
事等の学校施設開放について当時すでに学校が事故を恐れ施設開放などに消極

的になっている現状を問題として指摘し，学校事故の判例が日常の学校現場に反映させることの弊害を指摘している。また，行政の視点から斉藤（1977）は当時の学校事故裁判に発展した事件の中で学校・教師の過失・責任が認められなかったものや認められなかった中でも微妙な位置にある事例を列挙し，当時急増していた学校事故訴訟は学校や教師の保護管理責任をしっかり行っていても発生しうると論じている。ここから，齊藤（1977）は少ない確率で生じる事故が大多数の日常の教育活動を萎縮させることの問題を指摘している。つまり，当時の教育行政や保護者の観点からも，判例から要求される責任とそのことによる教育活動の萎縮はすでに認知されていた。当時の上井（1977b）も20年後の大阪教育文化センター（1997）も学校や教師に対しては同情的で，いわゆる無過失責任による負傷や障害等が生じた児童生徒の救済枠組みの可能性を展望している[17]。

　油布（1998）の指摘する地域の中で学校の空間的・時間的「囲い込み」は斉藤や久根口がいうところの学校や教師の「萎縮」と同じものであるということもできる。このことは，言い換えれば地域に学校が開かれることや，教育活動の学校の敷地外での実施に，少なくとも学校や専門職となった教師の立場からすればメリットよりもリスクとコストが大きくなり始めたことがうかがえる。いわゆる「牧歌的」な学校はこのような専門職化と「囲い込み」の流れの中でなくなったといえよう。また，昭和30年代まではあまり意識されなかった“生活の場”としての学校環境が危機という一部の事例を基に再定義される議論が始まったことを見ることができる。

（5）授業・教育課程よりはじまる仕事の体系化

　先に触れたように教師の専門職としての論議がこの時期，学校現場にも浸透し始めてきた。ユネスコ・ILOの勧告以前の昭和30年代までにすでに教師の専門職性や専門家としての論議がなされてきた（例えば，宗像，1954；国分，1956；伊藤，1963；松崎，1972；西村，1972などを参照）。それらの論調では教師の専門性の追求は当時の時点で設備未整備などによる「雑務」の多さで十分遂行しきれないものであるとも認識されていたようである。ここで示されている専門職化とは教師の職務に関していえばどのような内容の職務を想定し

ていたのであろうか。結論めいた点をいえば，その論点では具体的内実に関する議論はあまり見られず，教師の主に授業における「教育権の独立性」に関する論点にばかり議論があるように見える。

　一例として当時の教師の立場と勤務に関わる論争である伊藤和衞と宗像誠也の学校の単層・重層構造論の論争をもとに検討してみよう。この論議の概要を教師の職務の観点から注目して見れば校長・教頭・教師という担う職務の違いからなる「職階制」が成立するとする伊藤の重層構造論（例えば，伊藤，1963）と，成立しないとする単層構造論（例えば，宗像，1954）の論争である。教師の職務については宗像が伊藤の学校や教師にとって「非本質的な事務」を教師の職務から「切り捨てる」という「教育的見識が欠けている」（宗像，1954）などとする職務観に若干の意見の違い以外は，いずれの立場も教師の職務の専門職性は基本的に教育課程の遂行と経営への参加のあり方を主題としている点では変わりが無いとされる（木岡，2000）。

　つまり，この時期の教師の専門職性は教育課程の経営を導入した学習指導の充実を「専門職化」とし，個々の教師の授業等の内容や方法論の自由度に職階による影響が存在するか，しないかの違いである。教育課程は地方教育行政法成立後に教育委員会による教育課程の管理・監督権が提示され，一方で組合がそれに反発するなど今よりも数段熱気を帯びた話題で，その判断が確定するのは昭和50年代である。当時の学校は伊藤・宗像論争のように事務つまり教育課程以外の多くの職務範囲を排除することに違和感の無いほど，授業と教育課程の工夫に自由度を持って注力できる，もしくはそのように錯覚的に信じられている状況にあったと推測できる。この文脈は昭和40年代から増加した学校事故・事件訴訟によって形づくられ，さらに昭和50年代に増加する生徒指導諸問題により困難となっていく学校という生活の場の安全確保に多大なコストをかけることになる以前のすでに忘れられてしまった学校観であるように感じられる。教育課程の体系化が確立する以前で専門職化により“教育課程と経営と教授の工夫にのみ注力できる”と感じられたこの時期が教職の最後の“牧歌的”な時代であったといえるのかもしれない。

　この時期の『学習指導要領』改訂が大きな山場を迎えたということもできる。昭和43年に小学校，44年に中学校，45年に高校と改訂がなされた『学習指導

要領』を取り上げたい。これは西側全体のスプートニクショックとそれに基づいた理系教育の注目，さらにこれらを可能とするとされた教育心理学者ブルームの「完全習得学習」の理論に基づいて設計がなされているといわれる（梶田，2015）。ぎりぎりまで教育内容が増大したこの時期の教育課程は「七五三問題」[18]といわれる落ちこぼれ問題を生み，これはそのまま1980年代の中学生・高校生を中心とした少年非行と生徒指導問題の一因ともなった。

　そのことが児童生徒や保護者の心の安定にリスクの高かった要素を刺激[19]し始める。このような問題意識はこの『学習指導要領』改訂直後ともいえる昭和46年の『中央教育審議会答申』（いわゆる『四六答申』）に見ることができる。現行教育改革を「第三の教育改革」と呼ぶが，「第一の教育改革」と「第二の教育改革」の連続性の中で「第三の教育改革」として詰め込み教育批判と学習意欲や創造性の確保を担い得る学力観の見直しを初めて提示したのがこの『四六答申』である。社会的には昭和30年代前半の「60年安保闘争」および昭和40年代前半の「70年安保闘争」ですでに大学の大衆化とそれまでの過剰な受験熱の割には大学進学後が不明確で，大学卒の権威の喪失への不満が暴力につながる若者の変化が始まった。この点は昭和50年代以降の中学校・高校における生徒指導問題の登場の重要な伏線ととることもできるし，大学紛争による直接的な影響で生じた高校紛争は一足早いこの時期に生じた高校生の生徒指導問題であったといえるのかもしれない[20]。

4．考　　察

　本章のまとめとして戦後の教育課程と学歴の変化に関して教師の職務やキャリアを規定する要素を検討したい。

　まず，"牧歌的"な学校はもう戻ってくることはないし，現在からは耐えられない条件の劣悪な存在であったということである。そのような労働環境の中で，今と比べ学校や教師は「牧歌的」であり，悪くいえば"いいかげん"でも務まった職であるといえる。昭和30～40年代は高度経済成長やベビーブーム，ベビーブーム後の相対的な少子化による教育の質の向上，さらに経済の拡張により解決することができる問題ばかりが目立つという見通しの明るい大らかな

時代であった。ただ，その見通しの明るさにのみ注目して，明るい見通しを持って過酷な状況を這い上がっていくような当時の状況にも着目する必要があろう。当時の書籍や証言などで描かれる当時の教師は授業が自由で社会教育や青年学級など地域に関わる好きな関わり，学校施設の修繕などを自由に自主的に担っていたこと，読んでいる中で楽しさが伝わるような姿で描かれている。しかしそれは学校や教師の職務といったものに中核も周辺もなく，地域に漠然と求められるものを担えばよかった時代だからこそ成立したものである。また，現在と異なり学校での事件も事故も学校には説明責任が求められることもあまりなかったであろう。これは人間の寿命や安全，健康に関する考え方がそもそも極めて厳しいものであった時代とそれを大きく改善してしまった現在の違いである。"牧歌的"な学校の雰囲気に親しみを覚えても，そこにはそもそも現在の我々が耐えられない厳しい社会情勢と生活環境があったことを踏まえる必要と，"以前の学校の復古"が全く現実的でないことは押さえておきたい。ただ，この時代に見られた見通しを持てた際に日常が「牧歌的」な温かさを感じられるような希望であり楽しさを感じる仕組みや工夫のあり方は今でも参考になるものがあるのかもしれない。あわせて，この半世紀で学校像と教職キャリアが大きく変わったように，これからも大きく変わり，学校も教師も変化に適応していかなくてはならないだろう。

　２点目は教育課程の基準の必要性である。本章で概観したように，昭和20〜30年代さらにその後の時代にも教師の教育権の自立性であり独立性はさかんに議論された。第５章で見るように労働者にとって職務の自立性があることはやりがいやストレス抑制につながる要素ではある。しかし，昭和20〜30年代は今のような教育方法や教育課程だけでなく，学習評価の到達目標自体がほとんど存在しない時代であったことは押さえておきたい。また，教師の教育権のあり方についてはさかんに議論がなされながら，"どう教えるか"，"どうすると子供に効果があるか"は実証性のない思想的な議論しか存在しない。しかし，今のような学校や子供さらに教師をめぐる教育環境が整っていない時代に，現在の我々がそのような傾向を批判することもまた傲慢であろう。昭和50年代に教育課程の基準準拠の必要性が生じて，このころより約30年後の『学習指導要領』改訂で領域として導入された総合的な学習の時間は学校や教師の教

育課程編成権の自由度を相当程度準備したものであるが，その権利は手に余った側面も多いようである。経済も社会も高度化されたその期間に教育権の独立の議論は子供に対する責任の側面で内実を伴わない，もしくは時代に適応しきれないものになってしまったのかもしれない。教育課程の基準つまり国と地方と個々の教師が教育課程の責任と権限を体系的に分担し合うことではじめて，現在の教育の責任は果たすことができるといえよう。

　3点目は受験学力の影響力の大きさである。本章で見たように昭和30年ごろには，さらに都市部では戦前にはすでに，保護者のクレームは受験学力の保障という側面で存在した。これはクレームの源となる大きな要素は変わらず，進学率が増大したことでクレームの件数が増えたと考えることもできる。メリトクラシーつまり，学歴を含めた業績により個々人が階級分けをされる，前近代の身分制度に替わる近代の仕組みの一端として，受験は早くから学校や教師のその仕事の仕方の変更を求めるものであったといえる。現在の9割が後期中等教育に進学し，5割が高等教育機関に進学し，その出身課程において生涯年収の変化が存在することが大衆週刊誌に掲載される時代において，受験学力を無視することはありえない。この受験とメリトクラシーの普及が学校の「牧歌性」と教師の「教育権の独立」を現在では夢物語にしてきた本質といえるのかもしれない。しかし，次章で見るように受験学力の極端な強調とそこから疎外される子供への配慮の不足が学校や教師の職務に大きな葛藤をもたらす時代が1980年代であった。これらをタブーとするのではなく現実問題としての学歴と受験と向き合った議論をしていくことが今後の学校の使命や教師のキャリアに重要であるといえよう。

【注釈】

（1）管見の範囲でストレスに関する研究は調査研究は300を超える。例えば，日本学校メンタルヘルス学会の清水安夫氏主催の教師ストレスをテーマに査読誌掲載を果している研究者らによる座談会（清水ら，2010）が，この概略を捉える上で有益であろう。

（2）日本教職員組合（1954）は教師の学校に勤務する平均時間を8時間の基本勤務時間に加えて，小中学校教師の平均超過勤務時間が約3時間弱であるとし，日本教職員

組合（1976）は昭和50年代に中学校教師が平均3.9時間，小学校教師が平均3時間の超過勤務時間があるとしている。平成6年実施の教師の参与観察による勤務実態調査でも学校における教師の平均勤務時間は11時間とされ（藤田ら，1996），時間という量的平均に基づいた指標でいえば教師の勤務実態は戦後ほぼ一定であるといえる。近年の大規模調査では超過勤務の平均よりも，教師個々人によって時間的・量的に極端に負荷が大きい（分散や標準偏差が大きい）ことにより，リスクの高い個人に着目して検討する必要性が示唆されている（東京大学，2007；2008）。このあたりの議論は量的検討においても類似の指摘がなされている。例えば，青木（2009）は教師の時間的多忙は多忙な教師とそうではない教師の差が激しく，平均化した数字での把握では実態把握が難しいことを指摘している。また，北神（2001）は個々の職務の動機づけを把握する中で，平均的に動機づけが低い職務も必ず一定数の教師が高い動機づけを持っており，「動機づけの低い職務」との規定はなしえず「動機づけの曖昧な職務」という表現を用いている。また，坂本ら（2014）でも88の業務からなる教師の職務に関する動機づけの中で1つも正規分布した業務が存在しないことを示し，教師にとっての職務は平均を通した把握が難しいことを示唆している。特に最近は東北大学大学院神林寿幸氏の多忙に関する歴史・数量の多角的アプローチは目ざましい（例えば，神林，2015a；2015b；2015c）。

（3）本来であれば法令の条・項・号の細分と条文についても記載したいところであるが，教育基本法や学校教育法，地方教育行政法もすでに頻繁に改正がなされ混乱する恐れがあるため，ここでは根拠となる法令と条文の内容の概要を示すにとどめた。

（4）戦前と戦後の教師の比較は文学や民俗学的研究の中で近年詳しい議論が示されつつある（詳しくは山本，1999；佐藤，2009；佐藤・平野，2011）。地域の有力者の子弟で名誉職として教員を務めた人物の教え子の証言として例えば，大正の宮沢賢治（『宮沢賢治殺人事件』文集文庫）と戦後すぐの竹下登（月刊『文藝春秋』2012年10月号"トラックの荷台で修学旅行"）の評伝がある。

（5）このころの教師の採用をめぐる問題として他の職業に就くことができなかったため魅力の薄い職業の教師に"でも"なるしかない，または教師に"しか"就けられない，といった意味の「でも・しか先生」という表現が社会に流行していた（永井，1957；伊上，1965など）。

（6）このように学校の教育活動が地域に開けていたことに加え，地域住民もお祭りや様々な行事に学校施設を利用し，地域社会側からしても学校が開かれていた（油布，1998）。現在の教育改革のキャッチフレーズの一つの「開かれた学校」は昭和40年代から平成10年代の限られた期間の「囲いこまれた学校」をもともとの姿に戻そうとしているとも理解できる。その場合，高度経済成長を通して明確になっていった学校の公共機関としての責任として安全管理の義務は真剣に考慮する必要があろう。

（7）このころの青年運動の教師たちの牧歌的なまでの関わりは当時島根県の中学校英語の代用教員をしていた竹下登の評伝（岩瀬正哉『われ万死に値する』）にも描かれている。

34　第2章　学校観と教育課程の変遷から見た教師のキャリア

（8）太平洋戦争直前の東京の名門公立小学校児童の回想に，担任が授業の力がなく旧制中学校受験に差し支えるため親が二度まで担任を変更させる運動を行うエピソードが描かれている（佐々淳行『戦時少年佐々淳行』）。

（9）新制高校および新制大学の進学率は文部科学省生涯学習政策局『文部科学統計要覧』における「就学及び進学率」として総務省統計局ホームページにて公開されている。

（10）このようなエピソードは問題意識として給与の低さ，勤務条件の劣悪さから有能な人材が教職に就職を希望しにくいことと，熱意をもった教師をフォローする条件や制度がないこと，さらにモラルが維持されにくいことという文脈の中で紹介されている。実際に，戦前から終戦の混乱期，さらに昭和27年までの義務教育費国庫負担制度廃止期間までの義務教育教師の待遇の悪さと，地域間格差の大きさによる混乱は「劣悪」と表現できるものであった（前川，1997）。また，昭和30年代にも若い教師の服装のみすぼらしさを見かねた保護者や地域住民がワイシャツをプレゼントする習慣がある地域の紹介や，地方の名士として巡査と住職，教師がほぼ同格である一方で，最も財産のない職として「陰口」をたたかれてもいたようである（伊上，1965）。いわゆる「でも・しか先生」とは大学まで卒業しながらこのような待遇の悪い職業についた教師に対する社会のある種の軽蔑のまじった評価であったともいえ，昭和50年代ごろには教師の待遇や職務意識や労働条件の改善などからこのようなイメージはほぼ消えたとされる（望月・矢倉，1979）。

（11）古くは1930年代から国際的に「教師＝専門職」の合意形成が必要であることが示されており，1966年までの議論のプロセスは詳細に八木（2005）がまとめている。八木（2005）によれば国際連合設立以前より存在したILOが国連の教育・文化・科学に関する機関（ユネスコ）を主導する重要なリーダーシップを発揮した点と，教師の専門的能力だけでなく経済的な保障や社会的権威のセットで提示された"専門職性"である点を強調している。つまり，専門職性は労働者性や聖職性に"とって代わる"ものではなく，"併存しつつ，その質を高める"ための価値観であったといえる。

（12）ここでは一学年250万人超の出生であった1947〜49年生まれを想定して"第一次ベビーブーム世代"を定義している。この世代は作家堺屋太一氏による命名の「団塊の世代」との別名もあるし，大学進学後に70年安保闘争に大きく関わったという意味で「全共闘世代」の中核部分を構成することも留意しておきたい。しかし，彼らの文化を共有した世代はもう少し広く見てもいいのかもしれない。彼らは1953年〜55年に小学校へ，59年〜61年に中学校へ，62年〜64年に高等学校へ，65年〜67年に大学に進学していくこととなる。学校施設の充実や児童生徒あたりの教師配置数の改善はこの世代の卒業後による児童生徒数の自然減をもって果たされていった。また，彼らの3割の大学進学者の多くは70年安保闘争に大きく関わり，高度経済成長の終焉であるオイルショック以前に社会人となっている。つまり，彼らは日本が発展途上国であった時代に教育を受けた最後の世代であるといえる。

（13）逆に，教職員組合の支持を受けて成立した政権が高校無償化をのぞく文教予算を削減したり，労働組合のトップが労働者の雇用や収入減リスクとなる「消費税増税」

を求める21世紀の現状の方が不合理で複雑怪奇である。

(14) 実際，同時期に労務管理の法廷闘争が不調であった幼稚園教諭や保育士においては公立においても教職調整額のない公務員一般と同じ給与水準であり，全幼稚園教諭と全保育士の8割を占める私立において極端に給与水準も雇用の安定性も低い過酷な労働市場が21世紀の現在にも続いており，これは組合闘争の欠如も一因と指摘できる（高木・川上，2013）。"専門職性"という理想追求のために必要とした給与と教員配置，待遇の改善の実態はこの時期の大きな成果としてもう少し注目されてもいいのかもしれない。

(15) 昭和20年東京都文京区本郷元町小学校で発生した，いわゆる「鏡子ちゃん殺人事件」は学校の敷地としての安全性や教育課程の時間管理が大きな問題となった事件である。この再論が以後の学校事故・事件の訴訟で繰り返される。

(16) 学籍や教育課程をめぐる訴訟は除いている。ここでの内訳には教師や児童生徒，自然災害，学校外の者らが原因となった事件・事故を含んでいる。なお，事件・事故はこの時期に急増したわけではなく，事件・事故の訴訟が急増した点は押さえておきたい。戦前の学校事故・事件の統計がないため比較は難しいが，戦前にも悪質であったり重大な案件となった事件・事故が多かったことは管賀（2007）よりうかがうことができる。

(17) しかし，高度経済成長を終え，医療や福祉に関して理想を追求すればそれにかかる国民の負担が青天井にまでなることが判明した現在の視点から見れば，訴訟にせよ無過失責任などの議論は国家賠償法を通して国民の税金をもって賠償が賄われることの重みの理解が希薄であるように感じられる。昭和40年代から現在に至るまで蓄積された多数の訴訟であり紛争の記録は学校や教師のあるべき責任の姿として示されたものであり，国民の意識や判断に即して学校や教職の形を規定してきたものとして理解せねばならず，今さらそれを"無過失"と言ってしまうことができるようには思えない。

(18) バブル経済崩壊以降の不況において高卒就職者の7割，短大卒就職者の5割，四大卒就職者の3割が3年以内に離職するという文脈で同様の表現がなされるが，1980年前後には教科書を理解できない児童生徒が「高校で七割，中学で五割，小学校で三割」の意味で用いられている。しかし，管見の限り『四六答申』以降の1970年代末から教育課程審議会次いで中央教育審議会の教育課程部会議事録などにおいてさかんに「七五三問題」が指摘されていることが分かる。

(19) 70年安保闘争と同時期に多発した高校紛争は生徒の「学校の自治」を取り上げ，制服や校則だけでなく，「能力別クラス編成」や「理系クラス」，「試験制度全般」によって評価されることに不満の矛先を向けていることを踏まえておきたい（小林，2012が詳しい）。一方で彼らは学校ブランドで互いをある意味では差別的に区別し評価しあう学校歴の原則を有するジレンマも抱えていた（産経新聞取材班，2009）。

(20) 例えば，石堂（1973）は昭和30年代半ばから昭和40年代半ばまでの教師の心理的・身体的疲労とその原因である教師の職務の勤務実態について多角的な調査と検討を行っている。その中で教師の疲労については授業と生徒指導が小・中学校教師とも

に大きなものであるが，ここでは「児童生徒の年齢が低いものほど授業などに手が
かかる部分が多く職務実態の負担感と疲労ともに小学校教師の方が高い傾向」があ
るとしている。また，中学校教師の生徒指導に関する職務の負担は「進学や受験競
争の対応や就職の問題」など進路指導上の課題に力点を置いて論議がなされている。
これらは，今日の学校現場のいわゆる学校生活の危機管理的対応という今でいう生
徒指導の定義とのズレが存在する。昭和40年代の時点ではガイダンスと「積極的生
徒指導」の強調が昭和40年刊行の『生徒指導の手引』でなされている。これは，そ
もそも積極的生徒指導の課題が早くから重視され，危機管理的生徒指導にそれが忘
れられ，21世紀になり積極的生徒指導が再発見されたといえるのかもしれない。こ
のあたりは石田（2005）が詳しい。本文にあげた昭和40年代後半までは，現在の学
校生活の安全確保としての生徒指導・生活指導への対応に追われる教師の多忙や多
忙感の姿とは食い違いが存在する勤務実態である。

第3章　学歴・学校歴意識と生徒指導問題の変遷から見た教師のキャリア
―昭和50〜平成10年代の学校教育を手がかりに―

高木　亮・北神正行

1．問題と目的

　前章では昭和20年代〜40年代つまり終戦から高度経済成長までの学校観と教師の変化を概観した。すでに示したように量的拡充の時代から少しずつ質的拡充に日本の学校教育と教師の役割が変化し，教育課程の基準が作られ，ある種の野放図なまでの「牧歌」性が弱っていく流れを踏まえた。その上で教育課程の基準と学校の責任の明確化により学校に時間・空間的な囲い込みが形成された時代までを概観した。これにより以前の教師の職能やキャリアのニーズが時代によって大きく変わり，21世紀の現在からこれからの未来も変化しつづけるであろうことが理解できるであろう。このことを本章では概観したい。

　高度経済成長終焉に続く昭和50年代以降は現在の意味での生徒指導問題が登場し，学校観と教師の仕事に影響を与えた時代であるといえよう。生徒指導上の問題は1980年代以降に一般書籍でも，教師向けの業界紙でも実証研究でも論を積み重ねているし，90年代半ば以降は心理学・社会学的研究の方法論で爆発的に論考が増加している。様々な角度の議論，課題の提案については傾聴すべき内容が多いが，ここでは第2章に引き続き，戦後の歴史の視点で，教育課程に関する文脈を踏まえて生徒指導とそのことにより影響を受けた学校観・教職のキャリアの課題を整理したい。

　本章ではまず明治以来の学歴・学校歴の要望が所得拡大で増大したことを取り上げたい。生徒指導問題が生じる背景として教育課程の基準である『学習指導要領』が高度経済成長の末期に「落ちこぼれ」を生むまで過剰な量になったことをおさえていきたい。時期的にちょうど第2次ベビーブームにより受験が期間限定で狭き門になりすぎたことに保護者も教育産業も過敏に反応して市場

を形成したこと，さらに進路指導はありながら現在でいうキャリア教育の視点が欠けていたことなどをここでの関連の議論として取り上げたい。これらが生徒指導問題の原因であったという前提に立ち論考を行う。

2．昭和50年代—生徒指導問題の成立—

（1）世論の非難にさらされる教師の立場

　昭和40年代に学校は学校事故・事件の安全管理的な性質から閉鎖性と管理を強化させる「囲い込み」体制を形作り始めていた（油布，1998）。しかしながら，それが大きく強化され同時に社会からも批判を浴び社会問題にまでなったのは昭和50年代である。すなわち，「戦後第3のピーク」[1]といわれた少年非行の増大と学校内では校内暴力の問題という，それまでは学校にとっての非日常的な危機管理的な性格の問題が学校の日常の問題として変化したことが原因である[2]。少年犯罪が長期的視点で激化したわけではなく，就学率と進学率の上昇が少年犯罪を"生徒の犯した"問題にするとともに，学校や学校での人間関係もそこに巻き込む形になった点が特徴である。このような内容は保護者や地域も含めた社会の重大な関心となり，判例や新聞を通して厳しい責任を学校に求め始めていた世論を背景に，学校は管理強化を行い，そのこと自体が別の社会的批判を受けることとなる（油布，1998）。

　一方で，この時期は進学熱の過熱化による受験競争の問題と同時に核家族化やドーナツ化現象などにより保護者や地域の教育力の低下が顕著になったとされる時期でもある。もともと受験や学歴だけでなく出身校でステレオタイプに人が評価される学校歴への強い要望は戦前すでに形作られていたが（詳しくは竹内，1991），4学年限定で1学年200万人を超える第2次ベビーブーム世代（1971〜74年生まれ）が学齢期に達する相対的な"多子化"には「お受験」といわれるようにこの競争が特に激化する[3]。時代背景として，彼らの親世代がオイルショック（1973，79年）による不況と学歴・学校歴に基づいた雇用調整を体験したこととともに，安定経済成長期からバブル景気にいたる所得増と投資ブームの一つに教育が期待されたこと，さらに4学年限定で高校受験・大学受験が狭き門となることが予測された時代であった。

2. 昭和50年代―生徒指導問題の成立―　39

　1990年ごろには学校が一方では受験学力の確保を求められ，同時にこれら教育力低下による従来担ってもウエイトの小さかった「しつけ」に近い内容を「肩代わり」するという受動的な職務の増大が多忙をもたらしたとする指摘もなされている（宗像ら，1988：秦，1991）。特に，この宗像恒次氏らの公衆衛生学的研究は，80年代の教師の勤務実態を知る，数少ない資料である。これは教職において学習指導と同時に学校での特に生徒指導問題を中心とした生活指導の職務課題がこのころ時に必要となったことを示している。「七五三問題」つまり高校で7割，中学校で5割，小学校で3割の『学習指導要領』ベースについていくことのできない「落ちこぼれ」問題が生徒指導上の問題の源泉の一つであることは後の臨時教育審議会（1984年～1987年，詳しくは渡部，2007）や，一部『四六答申』の時点でも指摘がなされている。

　日本全体が量的拡大をがむしゃらに目指した高度経済成長の終焉はオイルショックに置くとされるが，教育においても教育課程や進学率などの量的拡大を目指すことに限界が生じたことが確認されたのが昭和50年代といえるのかもしれない。『学習指導要領』は“ゆとり”という表現を基に内容（学習量であり教科書の厚み）の精選に舵を切るが，受験の激化や「落ちこぼれ」の急増を背景に生徒指導問題が生じ，教育も量的拡大から質的充実の必要性が認識され始めたといえるのかもしれない。学習と生活のバランスへの配慮が必要になった時期といえよう。このことはそのまま，教師の多忙よりも多忙感つまり自分の教職観と環境の要求のすり合わせの中でバランスの良いアイデンティティをどのように築くかという職業へのキャリアの見方をどう考えるか，という問いかけを始めた時代といえる。

（2）昭和50年代の教師の職務の内容・範囲の変化

　昭和20～30年代と比べ昭和40年代は保護者の要求が比較的表面化しやすいという社会風土の変化が起こった。しかし，学校と家庭と児童生徒という関係は学習内容の質の向上（このころは概ね，「学歴」を「学力」といいかえてよいだろう）という同じ方向性を共有していた点はあまり変わらなかった。これは高度経済成長期を背景とした量的拡大という分かりやすい目標が教育であり，日本人の「幸せ」の定義が拡散も現実との乖離も目立たなかったこともあ

ろう（菊池，2013）。そのため，昭和40年代まで三者間の摩擦は日常的には見られることは少なかったようである。しかし，70年安保闘争が学歴と学校歴の信奉と反発という葛藤的な感覚の中で，受験までにイメージしていた将来像といざ大学に来てみての将来展望との落差に心理的荒れが生じたことが一因であると見ることもできる（Steinhoff, 1991）[4]。この時点での学習到達はそのままテストの点と受験合格状況さらに学校名をブランド的に理解してその学校名がメリトクラシーの評価のほとんどを占める状況であった。しかし，学歴や学校歴だけで，そのころの大人が主張するほど，「人生が安定する」という見通しは昭和40年代の大学生，次いで昭和50年代中盤以降の中・高生にも信じられないものになりつつあったようだ（このあたりの実感は，菊池，2013：2015が詳しい）。

　昭和50年代の生徒指導上の問題は学校・家庭・生徒の三者間の関係においても学習指導を優先するか生徒指導を優先するかといったような葛藤と，どのようにそのバランスをとるかという難しい課題をもたらした。同時に家庭・地域を含めた社会の学校に対する期待と批判を日常的に増幅させながら，管理の強化の要望と閉鎖性や管理主義に対する疑惑という矛盾した感情を同時に与えた（油布，1998）。なお，この不満をもって受け入れられた管理教育の中には生徒指導や校則だけでなく激化する受験やテスト，「落ちこぼれ」増加を当然視する教育課程にまで向けられている。あわせて，これは不満や葛藤をもたらしながらも，もともと教師も児童生徒も保護者も三者皆が欲した学歴や学校歴への欲望であり，欲望と妬みが混じりあって70年代安保闘争の大学生の荒れにつながったとも考えられる。そして，少し遅れてその欲望から「落ちこぼれ」と扱われた立場の中・高生が大学紛争や高校紛争の文化を受け継いで行った「異議申し立て」が80年代以降の生徒指導諸問題であったとも解釈できる。

　教師の立場からしても生徒の荒れや生徒指導上の問題の急増はそれ以前の「教師の教育権の自由度」をどの程度捉えるかは別として，学習活動を優先的に重視することが前提となり成立していた従来の専門職論では対応できないものであった（酒井，1998）。この時より増大していった従来の教師の専門職論が解決できない問題と，“生徒の荒れ”，さらに家庭や地域の教育力の低下による“しつけ”の肩代わりなどからなる生徒指導上の困難な職務の増大は結局は

"どのように折り合いをつけるか" という対応しか成立せず，21世紀になって
の教育改革や新学力観という学力や学力評価の再定義で学習であり学校で身に
付ける力を捉え直すきっかけになったともいえる。ここに戦後の教師の案伝
ティティやキャリア観を大きく修正するニーズの一つが確認できる。

（3）昭和50年代の教師の多忙と多忙感

　そのような混乱の中で昭和50年代の学校や教師は次に触れるような体罰で
あり，校則などの管理主義や閉鎖主義として批判をあびる職務の担い方を行っ
た例もある。昭和50年代前半の現在でいうところの職業上のストレスによる
うつ病などで退職もしくは休職したエピソードを集録した中野（1986）は，主
として中学校教師の当時の「非行」や「つっぱり」，「校内暴力」などのいわゆ
る学校病理に対処する生徒指導上の職務を担う苦悩を多数指摘している。そこ
では，当時の40代のベテラン教師の回想として「今の学校で言われている服
装や持ち物の細かい規則」や「（自分の担任する生徒が）始業式に出なかった。
今の学校ではこういうことが大問題になる」などを取り上げ，それらへの「お
説教」をしなければならないことがいわゆるストレスになることなどが語られ
ている。その他にも朝礼などの際に問題を起こした生徒を壇上などで「儀式と
して」殴ることや，そういった生徒指導を行いがちな教師とそうでない教師の
葛藤，生徒の問題行動や学校内の様々な管理や生徒指導をめぐる内容が「新聞
沙汰になりそう」なことを恐れる管理職と教師の信頼関係が崩れていく様など
を当時の「最近の問題」として指摘されている。このころのベテラン教師の中
には学校の変化と教師の新しい職務に違和感や葛藤を感じたケースも多かった
ものと推測できる。先に触れたような，教師の役割の混乱と管理の強化，外部
からの批判が顕在化したことがこれらより理解できる。

　回想の中でもいくつかの手記は従軍経験のある世代の教師が違和感を持つほ
どの体罰や校則を若い教師が担う状態が散見される。この時期，若手の教師と
は学生運動を体験したつまり自らも大学生の時に類似の荒れを顕わし，それを
消化する前に学校現場に立つという第一次ベビーブーム前後の教師が大きな役
割を果たしたのかもしれない。一般論として大量に人数が存在し，主義主張に
グループ化を行いやすい第一次ベビーブーム世代は，職場が民主的であればあ

るほど強い影響力を示したといわれ，このことへの年下世代の教師の不満は筆者も調査の際に耳にすることが多かった[5]。今後，慎重な検討を要するが，このあたりに大学生の暴力的問題行動である学生運動と中高生の暴力的生徒指導問題の文化的接点があるのかもしれない。

　昭和40年代までは，教師の人間性などは授業のテーマや準備，実施上や専門性が強調される傾向が強かったが（例えば，国分，1956；永井，1957；望月・矢倉，1979），昭和50年代以降，授業はどちらかというと "当たり前にできるはずのもの" という風潮の変化を当時の書籍より見ることができる。教師の人間性は児童生徒の問題行動における対処の仕方であり力量として求められる指摘が多い（例えば，中野，1986；酒井，1998）。つまり，それまでは専門職の主題として重視されていた授業などによる学習指導の充実が当然の能力とされ，それに加えて独立した職務や能力上の課題として生徒指導の注力が求められる状況に変化したといえる。加えて授業や教育課程の経営への自由度といった内容と比べ，生徒指導的な内容は目的や方法の捉え方が教師個々人ごとに大きくことなっていたことも分かる。昭和50年代は学校内での教師の責任等が引き続き積み重ねられる中で，生徒指導上の問題が急増し，その対応という職務が増える多忙と，そのことが教師のそれ以前の専門性に関するアイデンティティの揺らぎをもたらすという心理面での多忙感を同時に生じ始めた時期といえる。つまり，生徒指導問題はそれまでの学力や授業のあり方に生活指導や学校生活，さらに生きる力のようなものに視点を広げるような課題となったのかもしれない。

（4）昭和50年代の教師文化の混乱

　第2章で見たように専門職論の定着と給与改善以降の教職員組合などでの教師文化は現代の視点から見れば不可解な部分が多い。職業人としての教師の福利厚生や労働環境が以前より落ち着いた[6]一方で，これらと関わりのない政治的な争点に大きなエネルギーがかけられているからである。すでに昭和40年より始まっていた家永教科書訴訟や昭和45年に事件化した伝習館高校事件などにこの傾向を見ることができる[7]。いわゆる70年安保闘争の一部として生じていた高校紛争も，当時の運動主体である大学生だけでなく一部教師の"煽

り"を見ることもできる。家永教科書訴訟は教科書検定を，伝習館高校事件は教科書使用義務と『学習指導要領』の法的拘束性さらにそれらとのかかわりとしての「教師の教育権の自立性」を，高校紛争は「学校や生徒の自治」を建前としては論点としている。しかし，その事件化の文脈がいずれも教職員組合の関わりがあり，組合が使命とすべき教師の労働環境や当時の教育課題との関わりが薄い政治・思想的な趣旨に沿っている点が現在の視点では理解しづらく，この論点に建前を除いて応える先行研究はあまりない。いずれにせよ，これらの判決は『学習指導要領』や教科書を中心とした国と地方教育行政の教育課程に関する権限と責任の役割分担を確定し，相対的に教師の「教育権」の限定または体系化がなされたといえる。

　筆者は聞き取りなどを通して，大学時代まで学生運動を行ってきた世代の教師にとって組合参加はサークル的な結びつきを持つことによるアイデンティティの確認が目標であり，そのための結束の手段として思想や組合活動があったのではないかと論じた（高木，2013）。昭和40年代までの状況であればこれらの若者特有の思想にひたる牧歌的余裕があったであろうが，受験学力の競争過熱と教育課程における「落ちこぼれ」問題，生徒指導上の問題などが多発する学校をめぐる環境とそれによる教師の勤務実態の困難が増大する中で，このような論点は現実と乖離していったのであろう。また，高校紛争の前半ではこれらを煽る立場にいた一部教師たちが，後半では「権力」の側として糾弾される立場に変わっていった皮肉な状況もよく見られた光景のようである（小林，2012）。つまり，昭和50年代以前にすでに教師や学校は"分かりやすい権力"として，反抗の客体として位置づけられたこととなる。

　立花隆による一連の学生新左翼団体の取材では昭和50年代以降の労働組合や市民団体への新左翼の浸透が指摘されているが，これら"学生運動の後遺症"が教師文化に生じた問題と見ることも可能である。80年代の生徒指導問題の台頭とともにクローズアップされる体罰問題はこの学生運動的な教師の対応方法であったととることもできる[8]。そのように考えれば，学生運動と生徒指導上の問題は将来への不安と若い世代の暴力的な権威攻撃ということで地続きの問題であるといえるのかもしれない。

3. 昭和60年代〜平成10年ごろの変化
──「やりがいのない多忙感」──

（1）消費者優位の前に立たされる教師の立場

　学校像・教師像をめぐる変化で，昭和50年代から始まり，この時期に浸透していった傾向の一つとして学校と生徒の関係の変化が挙げられる。公立の義務教育段階に関する限り，昭和50年代以前は久しく両者の関係は特別権力関係，つまり，教育という「特別の目的のために，行政主体（学校）と行政客体（生徒）との間に包括的な支配・服従の関係がある場合」（菱村，1994）との定義や理解がなされていた。

　もともと，この理論は昭和30年代に，学校事故判例で国家賠償法第一条の適用を可能にするため教師の職務を「公権力の行使」に便宜的に当てはめられたため用いられてきたことから定義されてきた（上井，1977a）。しかしながら，昭和50年代以降，判例を中心に学校と生徒の関係は私立学校での生徒との関係同様，在学契約関係説を採る判例や，学校という「部分社会」に生徒が存在するという部分社会関係説が登場し，これが多少の時間差を置いて現在の一般社会や学校現場に浸透してきているといえよう（結城，1999）。ここでは現在の学校と生徒との関係は，こういった関係観で捉えるよりも「子どもの教育は，教育を施すものの支配的権能ではなく，何よりもまず子どもの学習をする権利に対応し，その充足をはかりうる立場にある者の責務に属する者として捉え」る（若井，1997）という考え方を取る立場として法律上1990年代末には定着していった。つまり，公教育の行使を行う側と受ける側の関係から，児童生徒の学習を受ける権利を最優先し，その「消費者」の要求に応じるサービスの提供者としての学校と教師という位置づけを強調する変化といえる。このような権利意識の向上を指し，若井（2000）は「従前であれば，裁判等に持ち込まれないようなケースであっても，今日では主に損害賠償請求を内容とする訴訟沙汰になることが珍しくなくなっている」とし，サービスと定義した際の危機管理に要求される水準の上昇や範囲の広がりが生じていることを指摘している。

　ここまでの定義がなされてしまえば，学校にとって危機管理は日常的な問題となる。また，判例などをもとに教育の「萎縮」を論じる以前に従来想定しな

かった問題も責任として外部から指摘されかねない状況となった。教師の職務の内容・範囲と職務の遂行の質の高さについては授業，生徒指導ともに困難さが漸進的に増したことはすでに見たが，この時期に急増した職務の内容として不登校や校外での問題行動の対応，行政や保護者，地域の説明，様々な苦情の対応の他に教育行政や学区内の他の教育機関の出向き，研修，校内での会議や委員会などへの参加などといった児童生徒と直接接しない職務が増えたとされている（大阪教育文化センター，1996）。平成に入り，少年犯罪の「戦後第3のピーク」の沈静化とともに校内暴力や非行は若干減少したものの，不登校や無気力の問題が定期的な定義の更新を交えながら，この時期新たに生じ，教師の養成や研修において生徒指導や教育相談の充実も求められ始めている。

（2）昭和60年代以降の教師の多忙

　このころ教師の勤務実態の側面では昭和50年代と比べ量的には改善が進んだ傾向も見られる。が，1981年には500名に過ぎなかった精神疾患による教師の病気休職者は2004年現在2000人を上回る急増が示されている[9]。この時期に急激に心理的ストレスの問題は深刻化しているといえよう。日本教職員組合（1976）の行った1975年実施「教師の意識調査」と大阪教育文化センター（1996）の1994年実施の「教師の多忙調査」を比較してみると仕事の「生きがい」や「仕事で努力した部分については恵まれる」，「授業がうまくいっている」，「生徒の気持ちがよく分かる」，「保護者との関係がうまくいっている」などの質問では肯定的な回答が後者で前者の半分程度しか見られない。昭和60年以降と昭和50年と比べ勤務実態や労働条件については大幅な改善が見られたものの，職務におけるやりがい，などの心理的充実感や負担感といった精神的な側面が悪化し，心理的不健康が増大した傾向にあるといえる。全てではないにしろ，受験競争や「落ちこぼれ」の「七五三問題」で授業や学習指導に新たな検討が求められ，生徒指導問題という新たな職務でありニーズの登場はそれだけで教師の職業生活を複雑にし，アイデンティティの確立困難は健康リスクまでをもたらした。

　松浦（1998）は90年代の教師文化を取り上げ，児童生徒と直接接しない職務の中で多数「形骸化」したものがあるにもかかわらず，職務の整理や統合が難しい学校文化の多忙・困難を増しやすい性質を指摘している。このことは昭

和60年代以降急増した児童生徒と接しない職務の負担感の増大が，授業や学級経営，生徒指導などの教師の動機づけの高い職務を行う余裕を奪っているとする「やりがいのない多忙化」がこの時期の多忙感と教師ストレスの急増の問題の原因として取り上げている。この背景には昭和50年代に判例も確定した『学習指導要領』の準拠性や地方公務員法に定める"研究と修養"の義務として初任者研修（平成元年）と少し後の10年次経験者研修（平成15年）の実施義務化などが代表するような公務員として守らねばならない課題や基準の強化の流れを見ることができる。また，北神ら（2001）は教師の職務意識を検討することで従来は20代教師のストレスの高さに注意が必要であったが，この時期は他の年代のストレスや心身の不健康のリスクが高いことを調査により明らかにしている。この原因として従来の経験や技能が十分に通用しにくいことによる30代以降のベテラン層教師の苦労の増加と，この時期の新採用教師数の減少による教師の平均年齢の上昇の問題を議論している[10]。

　以上のように昭和60年代以降の教師の多忙の問題は昭和50年代以前に生じた各職務の責任の明確化や要求の高まりといった多忙と，これに漸進的に多忙感が積み重なった上で教師にとっての職務の「やりがい」や「動機づけ」に関わる問題と深く関係した多忙感の問題が表れ，ストレスという心理的不健康の問題を急増させた時代であるといえる。このことは従来の専門職として目指した方向性であり技術や経験がこの時期に有効性が低下したことが原因であると考えられる。

4．まとめと今後の課題

　以上に見てきたように教師の職務と学校の変化を学歴・学校歴意識と生徒指導問題の側面から考えてみたい。

　第一点目はメリトクラシーが高度経済成長終焉の以前と以後で変質したのではないかという仮説提案である。例えば高度経済成長期に数十人がかりで行っていたソロバンの財務計算が電卓に替わり，現在では表計算ソフトに変わっている。大量に労働者を採用する以前に，大量に就職希望者を判別する時代がかつては存在し，そのころは受験を通した学歴や極端な場合そのブランドであり，

人間関係のネットワークも含んだ概念である学校歴が効率的な判断の材料となった。しかし，労働集約性が薄まっていく中で労働者も就職希望者も以前のような緩やかな評価で大量採用・大量雇用が成立していかなくなる。このプロセスで学校での学力評価だけが学歴や学校歴でなされることに違和感が蓄積したのではないだろうか。ここにテストだけで学校で身に付けた力を評価することが困難になり，より多角的な学力評価や学歴・メリトクラシーの要請された現行教育改革の新学力観が必要とされたプロセスを見ることができる。

　第二点目は若者の荒れは将来の見通しを失うことが大きな原因となるのではないかという仮説提案である。本書は教師の将来の見通しとそのための努力自体が健康と幸福につながるという趣旨で企画がなされているため，若者だけでなく，人にはそのような要素が不可欠であるともいいたい。高度経済成長が終わりを告げて，どこまでも経済成長と豊かさが続くわけではなく，地方から大都市圏への人口移動も様々なコストを個人に強いるものであることが分かり，同時に不景気による雇用調整や産業構造の変化による人事の合理化，能率化による負担はメリトクラシー自体がより厳しく就職希望者や働く人に現実の厳しさを感じさせることになった。そのような中で，単にある一時点のテストの点数だけでメリトクラシーの判定がなされることは不条理をより感じやすいものとしたであろう。その一点のために，「七五三」と言われるほど過酷な競争と詰め込みがなされ，さらに学校を卒業した後にまったく別の世界が広がっているというのは当事者である児童生徒からすれば未来に希望をなくすきっかけに充分になり得るものといえる。その「七五三」を学齢期として終えた後の荒れが昭和40年代の学生運動であり，「七五三」のただ中で「落ちこぼれ」のレッテルを貼られた中・高生の反乱の形が80年代以降の生徒指導問題と理解できる。これは学校で学ぶことの人生における意義を十分に見えるものとしなければいけないことを示唆するもので，次章で触れる90年代の小学校低学年などの学級の荒れからなるいわゆる「学級崩壊」問題はこの問題意識が小学校にまで必要となったことを意味するのだと考えられる。

　ところで，90年代後半に職場体験が学習意欲の確保や生徒指導問題の予防に多大な成果が報告されるようになったことは，このような働くことと学校で学ぶことの関連を接続する効果があるゆえにであろう。キャリアつまり働くこ

とを中心に据えた人生の展望が子供にも，また働く大人にも必要で，そこには是非明るい希望を伴った視点が求められる。

　三点目は生徒指導問題が学校と教師の役割に加わったことで教師にとってアイデンティティが複雑になり，アイデンティティの拡散の危機が生じたのではないかということである。それまでは授業も含めて生活学校での教育を準拠するルールもあまりなく"牧歌的"に任された時代であったが，教育課程も評価も準拠すべき事柄が増加している。加えて，「学校の囲い込み」が起きかけた後に，従来にない生徒指導上の問題が加わった。教師の仕事の中には「中核」と「周辺」があるのではないかという仮説も思いつくが，教師個々人によりこの動機づけは多様なものでもあるようだ（北神，2001）。第4章と第5章で取り上げるが，現在の視点からすれば教師の多様な動機づけや専門性で日本の学校は支えられるものであると理解できる。結局のところ学校も教職もこの「中核」と「周辺」の峻別を意識するアイデンティティの拡散は教育課程や教職観，さらに生徒指導問題をどのように捉えるか，については様々な基準が個々の教師にある以上，アイデンティティをまとめることはできないのかもしれない。適度な基準性と適度な教師の自立性とともに，現場で要請される様々な教育ニーズで個性を持った教師がどう応え，どう適材適所な学校経営を行うかの課題意識がこのころ生じたのではないのだろうか。

【注釈】

（1）柏熊ら（1979）によれば第一の少年犯罪のピークは終戦直後の混乱期，第二のピークは昭和39年から，第三のピークは昭和49年からとされている。第一のピークは大戦と終戦による経済的，社会的混乱と家や経済的基盤を失った少年が多かったことによるとされる。第二のピークは高度経済成長による都市の人口集中や集団就職などと関わって年少少年犯罪が増加したことが特徴とされる。なお，戦前にはそもそも少年犯罪の統計が存在せず戦前・戦後を量的に比較しようがないことと，戦前の新聞の整理だけでかなりの頻度で凶悪・悪質な犯罪が頻繁に起きていたことも抑えておきたい（詳しくは管賀，2007：平山，2009）。

（2）この時期の非行の特徴は従来の「欠損家族」や「貧困家庭」ではなく「普通の家庭」の少年が犯す少年犯罪の比率が急増している点と，集団的な犯罪の傾向が比率として増加している点，少年犯罪の7割が年少少年（中学校または高校に在学学齢期）

に犯されている点などが挙げられている（柏熊ら，1979）。つまり，戦後第三の少年犯罪のピークは中学校や高校での生徒指導の問題の急増と，都市部を中心とした「校内暴力」の急増をもたらしたといえる。なお，少年犯罪の検挙は少なくとも制度上は少年の保護を主眼としている。学校同様に警察，児童福祉などの社会システムの発展で少年保護が増えたことにより少年犯罪が件数として認知数として増加している部分もある。少なくとも放置され統計上存在しなかったころよりは保護がなされる時代の到来は状況が有意義になったということを押さえておきたい。

（3）この仕組みは，ベビーブームにより極端に１学年が多い場合，ベビーブーム世代から外れる兄弟姉妹と同等の学力では，同等の「学校歴」ブランドの高校や大学の受験に合格しないことにより発生する。「田舎」というべき地方在住で育った第一執筆者にとって教師も含めた多くの人が「日本で一番いい学校は東京大学，２番目にいい学校は岡山大学（地元国立大学），３番目にいい学校は津山高校（地元の町唯一の県立普通科進学校）」と話し，地元中小企業の採用基準がそれに準じるなどの雰囲気は重圧感のある記憶として残っている。このような筆者の田舎の第二次ベビーブーム世代のブランドの高い学校や県立高等学校（田舎ゆえにブランドが高い）への受験をめぐる悲喜劇は1977年生まれの第一執筆者より少し年上の世代の過酷な現実として記憶に残っている。しかし，このあたりについて議論は管見の限り少ない。

（4）学生運動の原因としての受験勉強に関する不満は多くの学生運動の回想でふれられている。ここでは一例として新左翼過激派活動経験者の回想（中野正夫『ゲバルト時代』）と新右翼活動経験者の回想（鈴木邦男『失敗の愛国心』）を紹介したい。

（5）いわゆる全共闘世代の教師に関する少し年下の世代の教師のステレオタイプな不満は00年代に調査等で管理職らから聞いてもないのに教えていただくことが多かった。例えば「党派性が強い」や「権力闘争という意味での政治性全般に強い関心」，「情緒が不安定」，「言動が激しやすい」，「自慢を過剰にするほど自分に自信がない」などで，それらを包括するキーワードが「大学時代にオイルショックを経験していない日本が発展途上国だったころの最後の世代だから」との発言である。オーラルヒストリーとして差し引いて考える必要があろうが，その趣旨はSteinhoff（1991）の描く70年代安保闘争の学生の姿そのままであるように第一執筆者には感じられた。その聞取りの一部は第６章に記載している。

（6）望月・矢倉（1979）の紹介する昭和50年代前半の教育行政，教職員組合の勤務実態・職務意識調査と大阪教育文化センター（1997）の勤務実態・職務意識調査に関する調査を比較したところ，量的な勤務実態についてみれば授業時間数，勤務時間，年休等の消化率はほぼ変わらず，給与とクラスの平均生徒数はそれぞれ３割近く改善されている。

（7）家永訴訟に関する論点として教科書検定制度が真に「教育権利の自由を縛る」ものなのかについては森上・高木（2011）で論考を行った。教科書検定制度自体が事実確認や文法上の誤りに関する修正意見がほとんどを占めていること，またいわゆる「右」も「左」も教科書に関する争点の議論自体がビジネスとして成立しており，

学校や教育のあり方に関する議論が薄い点を結論としてまとめている。

（8）高校紛争については議論した研究や書籍自体が少ない。少し古い書籍になるが、"高校紛争こそは教育改革の方向性の一つを示し、それ以後の中高生の荒れとは一線を画すると議論する意見もある（柿沼ら、1996）。一方で、後に映画監督となる押井守はその自伝『凡人として生きるということ』（幻冬舎新書）の中で、羽田闘争などに参加し高校紛争の当事者として大騒ぎをするエピソードが描かれている。取って付けたような理念は置いておき、「学生運動という祭りに遅れてきた世代」と語り、「終わりのない学園祭前夜」の楽しさを後に劇場版『うる星やつら2』などで描く衒いのない姿は学生運動や高校紛争、80年代以降の生徒指導問題の当事者である若者の本音に近いように筆者には感じられる。

（9）文部省および文部科学省実施の各年度「教職員の分限処分調査」の報告を参照されたい。特に『教育委員会月報』のホームページにも記録のない時期のバックナンバーの参照をおすすめしたい。

（10）この問題は2015年現在ではミドルリーダーの枯渇として学校現場や地方教育行政で認識がなされている。同時に2015年現在は小学校教諭において極端な自治体では"3分の1の教諭が20代"という大量採用による膨大な適応支援を要する課題も加わっている。少子化という1学年の子供の減少とともに、教員採用数推移による教員の年代別人口構成を今後しっかりと把握する必要があろう。

第4章　地方分権と教育方法のイノベーションから見た教師のキャリアの課題

高木　亮・北神正行

1．本章の目的

　前章までに戦後から平成10年ごろまでの社会の変化を抑え，学校と教師の職業がどのように変化したかを捉えた。それまでの時期は教師の職業における聖職性と労働者性，専門職性の3つの特性がでそろい，それらが教育課程の基準確立と専門職化にまとまる流れを確認した。また，学力をめぐる受験学力や学歴，学校歴のジレンマが顕在化し，生徒指導上の問題が出そろうまでの時期でもあった。そのような大衆教育の混乱（刈谷，1995）であり教養としての学力の混乱（竹内，2003），教育病理の深刻化（秦，1984；秦・NHK教育プロジェクト，1992；秦ら，2004）が90年代までに高まった。このような問題意識は1971年の『中央教育審議会答申』（いわゆる『四六答申』）や1987年にまとめられた『臨時教育審議会答申』（いわゆる『臨教審答申』）の時点で強く認識され，明治の近代公教育設計期の「第一の教育改革」と終戦後の「第二の教育改革」に次ぐ「第三の教育改革」の必要性が提示されている。

　そのような中で2000年前後より地方分権を目指した行財政改革全般の流れの中で，教育行財政・法制度の再設定がなされ「第三の教育改革」と呼ばれるにふさわしい状況となった（渡部，2007）。21世紀と第三の教育改革がはじまって10年以上の年月が経ったが，本章では21世紀の学校教育に関わる学校と教師の変化を整理しつつ，今後の学校と教師に起きるであろう変化とそれらの状況への適応と発展への課題を考えていきたい。

2．21世紀"00年代"の変化─「第三の教育改革」のはじまり─

（1）変わる学校の役割と定義

新学力観　21世紀になって日本の学校教育は期せずして「第三の教育改革」に突入したといわれる[1]。1998年改訂『学習指導要領』では「生きる力」をキャッチフレーズとした新学力観を取り上げ，学校を地域に対して「開かれた学校」として再定義した。完全週5日制対応型の『学習指導要領』であるため，土曜日を3時間とした場合，漸進的ながら合計年間105時間の時間数減となったこととなる。そのこともあり，3割の内容精選に踏み切る一方で，新しい領域である総合的な学習の時間を新設している。この『学習指導要領』は極めて早い段階から「学力低下」論争にさらされることとなる。

　その後，教育課程面では中央教育審議会答申『幼稚園，小学校，中学校，高等学校及び特別支援学校の学習指導要領等の改善について』（2008年，中央教育審議会答申）が「生きる力」を「確かな学力」，「豊かな心」，「健やかな身体」の知・徳・体に再定義を行い，「確かな学力」においていわゆる「学力の三要素」を提示した。これはコンピテンスつまり学習意欲をはじめとした未来の学力の伸張への重要因子や『四六答申』以来求められ続けた拡散的思考を意識したものである。また，従来のテストで把握しやすかった基礎基本的知識技能の習得に加え，基礎基本的知識技能の活用能力も併せて考える学力観の再定義であった。

　この他にも従来の特殊教育については中央教育審議会答申『特別支援教育を推進するための制度の在り方について』（2005年，中央教育審議会答申）などを契機として極力，普通学校や普通学級へのノーマライゼーションを意図した"特別な支援"に発想の転換がなされている。また，『生徒指導の手引』改訂版より30年を経て，『生徒指導提要』（2010年，文部科学省）が発刊された。あわせて，中央教育審議会答申『今後の学校におけるキャリア教育・職業教育の在り方について』（2011年，中央教育審議会）において，従来の進路指導（主に中学校と高校における進学と就職に関わる受験等の指導）の前提概念としてキャリア教育が示されている。これは社会人＝勤労者となることを目指し，就学前から高

等教育に至るまで広く能力開発と学校での学習内容のつながりを作ることが意図されている。この生徒指導と進路指導・キャリア教育は学習の意義の自覚と学習意欲の効率的確保がなされることが早くから認識されていた[2]。

前章において大学紛争・高校紛争（1960年代末）や中学・高校の生徒指導問題の激化（1980年代前半頃から），小学校での生徒指導問題の本格化（1990年代半頃から）のいずれにおいても社会人になることの現実感とその気持ちの面での不適応，さらにそのつながりとしての学習の意義の理解と意欲確保の困難が背景にあることを前章で提案した。このようなキャリア教育の学習・生徒指導上の成果はその仮説検証の状況証拠になろう。

行財政改革下の教育改革と教育財政　　ところで，このような教育改革は21世紀の行財政改革である構造改革の結果として進展した性質も有している（中央教育審議会答申『今後の地方教育行政に在り方について』1998年9月21日）。特に影響力が強かったものが補助金および地方交付税交付金の削減と税源移譲からなるいわゆる三位一体の改革である（文部科学省法規研究会，2003）。特定の目的に基づいて国から地方に与えられる補助金から目的の縛りを伴わない一般財源に多く移行しつつ，補助金と交付金の総計を縮小する一方で，税源や地方裁量の増大を目指している（文部科学省法規研究会，2003）。このことは「3割自治」といわれた20世紀の地方分権から，国の基準を緩和する形で地方の教育に関する予算編成権や，教育課程編成の自由度が地方と学校に移譲されたこととなる。当然，税権をえても，増大する地方税の割合を規定する人口が少なければ地方にメリットはなく地方自治体の再編が必要となった。平成の大合併とあわせて教員採用の権限を有する政令指定都市や教員の研修と一定の人事権を付与された中核市が急増し[3]，地方自治体裁量で中等教育学校や小中一貫校が増加を続けている。このことは研修を含む教員人事や教材（特に教育工学的な高度な機器）において，地方教育行政が存在感を示す源となっている。

このような状況の中で児童生徒数に対する教員の配置は基礎自治体の裁量により大きく改善する一方，非正規雇用の教師の比率増大が問題視されている（橋口，2003；山崎，2010）。教育事務の立場より橋口（2003）はこの一連の行財政改革の早い段階から，一般財源化の拡大による表面的な数字に注目がなされ

やすいことと，過疎などにより財政余力の乏しい自治体で混乱が生じやすい危険性を指摘している。特に教員配置において臨時任用の講師・非常勤講師の増大とその研修等のフォローアップ，不足などに懸念を強く示している。これらの懸念はそのまま現実化していることが分かる（山崎，2010）。

　21世紀になって大都市圏の小学校教師より始まった教員の大量（定年）退職は大量採用を同時に生じさせ，極端に新採用教員の少なかった90年代後半とのギャップと葛藤を生じさせている。あわせて，現在の状況はミドルリーダーの枯渇などと表現される状況にある。これらの課題は社会的関心が高いながらも[4]，未だ検討不充分といえる。ところで，人事権者である教育委員会も大量採用時代の充分な選考がなしきれないことに留意を払い，採用試験の年限の緩和や撤廃を行うとともに，採用試験の一部を免除するなどのインセンティブを設けることで大学生向け講座による「独自の教員養成」[5]に取り組みつつある（日野，2014）。教員養成・採用制度の変革とも議論できるが，教員の年代構造がアンバランスで資質も充分に選考できないほど極端な人事選考を行わざるを得ない制度や現状に深刻な課題があるといえよう。このあたりの課題は本書第2部で詳しく独自調査も交えた検討を示していく。

　教育方法の革新　　地方分権が進展し予算の自由度が高まったことと，『学習指導要領』が"ミニマムスタンダード"であることが強調され，総合的な学習の時間の導入，さらに観点別評価など地方や学校，教師に教育課程とその方法の裁量が権限として委譲されつつある。また，地方自治体が自ら人事権・服務監督権を有する教師の研修だけでなく，養成にまで一部のりだしつつある[6]。一見，第3章で見たような教育課程の基準強化の流れをまきもどし，経験主義やコアカリキュラムが謳われたころの「牧歌性」を目指しているようにも見えるかもしれない。しかし昭和40年代以前と比べて学校は，高度な社会的期待に最大公約数的に応える説明責任を伴っており，当然試験に対する基礎基本的知識技能の習得の上にこれらが求められていることは踏まえておきたい。

　ところで，1995年のWindows® 95の発売以来，パソコンのOS自体が安価に汎用性を持つだけでなく，インターネットなどのコミュニケーション（いわゆるICT : Internet Communication Technology）手段が学校現場でも実用的なも

のとなった。また，教育工学としてのCAI（Computer Assisted Instruction）と教育課題としての情報教育が提示されている。他にもユビキタスなどのキーワードや電子黒板，「デジタル教科書」[7]の他に，成績管理や通常の印刷用紙をマークシートデータ入力可能な技術に至ったことからCMI（Computer Managed Instruction）なども進展し学校と教師に適応を求め続けた。文部科学省も『教育の情報化に関する手引』（小・中・特別支援学校：平成21年3月，高等学校：平成22年10月）を発刊し「情報モラル」や「校務の効率化」，「情報教育の体系化」，「教員のICT活動指導力」，「学校のICT環境整備」などを提言している。あわせて，1998年改訂の『学習指導要領』が体験や問題解決を重視したこともあり，学びあいや能動的学習[8]が流行した。

　これら情報機器や特に目立つ教育方法論が急激に学校教育の現場で普及した理由の一つに地方分権化の影響もあるといえよう。構造改革以前であれば3割自治の地方裁量において，たとえ財源の多くを教育に投資する決意を地方議会や首長がしたとしても，国の基準の順守が求められることから特別な人事加配や教材・教具，教育課程導入の独自性を発揮しにくい状況が存在した。しかし，三位一体の改革の進展は地方の自助努力・自己責任の文脈のもとで大幅な地方独自の教育へ財政投入を以前よりも大きく許容する[9]。例えば，職場体験先進県の職場体験導入が知事の再選を目指した任期満了直前に進展した事例（森上・高木，2012）が示すように，先進的であったり人口減少等の対策としての子育て支援・教育の充実は地方選挙の有力な成果指標や選挙公約にまでになっている。またスーパーサイエンスハイスクール（平成14年度より）やスーパーグローバルハイスクール（平成26年度より予算化），さらに能動的学習など特定の教育方法の研究開発が補助金事業として登場している。これらは統廃合のリスクを感じる公立高校や，そもそも少子化で生き残りをかけた私立高校には教育課程や教育方法以前の学校経営上のニーズになることも多い。つまり，自治体に基づいて社会民主主義的均等配分がなされた補助金事業が，三位一体の改革以降は特定のプロジェクトに関わる学校に投入される形態に替わったことで教育課程や教育方法が地方の政治に従属しがちで，そこに教師が適応することが求められつつあるととらえることができる。これらのことは橋口（2003）が批判的に提示するような"目立った事業性"を持った教育方法が政治的理由

で優先されやすい注意点もあるといえよう。

　その例として，近年では佐賀県教育委員会は「先進的ICT利活用教育推進事業」として平成23年の事業計画策定から平成25年全県展開までを行い「佐賀県スタイルの確立」を提示している（「学びが変わる！佐賀県ICT利活用教育」）。予算としては総額29億円で，うち国庫財源的は5千6百万円に過ぎず，県の強い意向で取組が行われている（「平成25年度9月補正予算に係る事業評価（教育庁）」）。2014年度に全県立高校1年生から全員にWindows® タブレットを導入し（1）教師がICT機器を使った授業の実施能力，（2）ICT機器を通して生徒が授業をより理解しやすくなることを求めて導入し，成果指標が「ほぼ満足する数値」が得られたとしている（「佐賀県，全県立高校のタブレット1人1台教育に理解度UPの効果」『日経コンピューター』2015年2月26日）。

　現代の情報モラルや情報リテラシーなど情報教育の必要性は論を待たないが，大学教員として学科の情報教育を担当した筆者の経験[10] も合わせながらCAIなどの教育工学的取り組みやCMIといった学校経営の効率化には注意点を3点取り上げたい。まず挙げられる点が規定が厳密・詳細化しつつある法令順守（コンプライアンス）の必要性である。例えば，平成15年制定の個人情報保護法や平成26年に大幅改正された著作権法の順守に関する留意点などが挙げられる。例えば，これにはCMIでもCAIでもソフトウエアの価格高騰によるパテント代の将来への見積もりとセキュリティに関する配慮の負担といったコストの高さが年々増加していることを踏まえる必要があろう。2点目は教師も子供も相応の習熟と授業方法の共有に相互理解が必要な点が挙げられる。例えば，異動してきた教師や転入してきた児童生徒が短期間に適応できない指導法は学校教育において行き過ぎているようにも感じられる。3点目は教育内容やコンテンツが適正なものとなるかどうかである。特に大規模予算が前提となる取り組みは学校現場等の発案よりは，議会における予算折衝等の影響が結果に強く反映されやすい。教師の習熟や各学校の教育課程経営を踏まえた上で現場に混乱のない活用と適応には相応の時間と段階的な適応が重要になるといえよう。

　社会の学校観・教師観　　1998年改訂の『学習指導要領』は「ゆとり教育」などとの批判もなされ，2007年から約40年ぶりに全国一斉学力学習状況調査

が開始された。また，1999年から日本も参加するOECD生徒学習到達度調査（PISA）の学力調査に関する国際比較など学力について様々な意見が戦わされている。批判的議論にもかかわらず，2008年改訂の『学習指導要領』では「生きる力」に基づいた「新学力観」と「開かれた学校」のキャッチフレーズは引き継がれている。2010年ごろには「ゆとり教育」や「ゆとり世代」と称した批判は一巡し，この論争は少子化と特別支援学力の課題が普通学校・普通学級に一般化したことによるとする冷静な再分析なども示されつつある（例えば，河本，2009；瀬川，2009）。また，1998年改訂の『学習指導要領』の3割近くに及ぶ内容削減は昭和50年以来の『学習指導要領』内容精選の流れに加えて完全週休2日制による影響が認識され，10年代の現在では土曜日の授業再開などの議論がなされつつあるところである。概ね新学力観および教育課程の改革の方向性は定着と積極的な評価がなされつつあるといえよう。10年代になり急速に下火になったようにも見える「学力低下」論争[11]は新学力観に社会の理解が示され受け入れられ始めていったということができるのかもしれない。

　ところで，この時期に学校や教師にとっての大きな変化はそれまで学生運動期以来「権力」として批判の対象となりやすかった世論の厳しさが微妙に変化したことが特筆できよう。「ゆとり」他にも，例えば，2005年ごろに登場し2008年にはテレビドラマ化するなどの話題に上った「モンスターペアレント」という単語などが挙げられる。そもそもこの定義が曖昧ながら極めて刺激の強い言葉である。また，学齢期児童生徒だけで一千万人超の初等中等教育在籍者と，それに倍する保護者が存在する中で，刺激的な事例を挙げれば，まず間違いなく「モンスターペアレント」は存在しよう。重要な点は，その言葉に相応しい反社会的なレベルの高い保護者や極端なクレームの存在の比率，その数的推移が統計的につかめていないことである。この他にも2006年に一度だけ行われた文部科学省の給食費未納に関する調査は保護者の1％程度とはいえ公共性が欠如した保護者に対し国民の厳しい声が上がっている。このような議論がなされること自体の批判（例えば小野田，2008；尾木，2008；小野田，2013）も多いが，一方で教師向けの臨床心理士による保護者対応の手引きが多く出版（例えば，河村，2007；諸富，2007）されていることから，教師には一定の普

遍的でありふれた，頭の痛い問題でもあるともいえよう。

　しかし，この現象が戦後教育史の視点で特筆できる点は国民の平均的な視点というよりはそれを扇動することを意図したマスコミの立場が単純に学校や教師の権力性以外にも批判や攻撃の矛先を向けるようになった点ではないだろうか。現在の日本は少子化と世帯数の多様化により全国の5,000万の世帯のうち，子供のいる世帯は1,200万世帯つまり四分の一に満たない状況になっている。昭和40年代ごろより「当然の権利意識」として進んだ学校や教師に対する批判や意義申し立てが増加し始めたころは四分の三近い世帯が子供のいる世帯であった。現在は納税者の公共事業としての教育を見る視点として四分の三の世帯から，四分の一の子供のいる世帯に目を向けているといえる。つまり，オーナー（国民総世帯）から受益者（児童生徒とその代弁者としての保護者）に対する「当然の権利」としての意義申し立てもなされるようになった。その表れの一つが「モンスターペアレント」に関する国民の関心であろう。確かに，90年代半ばには公共サービスの「消費者」とまでされた子供や保護者が現在はサービスの受け手ではある。しかし，特に公立学校では明確にオーナーとしての国民から公共財を利用するものに対する規範が求められているといえるのかもしれない。

　ところで，近年，医療では医療自体を消費財として定義するのではなく，協働するためのニーズとして捉え直す必要性（例えば，佐々木，2013）が示されつつある。教育において“サービスと消費”という受益ではなく，“サービスとニーズに対する協働”という論点再構成が必要となりつつあるといえるのかもしれない。情報化の進展に伴い公的機関や企業のみならず，国民個々人にまでモラルと透明性が基準として求められる時代になりつつあるともいえよう。

（2）21世紀に入っての教師の多忙・多忙感

　21世紀最初の10年の間，教師の精神疾患による病気休職者の増大は続いている（詳しくは保坂，2009）。第2章で見た90年代までの「やりがいのない多忙」の課題とは別に，“教師が何をする職業なのか”という職務の定義づけが進み，時にそこに混乱つまりアイデンティティの拡散が存在したとの見方があ

2. 21世紀 "00年代" の変化―「第三の教育改革」のはじまり―　59

る（北神，2001）。90年代は「動機づけの高い職務」と「動機づけの低い職務」
にある程度以上の明確な意識の差があったが，開かれた学校により教育課程を
学校外でも射程に入れていく方向性が形作られつつある。21世紀に入り地域
貢献も学校の課題として認知され始め，学校評議会制度やコミュニティスクー
ル（学校運営協議会制度）など地域住民という，教職員や保護者・児童生徒，
保護者以外の有権者の存在が一定以上の学校経営への参画をすることが当然視
されつつある。より広く多様なアイデンティティのニーズが高まっているとい
えよう。

　また，新学力観は教育評価に絶対評価のウエイトを増すという容易に処理し
きれない多忙の原因にもなるような課題を増すとともに，学習意欲や基礎基本
的知識技能の活用能力など複雑な教育課程と評価手法を求めつつある。ノーマ
ライゼーションの思想のもと特別支援学校よりは通常学校へ，特別支援学級よ
りは通常学級へ学籍を転換したところ，結果として普通学校・普通学級におい
て "増大した" というよりは "舞台を移した" 発達障害など特別支援的課題を
抱える児童生徒の対応と，その二次的な生徒指導上の課題や対応困難などはよ
く指摘がなされる部分である。

　教師の職務の中身以外にも，教師自身の年齢構成の状況からも指摘がなされ
ている。教師の年齢構成がアンバランスとなり多忙感の総量増大の議論である。
先行調査研究では教師の職務の動機づけには若い世代が広い職務に高い動機づ
けを持ってあたることができることから，若い世代の不足が学校現場の多忙感
総量の増大の原因とも指摘がなされている（北神，2001）。このことは90年代
末から2000年代初頭の新採用教員の極端に少ない時期の学校の多忙感の上昇
を説明している。その後，極端から逆の極端に振れる形で2000年代に小学校
より始まった教師の大量退職と大量採用をなす自治体が急増した。このことは
このことで若手世代の不適応やミドルリーダーの枯渇を生み，この背景には
90年代までの長期化した若手のいない，若手を育てる機会のない時代が学校
文化を変質したとする議論も成立する。このあたりは第13章で議論したい。

　以上のような問題意識を集約して，中央教育審議会は第82回総会において
『教職生活の全体を通じた教員の資質能力の総合的な向上方策について(答申)』
（平成24年8月28日）を示している。ここでは「教職生活全体を通じ」て「学

60　第4章　地方分権と教育方法のイノベーションから見た教師のキャリアの課題

び続ける教師像」と，各世代と立場，役割や経験の違いを基に支えあう学校の在り方つまり教師にとってもキャリアが求められる時代のニーズを示している。第2章で見たように教師のアイデンティティに基準も必要なかった時代から専門職として職務に基準が必要となった時代があった。後に，第3章で生徒指導問題などのアイデンティティの拡散が生じつづけた時代の直接延長線上に現在がある。アイデンティティと教育課程の基準もない時代に戻ることはできない。ゆえに，多様なアイデンティティを評価し，育み，人事等で配分するような仕組みが必要となろう。

3．21世紀の日本と地域と学校の課題

（1）第三の教育改革の見通し

　教育改革というとあまりにも多くの要素を含んでおり，この個別の議論には様々なものがある。一概にそれをまとめたり，平均化した議論は行いきれないが，現在の教師とこれからの教師のメンタルヘルスとキャリアを考える本書の趣旨を鑑みれば概ね確実性の高い見通しの提示と，できるだけ明るい未来像の議論が課題になろう。前者としては日本全体で進行している人口減少に学校教育がどのように適応するかが大きな鍵となるであろう。後者は希望であるとともにそのための課題と捉えるというスタンスで考察を進めたい。そのため敢えて楽観的な見通しを中心に3点の提示を行っておきたい。

　若手教師増加という希望と課題　　一点目は学校組織の若返りとそれに対応する課題である。21世紀になり90年代までの教員採用定員の極端に少ない時期が大量退職と若干の学齢期児童数の増加などにより一変し，小学校教師より大量採用の時代となった。採用定員は人口減の比較的少ない自治体から急速に増加し，各自治体とも小学校に概ね10年遅れて中学校教諭，さらに5年遅れて高等学校教諭の大量退職が始まり，これは一定の数的ズレを含みつつ大量採用ラッシュにつながろう。大量採用時代とそれまでの採用者のいない状況が常態化した学校文化の変化により新採用教員のフォローに困難が生じている状況を指摘する研究が多い（例えば，久冨，2010；増田，2011）。

　また，平成19年度のデータとして興味深い公刊統計が発表されている。文

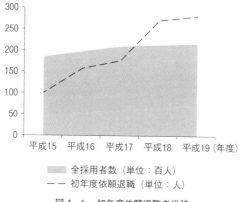

図4-1　初年度依願退職者推移

部科学省が2008年に発表した『指導が不適切な教員の人事管理に関する取組等について』の「表3-1．条件附採用について平成19年度（平成19年4月1日～6月1日）に採用された者」である。採用初年度のいわゆる「試用期間」において依願退職した教職員のうち死亡，不採用決定を除いた自らの意志もしくは病気で教職をはなれた者の数である。この人数が平成15年度の97名から平成19年度の287名にまで3倍近い増加を示している。その数的増加と近年になっての都市圏の教員採用者数増加を加味しての伸び率を把握するために年度ごとの採用者数を百分の一にした数値によるグラフを併記した図を示す（図4-1）。このことから分かるように，あきらかに教員採用者数の伸び率に対して交互作用的な依願退職者の大きな伸び率が確認できる[12]。また，繰り返しになるが90年代の極端に採用定員の少なかった世代が現在は数限られたミドルリーダーの枯渇という現実を生み，例えば「指導主事の高齢化」であったり責任の重い校務分掌を極端に若い世代に求めなければいけない状態が現出している。ミドルリーダーの枯渇や教師を支え育ちあう学校文化の混乱[13]が現状の大きな課題であるといえる。しかし，この30年の間で久々ともいうべき学校現場の若返りが確保でき，ここから新しい学校の役割や教育方法への適応力や学校への幅広くもたらされる期待・ニーズにあまり大きく「中核」や「周辺」を感じずに高い動機づけを期待できる状況である。

特別支援教育の普遍化　二点目は特別支援を前提とした学校教育の形に対

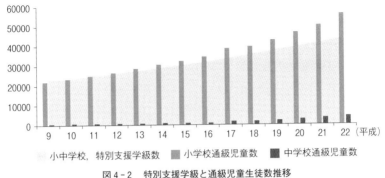

図4-2 特別支援学級と通級児童生徒数推移

応する課題である。21世紀最初の10年の「学力低下」論争において"学力が下がっているのか？"についてはPISA実施以前や全国一斉学力テストが40年の未実施期間があるため比較自体が成立しない。大学教員の目から見れば自らの大学や高校の入試広報の苦戦と志願者数というマーケットからの評価が下がったことを，"日本の子供全体の学力低下"に責任転嫁しているような論説や言動にふれることも多い。そもそも「学力低下」論争自体が21世紀になっての複数の学力観の違いを相互に意識せず議論していることの問題であるともいえる（市川，2002；中央公論編集部・中井，2001；中井，2003）。その中で，数量的に根拠がうかがえる課題は学校現場で広く生じた変化は従来は特殊教育で対応された児童生徒が普通学級において特別支援教育を受ける時代を迎えたことが大きいように感じる。

これは1990年代以降の普通学校の特別支援学級および特別支援学級からの普通学級通級児童生徒数が増加を続けていることからもわかる（図4-2）。また平成24年に公表された『通常の学級に在籍する発達障害の可能性のある特別な教育的支援を必要とする児童生徒に関する調査結果について』では通常学級において6.7％の児童生徒が「学習面または行動面で著しい困難をきたす」とされる。当然，特別支援教育を標榜し，それまでの養護学校・少人数学級から普通学校・普通学級に各種障害やそのボーダーにあたる児童生徒の学籍が移ったことの影響が想像できよう。つまり，普通学級にはそれまで大多数の基礎学力の平均程度以上の児童生徒群や平均以下で多少の学力・生活指導面でリ

スクのある群，さらに厳しい受験勉強を宿命づけられた群が存在したが，これにあらたに"特別支援により社会参加が可能"とされた発達障害があるまたはグレーゾーンに含まれる児童生徒が入ってきたのである。

　特別支援の課題の難しさを2つ取り上げたい。1つ目は普通学校や普通学級において学力形成を図る際の"どのような学力をめざすのか？"という共通認識である。普通学級には大多数の平均的な学力の児童生徒がいる一方で受験等において高い要求を持つ児童生徒が存在した。これに特別支援的課題を持つ児童生徒が加わったわけである。当然，特別支援的課題を有する児童生徒は基本的に学力にハンディキャップを持つため，学級・学年の試験の平均点数は下がるであろうし，授業の目標と方法論，期待される成果もそれまでとは変わるものが求められるであろう。代わりに，この学力観と方法論の転換がうまくいき，受験学力が必要な群も平均前後の大多数のレベルの児童生徒いずれも犠牲になることなく，新学力観の成果をあげることができれば学校や児童生徒にノーマライゼーションが成立したことになる。これは未来の日本の社会を経済的にも文化的にも大きく，明るく変えることになろう。"目指す学力の兼ね合い"が難しいが，これは日本の未来に大切で必要な挑戦なのであろう。

　二つ目は特別支援的な課題が存在しても日常の学校と学級の生活指導が成立し，それらによる葛藤といえる生徒指導上の諸問題として深刻化しないようにする点である。90年代までは特殊教育の課題を有する児童生徒が影響し周囲の児童生徒にも生徒指導上の課題が生じやすいことを提示すること自体が憚られるような風土が存在した。一方で『生徒指導提要』に特別支援的課題の留意点が多数示されているように，実在するリスクを認めた上でどのように障害を持つ児童生徒とそうでない児童生徒の安定した共生生活が確保できるか（字義どおり「特別支援の課題」）を示しうるようになっている。つまり，克服すべき課題を認めるという重要な第一歩をへたのである。大多数の児童生徒に学力の「落ちこぼれ」感が生じないように，学力と生活指導・生徒指導の因果関係を重視することが必要であろう。また，特殊教育と呼ばれていたころとは異なり現在の日本では義務教育でも自立のための職業教育（現在のキャリア教育）が盛んになった。このようなキャリア教育を道しるべに，学習意欲が確保され，それぞれの目標・能力なりの学習状況が確保されれば生徒指導上の問題は大き

く抑制できると期待できる。長期的な課題であるが，このような学校の変化は勤労とノーマライゼーションを安定させ，日本を豊かにしうると期待できる。

「生きる力」の希望と課題　三点目は生きる力としての学力を考える課題である。1990年ごろより日本の教育の基本的な課題は生涯学習社会に対応できる人材育成となり，そのためのリテラシーや基礎・基本的知識などとして「学校で身に付ける力」としての新学力観が示され始めた（具体的には生涯学習審議会答申『今後の社会の動向に対応した生涯学習の振興方策について』（平成4年8月3日）。90年代までは学力といえば概ね試験や極端な場合は出身の学校名のブランド（学校歴）で評価がなされるものであったが，21世紀に入り第三の教育改革で示された新学力観は知・徳・体をあわせたものであり，その知においても試験で測りやすい基礎基本的知識技能の習得に加えて，基礎基本的知識技能の活用能力と学習意欲をあわせたものとなっている。そのような中で学力というよりは教育評価観として絶対評価のウエイトの増大や観点別評価などに注目がなされる新しい可能性の一方で，評価自体の難しさと時間的な対応の困難さが指摘されている。

　日本の教師は少なくとも大正期より児童生徒の日常の生活を綴ることと，それに関してコメントを寄せることを重要な教育活動としてきた。すでに太平洋戦争以前より学歴と学校歴の重要性が増すと試験学力のウエイトが高まり，このような「生活綴り方」であり生活指導という生活学校的な取り組みは，進学や就職という学歴のための判定基準としての学力とは別のものと扱われた感がある（菊池，2015）。21世紀はこれに生活学校の学校で身に付けた力を評価する視点から生活指導自体を学力の一端に加えようとする流れができたことになる。2008年改訂の『学習指導要領』はこれに観点別評価の導入を通して評価による効率化を意図している。この観点には教育行政や学校単位で個々に一定の枠組みを規定できる余地が増えたのが大きな特徴である。地域や学校の実情に合わせて教育評価の多忙と煩雑さ改善の手法の検討は今のところ決して多くの検討を蓄積できているわけではない。しかし，新学力観つまり学力の多面的な評価の導入は児童生徒にキャリア教育の余裕を与え，それ自体が積極的生徒指導として機能しつつある。

「開かれた学校」の希望と課題　四点目は開かれた学校つまり児童生徒を

中心として地域住民が学校に関わり，学校も地域を支えていく時代を考えていく課題である。すでに見たように第三の教育改革では開かれた学校をキャッチフレーズの一つとしている。前章に見てきたように学校は危機管理の必要性から，また教師はその専門職性のウエイトが高まることで昭和40年代ごろから「囲い込まれた学校」（油布，1998）となった。一方で昭和50年代の学校の管理教育や閉鎖性の批判だけでなく国や自治体といった公共組織の透明性という説明責任の登場と合わせて"開かれる"ことが求められてきたという経緯も確認できる。開かれた学校の困難はこの安全管理と専門性を希薄化させうる多忙リスクにある。しかし，1995年の阪神大震災と2011年の東日本大震災において避難所をはじめとした地域住民の安全のためのインフラとして学校や教師が注目と期待をなされていること（天笠ら，2013）も追加して考える必要が生じている。学校に地域が必要であるように，地域にも学校が必要なのであろう。

　少子高齢化を終え2007年より人口減少社会を迎えた我が国は以前のような総世帯数の四分の三が子供のいる世帯であった状況から，今では四分の一未満の世帯数が子供を持つ状況に過ぎない。この傾向は人口構成が安定を迎える時期まで長い時間をかけて進展することが見込まれる。そのため21世紀の日本で国民や地域住民に学校が開かれたインフラとなることは規定事項にならざるをえず，そこに"児童生徒を第一としつつ，双方向に「開かれる学校」，地域も支える教職"のスタイルを模索することが課題になろう。

　このような課題は教師の多忙であり，アイデンティティの拡散やメンタルヘルスのリスクとなりうる。また，開かれた学校が危機管理と専門性を薄めるリスクにもなろう。このリスクを顕在化させないため，多様な学校観や教職キャリアをデザインする必要がある。これらは学校の管理職と教育行政にとって重い課題であろう。危機管理や安全管理は教職員や学校の防災意識も重要ではあるが，そもそも事故・事件における訴訟においては国家賠償法の定めにより設置者である教育委員会が当事者となる課題である。事故・事件のリスクは潜在的なものも含めれば無限に存在するし，不幸な事故・事件において手数料のために敢えて訴訟化を促すような法律家や商業的都合で一方的な事件化のプロセスまでを「報道」するマスコミも当然存在する。"開かれた学校"のメンタルヘルスやキャリアの改善に資するのはこのような課題に専門的に対応できるよ

66　第4章　地方分権と教育方法のイノベーションから見た教師のキャリアの課題

うな教育行政のシンクタンクのような機能の確保が有益であるようにも思われる。しかし，"学校はだれのものか？"と問われた際の答えは"有権者である国民の理解のもとに，児童生徒に対する次世代国民形成を第一義に"となる。20世紀は保護者やマスコミなどの様々な意見の「いずれにも対応する」ことが求められ混乱気味であったが，このような状況を国民的な理解の基に，子供と日本の未来の利益にと学校の定義が最大公約数的にまとまる見通しがある点は希望であろう。

（2）人口減少社会を迎えた日本と学校の課題

　景気動向や学校教育の未来の形は不確定な要素が高いが，21世紀において確実な要素が「人口減少」である。2007年より日本は少子高齢化より人口減少社会に突入しており，希望出生率と合成出生率が改善したとしても当面は大幅な人口減が見通される。100年後に人口が三分の一になるという試算（鬼頭，2011）や30年後に現在の1,700の自治体のうち500超が立ち行かなくなるという予想も示されている（増田・日本創生会議，2014）。ところで，このような問題が大規模自然災害という形で突如，多角的で広域にわたり深刻化した歴史的大事件が東日本大震災である。地域の過疎や人口減少や，基礎自治体の合併，学校の過小規模校の多さや教師の人事，メンタルヘルスなどの様々な問題が進行中のところに，東日本大震災が発生した。学校教育は迅速に復旧したが，先に挙げた21世紀の日本の地域の課題により進展しつつある[14]。不幸なこのような歴史的大事件は一方で，日本のこれからの学校と地域のあり方に多くの示唆を含んでおり，そこから学ぶことの価値を強調したい。

　この表現だけ見れば絶望的状況を指し示すようであるが北半球全般が人口減少傾向であり，そもそも人口増を続ける地球の食糧・エネルギー問題や一人当たりの豊かさを考えればいわゆる「マルサスの法則」[15]が示すように人口減少には合理的な意義も存在する。確かに社会制度の維持を考えた場合は人口減少は大きな課題も有するが，そのために無理な移民制度や少子化対策など[16]は別の意味で社会制度に実害を与えかねない。少なくとも日本の学校と教師のキャリアのこれからを考え，それに合わせた適応の指針を考えるとすれば人口減少にあわせた課題や心構えを整理しておくことが有意義であろう。その際の

ポイントは「マルサスの法則」の示すような1人あたりの豊かな生活を維持できる社会の仕組みと、それを構築・維持できるような「生きる力」であり、それを体現できる学校と教師であるように感じられる。

人口減少下の小・中学校の課題　　一点目は学校統廃合か「フルスペックではない小規模学校」[17] のいずれかを積極的に受け入れ得る学校と教師の適応力である。学校規模においては義務教育つまり小学校6学年、中学校3学年を枠組みとして、6学級以下を「過小規模校」、7～11学級を「小規模校」、12～18学級を「標準規模学校」、25～30学級を「大規模校」、31学級以上を「過大規模校」としてきた（文部省教育助成局、1985）。もっとも、この基準は第2次ベビーブーム世代就学期のこの時期までは小規模校の統廃合よりは過密による大規模校の抑制が論点であり、未だ「過小規模校」をどのように考えるかという統廃合については明確な指針を出し切れていない。

　現在、すでに小・中学校の統廃合とその応用としての小中一貫校や小学校と中学校等を同一の敷地・校舎に設置したり、こども園等と併設するなどの対策は進行中である。統廃合の一つの形として公立小中一貫校の実質的な課題点の議論やどのような形式にしても学校の統廃合等は地方自治体における政治的プロセスを要するなど留意点も多い（詳しくは安田、2011）。学校の統廃合は地方議会の専権事項であり、これらに対する政治的中立性はこれから教師に強く求められる要素になろう。地方のこのような政治（より正確にいえば選挙）に専門職としては距離を置きつつ、どのような形態の学校にも勤務できるような適応力が今後の教師のキャリアにおいて一般的な課題となるであろう。例えば、教育課程としては一貫校や併設校という存在を特性として生かしたあり方の模索であり、教育方法としては複式学級における「わたり・ずらし」による教育方法論[18] の基本的な習得であったり、特別支援学級や保健室がない「フルスペックではない学校」での学校生活をノーマライゼーションでありバリアフリーの一つとしてデザインするなどの教育目標の再設定などが挙げられる。

人口減少下の県立学校の課題　　二点目は都道府県立学校の構造的な再編成に関する適応力である。例えば岡山県においては1990年代に公立高校の大規模な統廃合が行われた。農業科や家政科などの定員確保に苦戦した特定学科を総合学科としてまとめることの他に、交通の便などを留意して鉄道沿線に重な

る学校の廃校などが行われている[19]。2015年より15歳人口は概ね120万人から減少が始まり，当面の100万人にまで低下をすることになる。さらにこの先の一学年あたりの人口減はさらに急激となるはずである。これは近く多くの自治体で公立高校の統廃合を余儀なくするものになろう。また，従来の聾，盲といった専門免許によって構成された養護学校勤務教諭の教員免許も特別支援学校教諭に一本化されたものの，ノーマライゼーションによる受入児童生徒の減少と通学区の広域化が課題となっている。その際に，従来通りの免許取得者の不足が改善されず，いわゆる「相当免許状」制度により人事異動がなされるなど専門的人材の不足が生じている。

　義務教育学校と異なり高校および特別支援学校は基本的に都道府県立という基礎自治体ではない設置者に基づいている。近年の政治状況では不透明な事態も多いが，「一票の格差」が違憲となった以上，道州制の導入には都道府県の廃止の提案をなすものも存在し（原田，2012），自治体の広域化による財政の効率化と公共サービスの効率化が議論されれば従来の都道府県立学校の設置者がより広域になることも想像できる。2014年現在「大阪都構想」のように政令指定都市の再構築も議論となっている。近く“第2の平成の大合併”として都道府県の大幅な再編が議論に上るのかもしれない。また，中高一貫校といった設置者を複雑にする学校統合の選択肢も注目されている。であるのならば公立高校と特別支援学校の教職キャリアは広域な人事異動を必要とするのかもしれない。また，この場合，通勤や生活スタイルへの適応力とともに高校教師は中学教科の一定の指導力を，中学校教師も高校教科の一定の指導力といった中等教育に幅広く，一貫校の長所を追求できるような指導力が求められる。また，特別支援においては“普通学級・普通学校でのノーマライゼーション”を意図した特別支援の能力と“生涯の専門的支援機関としての特別支援学校”での特別支援の能力などがそれぞれ要求される時代になることも想定できる。

　学齢期児童生徒を持つ世帯減少の課題　三点目は学齢期児童生徒を有さない有権者の教育観が学校・教師 vs 保護者・児童生徒の紛争発生時に仲介となり得る可能性である。昭和50年代末には子供のいる世帯数の比率は過半数まで下がり，平成22年には四分の一にまで低下している（厚生労働省『平成22年国民生活基礎調査の概況』）。このことが有権者全般が学校や教師だけでなく

保護者に対しても公共性を求める時代になったとの議論を本章で行った。また，阪神大震災に続き東日本大震災は学校を避難所として活躍させた。学校も教師も子供のためだけでなく，地域住民の命を守る社会的インフラであることを証明した。つまり，学校と教師は地域住民を支えることができる限られた公共の財産であることも確認されたのである。

1998年改訂『学習指導要領』で示された「開かれた学校」は今のところ地域住民への説明責任の確保のための透明化と地域住民からの教育活動への協力を求める方向性が強い。つまり地域から学校への貢献に成果をあげてきた。しかし，人口減少社会の中で存続が危ぶまれたり，人口減少の中で消滅せざるを得ない自治体が今後生じることを考えれば，学校は現在四分の一の世帯のためだけでなく，残り四分の三の世帯への生涯学習であり生活インフラの主体としての役割を併有することが求められ始めるであろう。つまり，双方向に貢献しあう「開かれた学校」の姿である。そのような状況で保護者と子供のいない世帯の有権者の意見をまとめ子供を中心としながらも新しい「開かれた学校」のあり方を意志として提示し発信していくことが今後の学校と教師に求められる。

4．まとめ

第2章から本章にかけて終戦から20世紀末までの学校と教師の戦後の変化をまとめた。21世紀になってからの「第三の教育改革」が学校と教師に与えた影響は教師の多忙やストレスさらに学校をめぐる教育問題の暗い論考が多くなりがちである。しかし，次世代の学校と教師の日本社会に果たすであろう使命と役割を確信している筆者は敢えて楽観視して現状と今後の見通しを検討した。戦後一貫して就学と進学の価値は向上し，教育の量的・質的課題も向上してきた。また，戦後の繁栄と学校教育の発展の代価として生じた生徒指導の諸問題や学力の問題には，少なくとも確実に対策は積み重ねられている。この内実に加えて必要なのが人口減少という学校教育のダウンサイジングと国民に広く「開かれた学校」であり，教師については，その長いキャリア全体の中で多様な資質や能力，アイデンティティとしての個性とチームとしての学校や個々

の特徴のある地域といった全体性をまとめることが重要になるといえよう。

　ところで先行する 2 つの教育改革はどれくらいで安定期を迎えたのであろうか。学制（1872 年）を起点とした第一の教育改革は生活学校と大衆教育を標榜する森有礼初代文部大臣のもとで施行された小学校令・中学校令（第一次が 1886 年，第二次が 1890 年，第三次が 1900 年）で一定の安定を迎えている。また，前章で見たように第二の教育改革は 60 年代の末に大学すら大衆化を達成した状況を見れば昭和 40 年代半ばの『学習指導要領』の改訂と『四六答申』の提示のあたりが所定の目標を達成したと評価することができよう。いずれも 30 年の試行錯誤を必要としたことになる。乱暴な論の展開であることを承知で考えれば，現在は第三の教育改革が半ばを過ぎたあたりであろうか。21 世紀の学校と教師のキャリアを考えれば前半で充分な議論を確保できなかった人口減少社会を迎える上での学校のあり方はこれからの課題である。学校と教師は戦後の今までの姿とはまた違ったニーズが生じるとともに，国民から頼られる存在であり続けるはずである。戦後大きく変わった学校や教師へのニーズを考えれば，これからの教職キャリアは枠を定めるよりも，適応力を意識することが重要であろう。

【注釈】

（ 1 ）「第三の教育改革」とは『四六答申』（1971 年）で示された概念である。そこでは明治期の教育改革を「第一の教育改革」，終戦による教育改革を「第二の教育改革」とし，当時の教育の課題克服をするためにそれらに次ぐ教育改革の必要性を提示している。1987 年に第四次答申が示された臨時教育審議会でも改めて求められている。これらは実際の学校教育制度の大幅な変革には至らず一時は失敗とまで評されていた（詳しくは，渡部，2007）。しかし，戦後第三位の長期政権である小泉純一郎政権における行財政改革である構造改革の推進とともに，教育基本法をはじめとした教育法制度全般の改正の道筋が経ち，現在ではこのころを起点とした「第三の教育改革」の只中にあると評される。『平成 24 年度文部科学白書』の「特集教育再生の実現に向けて」において，この内実は『四六答申』および『臨教審答申』から始まり，「21 世紀」に向けたものであることが強調されている。渡邊（2007 『臨時教育審議会』）に関する青木栄一氏（当時，国立教育政策研究所）の書評（学術出版会ホームページ）においてこの一連の概要は簡にして要を得た表現でまとめられている。

（2）例えば，中学校における職場体験活動の先進県である兵庫県では1997年から職場体験を学校で実施しているが，各種生徒指導問題が改善されるなど児童生徒にとってものキャリア教育が学習意欲や生徒指導問題を抑制しうることを明らかにしている（「トライやる・ウィーク」検証委員会，2003：2007）。

（3）この状況に関する教員人事に関する議論は川上（2005：2013）が詳しい。また，政令指定都市および中核市周辺の市町村の教員人事は特に中学校の教科ごとの教員人事に様々な困難が生じている状況が現出しており，行財政改革以後の学校と教師に関する議論のさらなる検討が望まれる。

（4）週刊誌の記事を紹介したい。大学進学を控えた保護者に向けた記事と思われる大学選びに関する特集では「小学校教員採用者数が20倍　大量採用が始まった公務員」（『週刊ダイヤモンド』2005年2月19日号）とされ，もう少し年齢が低い子供を持つ保護者を意識したと思われる特集では「大量採用で劣化する教員の質」（『週刊ダイヤモンド』2009年7月25日号）と同じ現象でも表現が異なる。就職が気になる年ごろの子供を持つ親にとって「教師という職業」は安定した職業であり，義務教育以前の子供を持つ親には「先生」は質の低下を疑うリスク要因でもあるのであろう。なお，このような身勝手な教員の大量採用に関する感慨は，教員養成大学教員であり，教師研究研究者である第一執筆者も抱えた感慨である。

（5）このような「自治体の行う教員養成」には批判的な議論もあり（村田，2009），教員養成大学自身のあり方を省察する議論もある（岩田，2009）。これらの議論には傾聴すべき点も多いが，筆者には小学校教員また一部の中学校教科教員採用試験の倍率が3倍程度以下まで低下し，採用時に資質の不安がありながらも採用せざるを得ない自治体の状況と現行制度に大きな課題があるように思われる。可能ならば，現行の学級定数や教科の基準に基づきながらも，学校組織や教育行政の組織を支える上で極端な採用の増減のないあり方を模索する必要を感じる。また，教員養成に関わる教員として筆者には未だ資質不充分な教職志望学生が「採用試験に向けた学習よりも効率的な就活」としてこのような「自治体の行う教員養成」に参加してしまうことにも課題・問題を感じる。

（6）権限の委譲をエンパワーメントと呼ぶ。米国では心理学・社会学・経営学の理論を総括することを意図してエンパワーメントの統合理論モデル（Robinson et al., 2002）なども提示されており，参照されたい。

（7）以前勤務した大学における電子書籍を通じた教科書・参考書導入検討会委員として関わった経験をここで紹介したい。電子書籍は参考書や辞書等の検索的な活用には威力を発揮するものの，読む・振り返る・知識化する・活用するといった教科書や読み物に関わるコンテンツを用いる媒体とする場合は，紙ベースの書籍に比べ利便性が劣ることを確認しあった。特に数％の故障率と立ち上げに数分かかる可能性は90分授業ですら学習内容をひどく圧迫した。

　　あわせて，学校運営協議会委員として小中学校の電子黒板の導入評価に関わった経験では，コンテンツ開発とその活用のための習熟に大きな負担があることが確認された。いずれにせよ，教育に対する教材・教具に過ぎない機器には，その内容（コ

ンテンツ）と教育課程における道具としての位置づけの明確化が重要である。つま
り，教育方法は教育課程の経営上，必要な場面において選択するという当然のこと
を忘れてはならない。が，数百万以上の導入費用のかかるこれら高度な機器は教授
者にとって選択肢ではなく使用の義務を圧力して感じるものである。これらは教育
方法として利用場面に長短があるため，教材や教具の電子化が全面的に有益な手法
と誤解しないことが重要と考える。

（8）いわゆるアクティブラーニングと呼ばれ，現在，中央教育審議会『新たな未来を築
くための大学教育の質的転換に向けて』（平成24年8月28日）などで主に高等教育
機関を想定して文部科学省が推奨している。高等教育機関との接続を意識した進学
校や高等専門学校ではこの手法を援用する試みが2013年ごろより研究報告等でも
増加している。これらは義務教育段階で以前より行われてきた参加・協同型の学習
形態と類似した指導方法である。この内実は主に昭和30年代の『学習指導要領』に
影響を与えたブルーナーの系統主義や昭和40年代の『学習指導要領』に影響を与え
たブルームの完全習得学習などの理論で一斉指導・テスト評価といった知識技能の
習得に関わる教育方法では補完しきれない，基礎基本的知識技能の活用能力や学習
意欲，学習スタイルの習得，学習者間の人間関係づくりを意識したものである。あ
わせてアクティブラーニングはこれらの教育課程に導入された理論が「遠いまわる
経験主義」と批判した問題解決学習や経験主義の多用した教育方法と同類のもので
もある。初等中等教育と大学教育において運用を比較する中で，いずれも知識技能
の習得と活用能力と学習意欲を3つのセットとしたバランスに留意しなければ危険
であることなどが指摘されている（就実大学・就実短期大学アクティブラーニング
ワーキンググループ，2014）。

（9）青木ら（2012）では1955年以降の教育財政における国庫と都道府県，市町村の教育
財政負担比率の推移を費目ごとに整理し，いわゆる三位一体の改革以降の地方教育
行政の自由度の所在を簡にして要を得た形でまとめている。また，近年は都道府県
や市町村において子育て支援や人口減少対策として財政支出に対する教育費の占め
る比率の高さを謳う傾向がままみられるが，大久保（2014）は財政規模の多寡が大
きく影響するため，実態的な教育充実の費用はその財政に占める比率ではなく，学
校建築費用を除いた上で考える必要を指摘している。

（10）筆者は以前の勤務校（短大・大学）でノートパソコン60台からなる「移動情報処
理室」の管理を任された経験がある。以下の問題点があった。①ソフトウエア更新
等が人力に依らざるを得ず単純作業に忙殺されること，②固定していないパソコン
等は物理的な損傷が極めて多く，導入1年程度で常時稼働率が8割未満となり一斉
授業に耐えられない状態となる，特に評判の悪いOSやギミックの多いハードウエ
アは可動率低下が深刻となる，③情報教育や機器を活用した教育の質の向上は充分
な教育課程を編成するか教員が充分な個別指導の時間を確保できなければほぼ教育
効果は無意味であること，などである。この主旨からパソコン等の端末を教科書の
様に扱うことのコストの高さとリスクを提案できる。物理的存在としての教材・教
科書と電子端末としての教材・教科書は一長一短をふまえて活用する必要があろう。

(11)「学力低下」論争の様々な立場については市川（2002）や中央公論・中井（2001），中井（2003）が詳しい。繰り返しになるがこれらは学力観の互いの立場の違いを議論しあっていることを留意する必要があろう。「学力低下」を指摘し「ゆとり教育批判」をする立場において少なくとも大学教員と高校教師の実体験による指摘は相当程度割引いて考える必要があろう。これは多くの私立高校・私立大学が少子化にもかかわらず経営の都合で定員を減らすことなく，新学科・コース等の新設という教育の"薄利多売"をつづけ，実質的に定員増を図っていることによる学校名ブランドの地盤沈下が広く見られるからである（石渡・山内，2012）。高校や大学の入試や入試広報の問題を若者論に結び付けることの批判（中井，2007：小林，2008）や私立学校および塾産業が少子化の中で経営の苦しい見通しの対策として営業戦略としての「学力低下」論と「ゆとり教育批判」を声高にアピールしたとの批判がある（瀬川，2009）。

　　また，小中学校における学力低下論争は繰り返しになるが，受験学力と基礎学力と特別支援学力を区別せずに障害を受け入れる学校・学級にシフトしたことの体感の変化に，その論争に存在した離齬の大半が説明できるように感じる。私見ではあるが，河本（2009）が指摘するように乏しい根拠で自国の若者を「ゆとり」などと侮蔑的に表現する姿勢や論点自体に大きな問題を感じる。

(12)なお，「表3－1．条件附採用について　平成19年度に採用された者」では都道府県政令市ごとに休職者のデータが示されているが，採用初年度休職者数が数十人から0人と自治体ごとに大きくことなり過ぎるため比較は不適切である。今後の分析課題としたい。

(13)初任者の支援の文化喪失については久冨（2010）や増田（2011）が詳しい。

(14)東日本大震災と学校教育の詳細な報告は青木栄一編著『復旧・復興へ向かう地域と学校』（東洋経済新報社）を参照されたい。特に教育行財政から学校の教育課程，児童生徒と教員の健康までの簡にして要を全てえた報告（青木，2015）と共済組合を通して，実に1万6千人（回収率85％超）の教師の健康・業務負荷報告（神林，2015）は多くの示唆を示している。これらを学ぶことは災害を学ぶことだけでなく21世紀の学校と地域の課題と付きあう上で極めて有益であろう。

(15)マルサス（Thomas Robert Malthus）の『人口論』の初版邦訳（齊藤悦則訳『人口論』光文社新訳古典文庫）を参照されたい。概ねマルサスの指摘は，人口増による一人当たりの富の減少が戦争や疫病，飢饉といった増えすぎた人口を減少させるメカニズムを指摘しつつ，食糧増産は人口増に追いつかないため，適度な人口維持と一人当たりの富の増進を重視する主旨である。また，豊かな時代には，人口が減少に向かうことも指摘している。後のマルクスの社会主義の論展開においてマルサスは"かませ犬"のように扱われている。マルクス的な社会民主主義のあり方に限界が現れているともいえる現状において，マルサスの理論は再び厳しい自然の法則として再登場した感がある。富をめぐる人口増のリスクについてはベストセラーとなったジャレド・ダイヤモンド著『文明崩壊（上）（下）』（楡井浩一訳，草思社）やトマ・ピケティ『21世紀の資本』（山形浩生ら訳，いすず書房）も詳しい。

74 第4章 地方分権と教育方法のイノベーションから見た教師のキャリアの課題

(16) 例えば，福祉国家には小人口国家は都合がいいが，財政難に陥った際の手立てが非常に難しい状況を北欧を基に検討した視点（岡沢，1991）や，フランスの少子化対策成功の現状は婚外子が4割の内訳を構成していること（中島，2011），そもそも福祉や幸せ自体が国によって大きく考え方が異なること（大熊，1990）などは敢えて押さえておきたい。また，我が国の特別支援教育は日本語を使えない移民等の外国人への教育支援を前提としていない。福祉にしろ教育にしろ，その国民の多くが納得する"幸福の形"を取りまとめる必要がある。筆者には「生きる力」がその一つのモデルを提案しているように感じられる。

(17) 「学校適正規模と適正配置に関する教育・政治・経済学的研究」（科学研究費補助金基盤B，23330223）として行われた貞広（2013）および尾崎ら（2013）を参照されたい。

(18) わたりとずらしについては技能としての重要性で古くから行われているが，研究論文等でその意義が分析されている機会は吉田・呉我（2008）などの例外を除き多くはない。例えば全国へき地教育研究連盟機関誌『へき地研究』では複式学級の指導法に関する研究なども継続的に提起（例えば，大津，2008など）はされているが，現在このスタンダードとまでいえる指導方法の提示が待たれる。地方分権は通常学校の特別支援学級や支援員に関して手厚い予算を可能にしているため，特別支援的な課題のある各種発達障害を有する児童生徒ごとに複式学級が編成されている小中学校も多く，特別支援を支える複式学級指導法も今後課題になろう。

(19) このような政策と地方教育行政，学校経営の相互の重い葛藤を交えたプロセスと学校統廃合・再編成後のミッション再設定の議論について，例えば『岡山縣農業高校五十年史』『岡山県農業高校六十年史』といった書籍などは多大な示唆を示している。そこでは補助金獲得やコンテスト入賞といった華々しいことは学校統廃合には関係がなく，定員の確保そしてその前提となる，魅力ある高校卒業後の進路つまり出口のキャリア確保が入試広報という入口のキャリアを主導することの必要性を示している。この2冊を筆者に貸してくれた元高校校長の「どんな華々しい賞を得たり新聞記事となっても，生徒の卒業進路を確保して，その結果としての入学者確保ができなければ，県立高校は維持できなかった」との談は，これからの学校統廃合の時代において大学も含めた全ての種類の学校関係者が傾聴すべき課題であろう。また学校や教育を財務的な側面から見れば，補助金とは一部分で，その他の多くを占める学納金と入学者により経営が依存する構造が描かれている。このような一連の指摘も留意するに値するもののように感じる。

第5章　教師ストレスとキャリア研究の現状

高木　亮

1．問題と目的

　第3章では教師の多忙と多忙感を規定する諸要因を戦後史の視点から整理し，昭和40年代以前の多忙・多忙感の諸問題は昭和50年代から現在に至るまで進展した多忙感をめぐる問題とは性格を異にすることを指摘した。前章では21世紀最初の10年と2015年現在さらにこれからの学校と教師の変化を議論した。本章ではこの分析に引き続き，現在の教師の勤務をめぐる諸課題とキャリア適応の課題を実証的な先行研究を中心に整理し，改善する方向性を探ることを目的とする。具体的には教師の多忙感やキャリアさらにそれらの関連要因について心理学的・経営学的視点に基づいた実証的先行研究の成果を中心にまとめていくこととした。

　ここでは教師のこれからのキャリアと健康を考える上でストレスや多忙・多忙感を主な参考として議論を進めていく。これは戦後最も実証性のある先行研究に恵まれた研究テーマでもある。また，本章で見るようにストレス理論は教師の主観で職場環境や職務の状況，私生活も含めての職業上の満足，健康，未来への見通しまで整理できる汎用的な枠組みを持っている。多忙・多忙感という定義自体が諸変数を内包しており，原因なのか結果なのかも曖昧なまま議論されてきた感がある。本章は特に実証的な検討を中心に見ていく中で70年代以前の研究や報告書の大半を占めた勤務条件や勤務実態，意識調査的な統計調査（例えば，日本教職員組合，1954；1977など）よりも，80年代以降の教師の心理的・身体的問題に関する実証研究に注目する。後者の研究の多くはストレッサーからストレス反応に至るまでのストレス過程を基に体系的に理解することができる。実証的手続きの中ではストレッサーを"原因（説明変数または独立変数）"に，ストレス反応を"結果（目的変数または従属変数）"に設定し検討を行うものが多い。この研究方法では量的多忙の実態や職務遂行上の諸問

題，職場環境・制度上の諸問題は説明変数として扱われる。一方で心理的な影響が生じた以降については結果・反応の目的変数にあたる部分である。例えばそこには多忙感や不適応感，心身の不調，いわゆる燃えつき症状などのストレス反応，さらに結果としての退職や自殺などのストレス反応が扱われる。また，キャリアはこのストレッサーとストレス反応のプロセスを乗り越えた経験であり，将来のストレッサーが生じてもそのことがストレス反応につながる影響を調整または緩衝する効果が期待できる（高木ら，2006）。ただし，このようなキャリアという包括的な概念は個々の実証研究でその姿がまだ明確に見えてこない点も本章で論じたい。

　先行研究の中で多くの教師ストレスを検討する実証的研究やレビュー研究がそれぞれ先行研究の引用やまとめを行ってきた。しかしながら，実証研究の多くは仮説を設定する性格上，自らが取り上げる変数に関するもののみを取り上げる傾向がある。また，レビュー研究について詳細な議論を意識するため，心理的なストレッサーや個人の人格に関する諸変数に注目する（例えば，田上ら，2004）か，ストレス反応に関する特定の尺度に注目するか（例えば，落合，2003）の限られた範囲の議論が中心となっており，多忙感やキャリアといった表現とかさなるような広い視点の議論は尺度として描きにくいのかもしれない。一方，キャリアについては主に静岡大学教育学部の卒業生等を追跡した山崎準二氏の地道ながら壮大な一連の研究群が存在するとともに，現在注目が進み研究が急増中である。本章はこれらも整理して，今後の課題を考えていきたい。

　本章では目的変数とその規定変数と属性の3つの視点から教師を対象とした先行研究を整理しつつ，教師の回想をまとめた研究の概観も交えながら今後の研究課題を提示する。最後にこれらを踏まえながら今後の教師の多忙感をめぐるキャリアの課題の展望を提示する。

2．ストレス理論に基づいた先行研究の整理

（1）教師ストレス研究等の因果モデルの全体像

　教師の戦後の多忙・多忙感研究では研究の目的として伝統的に教育の効率・

成果の向上をはかることを研究の前提となる意義であり目的としてきた。しかしながら，こういった教師の職務上の成果の向上または低下の測定は基礎学力の測定つまり全国一斉学力学習状況調査がなされる2007年までは困難であった。上記のような多忙感として測定される諸目的変数の測定を代替的に「同義のもの」として見なした考察を行う研究が多かった。そのため，測定される説明変数と目的変数の間の統計的な議論は一応科学的にはなされるものの，結果の考察において目的変数と「同義」とされ，教育効果の向上が推測を交えて議論される傾向が多くの研究で見られる。

　ところで，教師以外の職業人を対象とした職業心理学や経営学などの視点では，多忙感などの目的変数自体の改善で職務遂行能力の短期的な増大や職務上の成果の向上が得られるとする文脈は実証的にほぼ否定されている（例えば，高橋，2004）。『虚妄の成果主義』などの著作で知られる高橋信夫氏の議論は，このように，成果よりも人材育成と能力開発を操作可能な目的変数と扱うことが特色である。このことは，教師対象の研究で研究目的の設定や実証的分析結果を考察する文脈において多忙感やストレスの問題を職務遂行の円滑化と同義として扱うこと自体に無理がある。とりあえずは多忙・多忙感やストレス反応は目的変数として定義しておく必要があろう。特に，教師ストレス研究では職務の遂行を教師個人では操作が不能な外的要因（例えば，児童生徒や保護者，時代の変化など）で阻害された状態を職務ストレッサーとして説明変数に取り上げ，そのストレス反応への影響を実証的に検討するものが主流である。そこで論じられるのは目的変数であるストレス反応や多忙感の予防に関する議論のみであり，ストレス反応（教師の健康の逆転された変数）と職務遂行の円滑化（概ねストレッサーの逆転変数）は説明変数自体であり別の要因で説明された上での考察が必要である。

　先行研究などにおいても混乱しがちなこれらの関係をより分かりやすく把握するため，一般的な職業心理学研究や経営学研究の知見に基づいて整理を行ってみよう。図5-1の①に示したように職務の成果の上昇は職務満足につながる（田尾，1991；高橋，2005）。これは逆に見れば職務の成果の低下や困難が職務ストレッサーと定義される職業ストレスの理論と同様の文脈（金井，2000）である。一方，図に示したように職務の満足感などの個人的心理状態

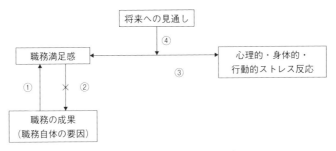

図5-1　諸目的変数間の関係モデル

が確保されても，それは職務の成果を短期的・中期的には向上させることにはつながらない。つまり，先にも触れた教師の心理などの目的変数を教育成果の向上と同一視もしくはその主要な前提条件（説明変数）とするには無理があると考えられる。

　次に，③で示したように個々人の心理状態である職務満足感と心身の健康や離職傾向，問題行動など心理的・身体的・行動的ストレス反応とされるものは相関関係にあるとされる。このことについてはストレス理論からいえばストレッサーを認知しストレス反応につながる過程と職業上の満足感が相互に影響を与えることが示されている（例えば，田尾，1991）。④については現在の職務満足感が低くても将来に対して望ましい見通しを個人的に持つことができればそれが離職傾向につながりにくくなることが以前より注目されている（例えば，高橋，2005やSuper et al., 1988などのキャリアカウンセリングの諸研究）。以上より先に示したような教師の主観の問題などが実際の職業上の活躍や教育効果[1]への望ましい影響を与えるとする文脈は因果関係が成立しないことが分かる[2]。

　さらに，教師のストレス改善などの主観へのアプローチと教育効果の増大は，教育活動や方法論の根本的な改善を通すことではじめて克服される課題である。教育効果の向上は職務自体の成果であるため，これを実感できれば職務満足感が向上する。この実感がなされることが重要である。例えば生徒指導などの貢献は児童生徒の将来の犯罪の予防であることが気づきにくい点が，ストレッサーとして理解されやすいのである。教師のメンタルヘルスとキャリアの

ために，敢えて明るい未来と予防された不幸は何らかの形で強調される必要が
ある。成果をあげる学校と教育活動の体質改善と課題の把握とは別に，教育成
果を認知する仕組みが学校や教師の文化に重要であると感じる。教師の主観へ
のアプローチが関わるのは心身の健康や欠勤の増大・離職への動機づけの高ま
りなど比較的深刻な教育効果への悪影響の問題の改善などに限られるといえ
る。

　一方で，将来への見通しという要因については最近特に多忙などの負担の結
果でありながらも健康などのリスク予防の原因でもあり緩和効果・調整効果が
立証されつつあるし，長期的な職能開発の前提でもある（例えば，黒川，
2009；太田，2010）。これはストレッサーを良いエネルギーに転換するユース
トレス過程となるため，他の心理的要因と比べ特徴的な要因として期待できる
ともいえよう。以上より，教師の多忙・多忙感に関わる諸研究の課題はあくま
で教師個人の不健康などの改善に目的の焦点を絞る必要性が指摘できる。

　教育成果の向上は職務ストレッサーの内容と重なる説明変数に関わる問題で
あり，この確保にはこれら説明変数のさらなる“原因”を探る必要がある点と，
この教育成果を確保する方法が提示できれば根本的に教師の多忙感でありスト
レスの問題が解決されることになる点を指摘しておきたい。

（2）教師の多忙感を規定する諸要因としての属性

　量的に教師の多忙感を測定する方法論を取った最も初期の石堂豊氏の研究
（例えば，石堂，1973）から現在に至るまで，教師の属性に基づいて主として
目的変数の高さを比較し，特定の教師の属性の持つ問題や改善課題を推測に基
づいて議論する手法が盛んに取られてきた。このような分析の特長を挙げれば
研究の初歩的・探索的な規定要因を推測することが可能になる点であるといえ
る。しかしながら，後述するように性別や年代といった属性はそもそも諸目的
変数を改善するための介入操作可能な根拠を提示できない点と属性による特徴
的に存在する諸問題や諸変数の影響を推測的に考察する状況証拠的な手がかり
に過ぎない点が限界といえる。ここでは性別や年代などを中心とした先行研究
の論点と現在の課題をまとめる。

　性　　別　　米英の研究を概観すれば教師ストレスにおいて女性教師の方が

男性教師よりもストレス反応が高いことを示した結果と，性差がない結果を示したもの，いずれかにまとめることができると指摘されている（伊藤，2000）。わが国の研究においても女性教師という属性がストレス反応の高さを示すことを報告した研究が多く（例えば，宗像ら，1988；金子・針田，1993；大阪教育文化センター，1996；岡東・鈴木，1997），一部で性差が確認できなかったことを報告する研究も見られる（例えば，伊藤，2000）。この女性教師のストレスの高さを，量的結果としてだけでなくインタビューなどの質的結果を参考に加えながら社会的性差などの存在を推測し，制度や学校組織構造を批判的に考察する研究も多い（例えば，松本・河上，1986：1994；大阪教育文化センター，1997）。しかし，これらの推測的議論に留意しなければならない点がある。

　一般的に女性はストレッサー・ストレス反応を高く回答をする傾向を有する点と（森本，1998），社会的性差などとして女性により負担が高まりやすい私生活での家事労働や育児に関する諸要因を量的に測定した研究が少ない点である[3]。また，後者については私生活におけるストレッサーと職業ストレス反応の関係は非線形性の関係が疑われているものが多いことも考慮する必要があると考えられる（例えば，Grzmacz & Marks，2000など）。これは相関係数に基づいた統計処理自体の分析を成立しにくくするという難題を抱えている。つまり，育児であり家事であり介護などは，本人が希望する"ちょうどいい"負荷の高さが最も健康に相関を持つと考えられる。ところで，教職において90年代以降の調査は一貫して中学校教師の方が小学校教師よりもストレッサーとストレス反応いずれも平均して高い。このことは人数構成として男女比が7：3の中学校と3：7の小学校の属性統制がはっきりしていない研究が多い。つまり，男性と女性の違いと小学校と中学校の違いという属性種別の交絡が存在する可能性を排除できない。以上を勘案すれば性差の問題は，その差をもたらす原因となる説明変数やメカニズムの実態は数量的検討としては放置されたまま質的データを引用した推測的考察に偏り過ぎた点が課題として指摘できよう。

　概ね教師を二分する性別という大まかな比較で指摘できる改善方法の提案は当然具体的論議につながりにくい。今後は性差を属性として扱うだけではなく，その属性が持つ私生活のストレッサーとともに，それらと関わりの深いキャリ

ア（職業生活の履歴と見通し）の問題，職務の得意・不得意分野の違いなど複数の要因間のメカニズムを検証することで議論を行うことが必要であろう。例えば年代などのその他の属性と組み合わせることでより詳細化した属性の区分で議論を積み重ねる必要があろう。

　　年　　代　　性別に次いで先行研究の中で検討が積み重ねられているのが年代を基とした比較である。20代と30代，40代，50代という分類（例えば，大阪教育文化センター，1997；伊藤，2000；高木，2001など）が多く，経験年数としてより詳細な数年単位の区分けを独自に行い比較したものもある（例えば，宗像ら，1988；岡東・鈴木，1997など）。

　目立った変化をまとめれば1990年はじめごろまでに調査を行った研究がベテランの年代である40代が身体的にストレス反応が高く，精神的なストレス反応はさほど大きくないことが報告されている（例えば，大阪教育文化センター，1997；岡東・鈴木，1997）。一方で，2000年代に入ってからは20代の心身の健康の安定状態と40代の心理的ストレス反応の高さが多く報告されている（例えば，伊藤，2000；北神・高木・田中，2001）。

　これは，1990年代ごろまでは専門職養成場面で培われた能力が実践・臨床場面に必ずしも一致せず職について数年以内の不適応によりストレスの高さと離職傾向が高まりやすい。いわゆるリアリティ・ショック（Kramer, 1975など）で説明がなされてきた。この検討を意図した研究は多い（宗像ら，1988；大阪教育文化センター，1997；岡東・鈴木，1997など）が，今のところ宗像ら（1988）と増田（2008）の議論を除いて明確にその影響を確認できた研究はあまりない。リアリティ・ショックがどちらかといえば職務の不適応つまりストレッサー生成のメカニズムであり，これが心理的ストレス反応につながることが懸念される。一方で私生活のストレッサーや身体的ストレス反応は逆に加齢により上昇する傾向が存在する。年代など必要な属性分けをするなどして，ストレッサーやストレス反応の内実をある程度詳細に測定しないことにはリアリティショックの存在は確認できないため，教師の不適応を測定する方法がまず必要であると指摘したい。例えば，教師の職能成長の中で職能上の適応過程を詳細に検討するなどすればこの問題に関する有効な知見が得られるかもしれない。あわせて，各年代ごとの発達課題もそれぞれ等しく検討の価値がある。

82 第5章 教師ストレスとキャリア研究の現状

　また，北神（2001）が指摘するように1990年代後半からの教師の新採用が極端に少ない時期はどちらかというと「雑務感」や「多忙感」を抵抗なく担える20代が減少し，その結果そのような専門性の低い職務に抵抗感や多忙感を感じやすいベテラン層が代わって担わざるを得ないことで全体で見れば問題が深刻化したと理解することもできる。一方で第4章で見たような21世紀になって極端に切り替わるように始まった大量採用時代は若手教師の不適応が広く生じているのではないかという懸念がある。つまり年代のストレスや負荷は人事や社会背景で変化する余地が少なくないのである。教師の学校現場における年代などの比較は継続的に測定する意義がある属性であるといえよう。この詳細化は本書が目指す教師のキャリアと健康支援に必要な検証であるため第2部以降で論じたい。

　ところで性差の問題は年代とともに交互作用的な変数の変化が見られやすい。例えば教師のストレッサーもストレス反応も，キャリアの適応力もいずれも性と年代の交互作用が見られる（高木，2015）。性別や年代を単純主効果等で検討するのではなく，交互作用的検討を行うことにワークライフバランスの議論の課題があろう。

　職種・職位・校務分掌　　多くの研究が教諭を対象とした研究に力点を置いており，研究において養護教諭や21世紀になり制定された栄養教諭，独立した採用枠が増加している特別支援学校教諭といった職種，管理職や指導主事は少ない。また，21世紀になり制定された指導教諭，主幹教諭といった法定の職位，さらに教務主任や学年主任，生徒指導主事などの校務分掌は調査研究において充分なデータ確保が難しいこともあり，未だ検討不十分である。そのため，管理職の中で校長（例えば，石堂，1973：信賓，2000など）や養護教諭（鈴木・別惣・岡東，1994など）など例外的な研究を除き知見は多くない。ましてや上記の各職位や校務分掌ごとの比較検討を行った研究は統一的な尺度を置くか，その職種特有の尺度を設けることが難しく，管見の限り充分な検討は見あたらない[4]。

　これらの職位や校務分掌は担う職務がそれぞれ異なっており調査に際しては特に職務をめぐる説明変数的な要因の測定は別々の測定尺度をもうける必要がある。一方，共通して測定できる質問項目（例えば，目的変数に関わる諸要因

や，説明変数としての職場環境の諸要因，個人的諸要因など）は共通化しつつ，比較検討を行うことが有益であろう。また，教頭や指導主事，特別支援学校勤務の教師，事務職員さらに各種校務分掌の特徴的な職務の内実は未検討ともいえる状況である。部分的な量的比較とは別に職務などの質的比較の議論を積み重ねることが課題であろう。

学校種別　調査規模の制限もあり多くの研究は小学校か中学校いずれかを検討の対象とする研究が多い（例えば，宗像ら，1988；伊藤，2000；高木，2001；田村・石隈，2001；2002など）。そのため，小学校と中学校教師を比較した研究が若干存在する程度である。加えて，高校教師を対象とした研究は小・中学校教師対象の研究と比べさらに少なく[5]，学校のミッション（進学校か非進学校か，また普通科や実業科，総合学科，定時制などでもまったく異なる職務や職場環境の文化を有する）も複数ある点を留意すれば，高校教師の平均像は議論のミスリードの恐れがあるのかもしれない。

　その中で，1970年代始めに調査を行った石堂（1973）は小学校の児童の方が中学校の生徒よりも「手がかかる」ため小学校教師の方が多忙感の回答や不健康が高いことを指摘している。しかし，2001年に調査を行った高木（2003）は私生活を除いて全てのストレッサーとバーンアウトの因子の得点が中学校教師の方が高いことを明らかにしている。第3章で見たように昭和50年代以降の中学校での生活指導・生徒指導上の問題が増加したことが石堂（1973）と高木（2003）の研究の差となって現れたと考えることができる。しかしながら，高木（2003）の示す小・中学校教師間の差は多忙や困難の量的差なのか，職務内容が持つ質的な差なのかは今後，小学校教師と中学校教師さらに高校教師[6]の職務に関する内容の比較と，量的比較，因果関係の検討を通した比較などの多角的な議論が必要であろう。

（3）多忙感・ストレッサーの諸問題

　インタビューや自由記述に関する質問などの質的研究を通し，秦（1991）は教師のストレスを構成する要因を6つに，鈴木（1998）は5つにまとめている。その後の90年代後半以降の量的な教師のストレス研究はこの2つの多忙感・ストレッサーの分類から発展し，その要因などをより詳細に，より多角的に検

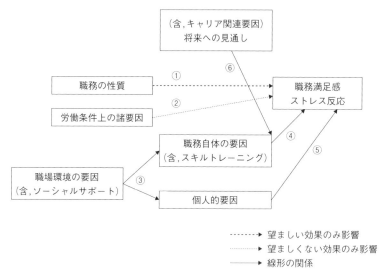

図5-2 諸説明変数・目的変数間の関係モデル

討してきたといえる。現在は教師ストレス研究の量的検討はかなり蓄積されつつある。説明変数としての因子構造つまり教師の多忙感などの原因の種類については詳細に把握されつつある。説明変数の各要因にはどのようなものがあり，どのような形で目的変数に影響を与えるのであろうか。経営学・職業心理学研究のレビューと教師の職業ストレッサーに関する研究である高木（2003）などを基に関係図を整理してみることとした（図5-2）。

まず，図5-2の①に示した職務の性質つまり職務を実施する上での方法論や時間配分に関する雇用者の自由度は"自律性"と呼ばれ，仕事における不満足感やストレス反応を緩和する効果が見られる（田尾，1991；高橋，2004）。これは望ましくない認知をされてもストレス反応などを促進する影響は見られない（高橋，2004）。このことから望ましい影響のみの非線形的な影響を与えるといえる。逆に図5-2の②のような労働条件つまり給与や休暇，施設の快適さなど環境条件が望ましくない状況は目的変数に悪影響を与えるものの，これらが望ましい状況は目的変数に好影響を与える効果は見られないとされている（高橋，2004）。これらは望ましくない影響のみが存在する非線形性の影響

力である。

　次に，教師ストレスに関する研究の知見から図5−2の③と④，⑤の関係を提示できる。職場の組織風土や仕事のしやすい雰囲気，管理職・同僚との人間関係などの諸要因は直接には教師の不満やストレス反応はもたらさず[7]，児童生徒らに接する職務自体の要因や育児・家事などの個人的要因を通して間接的に目的変数に影響を与える（高木，2003）。高木（2003）では③と④が線形性の影響過程であるが，⑤については明確に線形性の影響過程とは示されていない。なお，すでに触れたように，図5−1で取り上げた職務の成果の向上などは職務自体の要因に含まれた概念であり，図5−2の④と図5−1の①は同じ因果関係を示したものであると指摘できよう。

　この図をもとに考察を行えば第3章で示した昭和40年代ごろまでの教師の労働条件などを中心とした量的多忙と給与の少なさの不満などは①と②の中で説明できる問題である。昭和50年代の一応の設備や労働条件の改善は②の影響を緩和したものの，代わってこのころ生じ深刻化し始めたいわゆる教育病理と呼ばれる生徒指導や受験学力などの混乱といった諸問題やそこからくるアイデンティティの混乱は④で説明される問題として深刻化した。

　上記を考えれば現状では教師の給与や休暇の改善が多忙感や職務面でのストレスさらに職業における充実感といった目的変数の改善につながるとは考えにくく，ストレッサーなどの諸要因を改善していくことが課題であろう。なお，これは本書がレビューした心理的健康の範囲の議論であり，身体的健康に関わる議論はまた別に検討が必要であろう。そこで，以下に③と④，⑤の関係をもたらす諸要因の詳細と先行研究の議論を見ていこう。

（4）職務をめぐる要因

　教師の多忙と多忙感は戦後一貫して指摘されてきたが，どのような具体的な職務が多忙感を構成し，それによりどのような影響が生じるのかについては1990年ごろまでは漠然としたイメージで論じられることが多かった（高旗ら，1992）。90年代以降はストレス反応と量的関連性を検討する目的で，職務の実施困難や葛藤の伴う職務を部分的に尋ねる形式の研究が増加している。例えば，松本・河上（1994）は自らの教職観とギャップのある学校内の生活・生徒指導

に多くの時間をとられることの葛藤を，宗像ら（1988）はいじめや受験競争への対応などの難しさや葛藤を尋ねている。これらはどちらかといえば教師の職務の中で調査実施当時に社会の中で問題視された諸問題を部分的に取り上げ，ストレスへの影響を確認したという性格が強く，職務の多忙や多忙感の内実を詳しく整理する意図は薄い。

　90年代後半以降はこのような職務に関する説明変数をより体系的に捉えて教師の職務の多忙・多忙感であり難しさの実態把握に注目する性格のものが増えていく。例えば，大阪教育文化センター（1997）は従来多忙とだけ表現され，教育困難などと比べあまり詳しく把握されてこなかった多忙を構成する職務を細かく取り上げ，教育困難にある諸職務と同時にそれら職務の多忙の実態がストレス反応の原因となっていることを指摘している。また，この追加分析として松浦（1998）が教師の「本質的でない」と感じる職務の多忙が教師にとって「本質的である」と感じられている授業や学級経営，個別の相談などの職務遂行のための時間や労力を奪い，「やりがいのない多忙化」が生じているとの考察を行っている。北神（2001）はこの「やりがいのない多忙化」のメカニズムを検討し職務ストレッサーが別の職務ストレッサーをもたらす複雑な問題を指摘している。

　一方，教師の職業ストレッサー全体の体系化も進んだ。田村・石隈（2001）は「指導・援助サービス上の悩み」として3因子，田中ら（2003）は「教師用ストレッサー尺度」として6因子の職務ストレッサー尺度を作成している。また，高木・田中（2003）は教師の職業ストレッサーを職務ストレッサーである「職務自体の要因」と，その他に同僚との関係や学校組織風土などからなるストレッサーである「職場環境の要因」，育児や家事などからなるストレッサーである「個人的要因」としてそれぞれ下位尺度である因子を複数確認しモデルの検討を行っている。

　以上のように教師の多様な職務をどのような区分けで把握するかの違いはあるものの，概ね教師の職務ストレッサーの問題は職業ストレスの定義に基づき本来の動機づけの高い職務に外的な要因で阻害され実施上の困難が生じている問題，動機づけの低い職務を担うことの負担の大きさに大別しているといえる。第3章と第4章で見たように，教師の職務をめぐる問題は時代の変化などに直

結した問題であるため，時代の変化を反映させた測定方法の改善がその都度に
必要になるといえよう。また，先に触れたように職務自体が校務分掌や学校種
別などで質的に異なることも考えられるため，これらをどの程度詳細に検討し，
どの程度包括的に扱うかの判断のつけ方も今後課題となってくると考えられ
る。

（5）職場環境をめぐる要因

　宗像ら（1988）以来，職務自体の諸要因をストレッサーとして把握すること
とは別に，同僚との人間関係や職場の仕事のしやすさなどの組織風土，ストレ
ス抑制要因で取り上げるソーシャルサポートなどを尋ねるなどして測定してき
た研究は多い（例えば，大阪教育文化センター，1997：岡東・鈴木，1997：
伊藤，2000）。1990年代半ば以降は教育経営・学校経営の視点から職場環境の
改善を意図した研究が増え，これらがより詳細化していった傾向が見られる。
例えば，牧（1999）は『学校経営診断マニュアル』として学校の様々な組織風
土や人間関係の実態などをチェックリストで容易に把握可能なものを開発し，
月刊誌『教職研修』でこれを用いた実際の学校の診断と比較や実践上の対策の
あり方を論議しづけた。また，学校組織を改善することで教育困難の克服を意
図した実証的で具体的な議論が展開され（例えば，露口，2000：露口・佐古，
2004），これらの成果を踏まえた学校改善の具体的なプログラム作成を意図し
た研究も生まれている（例えば，佐古ら，1999）。上記はストレス反応との関
係は測定していないものの，多忙感や職務ストレッサーにあたる教育困難や職
務の多忙・混乱の改善を意図した議論であり，図5-2でいえば職場環境の要
因の改善を通して職務に関わる要因や目的変数の諸要因の改善を意図している
と言いかえることもできる。
　これらの研究の影響を一部受けながら教師ストレス研究における職場環境上
のストレッサーも大まかな把握だけでなく，具体的な把握もなされるように
なった。例えば職務の割り当てと価値観の葛藤や組織風土を構成する諸問題を
詳しく測定しストレス反応との関係を検討する研究（例えば，鈴木，1993）
や対象を詳細に区別した上での同僚との人間関係の問題や同僚からうける態度
の心理的負担（鈴木ら，1994），さらに組織風土と職務の役割観の葛藤などの

測定（高木・田中，2003）というように体系的な測定がなされつつある。

　今後は職場環境の改善をどのように実施できるのかという手続きと，これによる学校の教育困難などの多忙感の説明変数自体の改善効果を検討するプログラムの作成に関する研究が求められる。

（6）個人的要因

　すでに触れたように特に女性教師のストレス反応などの高さから育児や家事のストレッサーとしての存在を議論した推測的指摘は古くからなされていた。しかし，宗像ら（1988）と高木（2003）を除いてほとんどの研究が育児や家事，個人的な健康状態，家庭での問題をストレス反応への説明変数として実証的には検討があまりなされてはこなかった。これは現場の教師の無償の行為に依存している調査研究において私生活の詳細な調査は職務上の調査と異なり，回答に理解を得られにくいことと関係しているといえる。

　ところで，職業上のストレッサーと私生活のストレッサーの関係についてはストレス流出理論として非常に複雑な影響過程が存在することが一般的な職業ストレス研究の中で明らかにされている（例えば，Frone et al., 1997；Grzmacz & Marks, 2000 など）。そこでは私生活の諸ストレッサーは適度な負担を持つことでストレス反応が最も低くなり，低すぎるもしくは高すぎる私生活上のストレッサーや負担の認知はストレス反応に悪影響を与えるという非線形性の関係を持つことが報告されている。これに加えて性別や職業の種類，職業をめぐる多忙などの諸変数が，この非線形の関係に複雑に干渉する可能性が指摘されている（Grzmacz & Marks, 2000 など）。つまり，適度に私生活で苦労し，仕事との適度な両立をはかるというワークライフバランスの追求が最もストレス反応において健康度の高い労働負荷であるといえる。このことは労働者としての長期的な健康であり幸福でもあるキャリアの志向に重要な参考になるといえよう。著者の経験から言えば保育者や小学校教諭のキャリア志望の学生は"地元で生活し子育て，介護を全うし一生を終えたい"という共通性・類似性の強いライフキャリアの展望を持っていると感じる。つまり，教師という職に就く者の多くは私生活の負荷はある程度の強度を担うことを本人が求めている者が多い。しかし，中学・高校教諭はこのような地元や実家への志向性が

保育士・小学校教師志望者ほど高くない。教師ストレスについてはこの問題を議論するには先行研究の蓄積が不充分であるため，今後は詳細な分析を行ないうる測定方法に基づいた検討が必要であろう。

（7）ストレス抑制（コーピンク）要因

ストレス研究全般においてストレッサーやストレス反応の抑制または両者の因果関係の緩和を果たす要因をコーピングと呼ぶ。しかしながら，後述するようにソーシャルサポートは職場の人間関係のストレッサーを逆転項目化した測定方法が今のところ主流である。また，様々な社会的スキルトレーニングは教師ストレス研究でいえば特に職務などのストレッサーなどの諸要因を改善するために必要な能力や能力開発のための努力であるといえる。一方，キャリアカウンセリングなどで強調され図5-1や図5-2で取り上げた将来の見通しを持つことなどは，社会的・対人関係的な要因や具体的な能力とはまた別の個人内の認知の問題という特徴がある。

以上のようにコーピングの内容は相互に類似概念が重なりあうものが多く，定義が非常に広いためその全体像を容易には理解しにくい。図5-2でコーピングに含まれる諸要因を提示はせず，今まで教師について測定されてきたこれらの諸要因の内容を整理し図5-2の中で示したもののどれに重なる内容かを指摘することを通して，これらのストレスの抑制効果の知見と課題を述べることとした。

教師に可能なコーピングを探索的に探り測定する研究は1990年代中ごろより増加している（例えば，Travers & Cooper, 1996; 岡東・鈴木，1997; 若林，2000）。21世紀に入って，どのように各種コーピング要因を高めることができるかの実践的研究が増えつつある（ソーシャルスキルについては河村，2001; アサーショントレーニングについては園田・中釜・沢崎，2002; 教師間のピアサポートについては池本，2004など）。

また，多忙感などを認知する過程の分析に関する研究も進んでいる。教師個人の人格や性格特性としてのストレスの理解の仕方を類型化し，ストレッサーに過敏なタイプの改善方法を実験的に検証した研究（若林，2000）や，特に現職教師の立場から実践的方法論の提示もされており（例えば，中田・松岡，

2002など），臨床心理学的介入や改善方法の議論・提案も増えつつある。

一方，社会的・対人関係的側面の改善効果として戦後一貫して教師として良好な人間関係のある職場の雰囲気や保護者らとの関係性の確保は強調されてきた。いわゆる "同僚性" と呼ばれる概念であるが，言葉が先行し科学的議論が最近まであまりなされていない。2000年ごろになりソーシャルサポートとして詳細に同僚や上司からのどのようなサポートがストレス抑制効果を持つのか検討する研究が増加している。そのまま，同僚性と言い換えることは危険かもしれないが類似概念ではあろう。田村・石隈（2001）は職務ストレッサーとストレス反応の関係の中で「被援助志向性」としてソーシャルサポートなどを受けやすい人格特性を詳細に尋ね，年代や性別に基づいてどのようなストレッサー・ストレス反応抑制効果が見られるかを検討している。さらに「被援助志向性」を構成する人格特性の検討（田村・石隈，2002; 2006）を検討し人格特性ごとのソーシャルサポートの受けやすさを探ることでストレス改善の方法を模索している。諏訪（2004）はソーシャルサポートを情緒的，情報的，評価的および道具的なものに分け，それぞれのストレス反応の抑制効果の検討とともに学校組織の中でのこれらの確保の方法を論議している。

ところで我が国の対人ストレッサー研究の草分けともいえる研究を蓄積した橋本剛氏は人間関係のストレッサーに関する基礎理論の研究では人間の認知の仕組み自体の問題としてサポートよりストレッサーの側面を強く感じやすい傾向があると指摘している（橋本，2005）。人間関係のサポートと対人ストレッサーなどの負担はただ内容を逆転しているだけでなく，個々人の内容ごとの認知の重みの違いがあり目的変数に与える影響が変化することや，線形的な分析だけでは把握しきれない複雑さを持つことも想定される。理論的な検討や，学校現場でコーピング要因を確保する具体的方法論を考える上でこのような複雑な問題を区別しうる質的・量的検討の工夫が必要であろう。

3．教師のキャリアに関する研究

（1）教師のライフコース研究

すでに見た第4章と本章前半は学校や教師の求められるニーズの変化を整理

してきた。このことは，今までの教師に求められたキャリアの変遷の基となった文化や風土，ライフイベント・ライフスタイルを描写する作業でもあった。このような主旨の実証的描写はすでに90年ごろから静岡大学教育学部卒業生を対象とした山崎準二氏の一連のライフコース研究をここではあわせて整理する。

　90年代以前より「教職生活全体」のメカニズムを検討する目的で行われてきた研究概念が"ライフコース"研究である。教科専門の授業能力開発に関する議論を除けば，実証的に教師のライフコースの視点で議論を行っているのは山崎準二氏の一連の研究に限られる。山崎ら（1990）では静岡大学教育学部の1,500名超の卒業生への2度にわたる調査で，教職に就いた動機や昭和史の中でどのような事件，学校教育の環境の回想等を基にライフコースをコーホートごとに整理している。また，山崎（1992）ではライフコース研究の分析枠組みをレビューし学校・教師における課題を整理している。この成果を基に山崎・紅林（1995）では女性教師の教職の選択理由や職業生活の研究レビューを行い，昭和7年生まれの女性「K教師」のライフヒストリーを整理する中でライフコースにおいて固有の「個人的時間」と「社会的時間」，「歴史的時間」という大枠の3つの規定要因を整理することの重要性を指摘している。

　次いで，山崎ら（1991）で報告された第一回・第二回調査の追加として勤務時間や私生活の時間構成などを中心にした第三回調査の報告（山崎・紅林，1996）と，それらの背景として存在する回答者の年代ごとの時代背景の影響などを検討している（山崎，1998）。第四回調査では静岡大学進学の理由や「新採研」など初任時の回想，この5年間の苦労などをまとめ（山崎・紅林，2001），第五回調査では進学経緯や能力形成のイメージの他に勤務時間・多忙感，校内共同研究・研修の影響など（山崎，2006a）や教職観の類型化，社会の教師への評価の変遷など（山崎，2006b）とともに，合計5回の調査の中で教育として力を入れていくべき課題の教師の回答のウエイトをどのように推移したかを検討している（山崎，2007）。このあたりまでの議論は教師の職業上の成長と，その成長の刺激は何なのかという探索的姿勢で貫かれている。詳細な議論をひとことでまとめれば，あまりに教師のキャリアをめぐるライフコースは多様でひとことでまとめて論じることは危険であるというのが筆者の印象

である。

　近年では若い教師に限った固有の課題の検証を「教職生活」や「教職観の形成と変容」,「教職（能力）の形成」など多面的な調査報告を行っている（山崎ら，2011; 山崎ら，2010; 望月ら，2011）。これら各種の調査方法を長期間継続的に続ける中で山崎の強調する点は従来または現在の教師の職能成長観が一方的に能力や経験を量的に積み上げていくと考える「垂直的」モデルの性質が強いことの批判である。これを「水平的」または「オールタナティブ」なパターンによって捉え，時代や個人，個々の諸条件によって多様な基準とプロセス自体によって把握されるべきであるという指摘（例えば，山崎，2000）である。

　このことは分かりやすい教職のキャリアの道筋やモデル（垂直的モデル）よりも，能力開発やその方向性，将来の職業生活充実・幸福などの追求にはそれぞれの人の形があり複雑で多様な道筋を許容するモデル（水平的・オールタナティブなモデル）の必要性を示唆している。このような多様性は平均化して極力単純なモデルを提案する量的心理尺度による因果モデルだけでは測定しきれないのかもしれない。山崎氏が積み上げたり，近年キャリア研究で複数提示されているような質的分析手法（例えば，安田・サトウ，2012）を積極的に量的研究に併有し検討や議論をすることも重要であろう。

（2）人事異動等に着目したキャリア研究

　ところで，教職キャリアは教師の人事異動を一つの契機として，適応の苦労や適度な範囲での負荷（多忙・多忙感・ストレス）を考慮しながら，充実感を確保できる。これは行政・学校現場の枠組みの操作で改善が可能になる課題といえる（例えば，OJTやOff-JTなどの諸研修，教師同士の交流など）。これらを政策・行政・財政的な限定性を踏まえた実務的に無理のない範囲で議論することが重要であろう。多様な教職生活を健康や離職問題を低リスクに抑える留意点や，現実的なコストで支える枠組みの課題を探索・検証することが必要である。そこで，実証性を重視する観点からどちらかといえば仮説構築を意図する質的研究（インタビューや自由記述）とどちらかといえば仮説検証を意図する量的研究の2つの大枠で整理してみよう。

　　質的なキャリア研究　　まず，インタビュー・自由記述分析などを通して回

想をまとめた研究を見てみよう。松田・鈴木（1997）は教師の自己効力感がどのように形成されるか自由記述と量的調査項目併用の調査を小・中・高校教師65名を対象に実施している。自由記述においては自己効力感や充実感は年を経るごとに高まるものではなく，年代や属性によって把握しずらい個々人の特性があることを明らかにし，将来への前向きさであるコンピテンスのサポートが有意義ではないかと示唆している。

　佐々木（2009）は3人の校長を対象に管理職として職場の教師の能力開発の可能性を整理している。そこでの議論は概ね校長のミドルリーダー支援が有効であると論じている。澁谷（2004）は教師の学校内の協働についてのポジティブなエピソードをある中学校（回収数27名分）を対象に記述を求める調査を行っている。そこで，教師にとって肯定的な感情や関わり・能力開発の原動力となるのは教育課程や校務分掌，会議など公的むすびつきではなく非公式の関わりであり，特に時間外の勤務時にエピソードが集中することが多いとしている。このことでワークライフバランスとの兼ね合いや時間外に学校に居ない教師が同僚性の感覚から阻害されかねないことを指摘している。富家・宮前（2011）は教師230名を対象に「職場の楽しさ」を規定する要因を自由記述と量的質問項目を尋ねる形で調査している。自由記述調査の結果，児童生徒などの記述よりも圧倒的に同僚との関係性やエピソードを語るものが多いことが分かる。このあたりを考えればストレス研究とはまた別の充実・幸福感の独立変数としていわゆる「同僚性」が効果を持ちうるのかもしれない。

　上原・田中（2012）は3人の男性管理職に教職志望期から現在までの教職の経験を半構造化面接法で調査・分析を行っている。そこで養成期・若手期の子供に対するイメージは後々まで変わらず，中堅期以降に保護者や地域社会，学校組織，教育行政への理解とイメージが順次形成されていると指摘している。教職大学院の課題と存在価値について再検証を行うという実務的目的で迫田ら（2011）は「教師のキャリア形成」の課題をレビューを通し検討している。そこでは教師の前向きな教育活動や成長意欲を構成する「キャリアモチベーション」を提案し，その確保に心理学的な意欲向上にウエイトを置いたカリキュラム・支援プログラム作成を推奨している。これらの質的な研究成果は教師のキャリアが性別や年代をある程度軸としながらも，非常に多様で個別の経験によっ

て左右され，山崎（2000）の結論同様に分かりやすいモデルの提示よりは，個別の状況に対応し，個別的な能力開発を進めることの意義を提示している。

量的なキャリア研究　量的データによる検討を見てみよう。これらは質的検討と異なり，一定の仮説や尺度を用いるなどの枠組みで調査実施を行う必要から，ある程度限った属性ごとに調査実施を行っている。高野・明石（1992）は女性校長のキャリアに関する調査を企画し，平成元年当時の小・中学校の全女性校長にあたる1,009名に調査を発送し641名よりの回答を得ている。その際に結婚よりは育児の不安が離職リスクに影響があったことを明らかにしている。その際に支えとなったのは「子どもの預け先としての融通の利く身内」であり，先輩としての教師のモデルや管理職のモデルに恵まれたことも強い契機になっている。また，管理職としての職務遂行や職業生活において“自らの希望で管理職になった者”と“いたしかたなく管理職になった者”の間で職務の行動形態が異なること等を報告している。

松田・鈴木（1997）は中堅世代の教師の自己効力感がどのように形成されるか自由記述と量的調査項目併用の調査を小・中・高校教師65名を対象に実施している。その結果，自己効力感は年代や性別などで差はないものの，中学校教師のみ低い傾向があることが示されている。次いで，小・中学校教師398名を対象に自己効力感形成要因とストレス抑制効果を尋ねる調査を行っている。さらに追加の仮説に基づいた調査設計と回答状況をまとめつつ（鈴木，1998），自己効力感がバーンアウトを抑制する効果を明らかにしているが（鈴木・松田，2000），肝心の自己効力感を形成する要因ははっきりと示すことができず，形成要因の多様性を示唆している（鈴木・松田，1999）。ここでも教師のキャリアや能力形成，さらに教職を経験する職場の個別の状況は極めて多様で平均化してとらえにくいことが分かる。

中西（1998）は小・中・高校教師168名を対象に教師効力感の規定要因を探る研究を行っている。その結果，効力感には生徒指導上の自己評価の高さが特に相関が高いこと，対人関係能力の自己評価の高さは生徒指導上と教科指導の自己評価の高さと相関があることを明らかにし，対人関係能力の向上の意義を指摘している。また，藤原（2004）は6年間の教員採用試験合格者344名を対象に教職志望動機や大学までの生活経験について調査を行っている。その中で

教職を目指す動機づけには周囲の勧めよりは"子供が好き"であるとか"教職へのあこがれ"の影響力が強く，全体の半数近く特に女性は6割近くが小学校の時点で教職を目指していることなどを報告している。

坂本（2006）は42名の教師を対象にストレスや離職を意識した危機の経験，自らの成長契機や支えなどを検討している。先述の富家・宮前（2011）は教師230名を対象に「職場の楽しさ」を規定する要因を自由記述と量的質問項目を尋ねる形で調査している。量的研究の結果として同僚との関係はストレス反応と反比例で，ストレス対処とは正比例の関係にあることを明らかにしている。つまり同僚との望ましい関係はストレッサーとしてのリスク低減だけでなくコーピングを高めることが期待できる。

量的データの検討の中で宇都と今林の採用初年度教師に関する一連の研究はまさに"力作"と称することができよう。宇都・今林（2006a）は高校生と新採用高校教師37名を対象に初任教師のイメージに関する調査を行い両者のズレを検証している。宇都・今林（2006b）はこの37名に教師観や初任教師観，ソーシャルサポートなどを尋ねる調査を再度実施し22名の回答を得ている。その結果，ソーシャルサポートの有無により教師観の安定と不安定が左右されることなどを明らかにしている。また，自由記述などにおいて教科専門性のアドバイスと生徒指導の協力を必要としていることを指摘している。

宇都・今林（2007）では初任教師と他の教師，高校生の初任教師のイメージ比較を行っている。概ね3者とも初任教師の成長余地を理解しているものの，高校生は若干厳しい評価をしがちであること，高校生の示す協力姿勢に初任者は気づきにくい傾向があること等を指摘している。宇都・今林（2008）は初任教師の配置されている県内高校の630名の教師を対象に効力感や職場の雰囲気を尋ねる調査を行い，316名の回答を得ている。ここでは初年度から5年目，5年目から10年目，10年目から20年目，20～30年目，30年以上という教職年代ごとに得点比較を試みている。充実感や職場の雰囲気の望ましい評価とともにストレスの得点が最も高いのは5年目から10年目の時期である。次いで，初年度から5年目の教師とベテラン層の教師にも充実感や雰囲気に関する評価，ストレスなどの得点が高いことが示された。つまり充実感や同僚性はストレスと相関がみられる。

96 第5章 教師ストレスとキャリア研究の現状

この他にも，校内研修の取組として独自の実務的な提案を行う研究もある。澁谷（2008）は教師の職能開発と評価において企業の労務管理や人事管理で行われているシートを参照し「キャリア開発シート」（職能開発参考票）や「教員チャレンジシート」（教員評価参考票）を提案している。

すでに述べたように上述の研究は教師の職業生活の充実感を主目的としながらも，ほとんどがストレスや多忙，多忙感，ストレス抑制方法との関連を検討している。「教職生活全体」に関わる先行研究を整理したが，充実感やサポートの得られる感覚が負担であるストレスと相関を持っていた。つまり，ストレスをネガティブにばかりとらえることは誤解があるのかもしれない。一方，職能や前向きな姿勢の規定要因は多様すぎて不明確である点が課題であった。

4．総合考察

（1）教師の多忙感の改善の研究展望

現在指摘されている研究課題　　以上に見てきたように，本章は教師ストレスやキャリアに関わる実証的諸研究の挙げる諸要因を概観しその成果と課題を整理してきた。そこでこれから検討が必要な研究領域として4点の方向性を取り上げ，議論のまとめとしたい。

研究領域1　　治療つまり病的状態の改善や復職管理上の視点を考えたい。中島（2000）が指摘するように教師の心理的問題による病気休職や病気休暇の体系的な管理やケアのプログラムは未検討で，治療場面における状況すら教育委員会や学校が把握し切れていないケースが多いとされる。これは今や教師の長いキャリアのどこかで，充分ありうるリスクである。また，教師ストレス研究などにおいても病気休職者を調査対象とした研究は調査実施方法の困難さも量的検討はもとより質的検討も管見の限り個人のケースレポート的なものを除いて見あたらない。キャリアを長い目で支える視点で個々のケースレポートをまとめ直すことや，医療場面での研究成果や報告も参照しつつ学校や教育行政の人事的な対処方法を探る必要があろう。

研究領域2　　予防つまり健康自己管理上の視点を考えたい。病気休職と病気休暇に近い慢性的なストレスや多忙感を持つ高リスク群の教師を対象とした

課題である。いわゆる予防医学的視点であり，疫学・公衆衛生学的視点である
といえる。本章が取り上げた研究の多くは一度の調査実施による質問紙法の項
目間を統計的な処理を通しながらも基本的には諸目的変数の望ましくない状況
と関連を持つ諸説明変数の実態を整理するという方法論を取ったものが多い。
これにより心身の不健康や多忙感の高さと関連のある様々な原因はある程度詳
細に把握されているといえよう。

　しかし，その説明変数が教師個人や学校，教育行政上の努力可能な範囲で操
作が可能であるかどうかは未だ充分論議されていない（高木，2003）。今後は
健康確保などの介入可能な諸要因を説明変数に導入し，個人や職場で実施可能
なプログラムにしていくことが求められる。同時に，近年は健康管理を従来の
行政や管理職に責任を漠然と課すだけでなく自己責任として再定義する必要が
高まりつつある（例えば篠崎，2006）。少なくとも現在は教師の多忙・多忙感
などをめぐる諸説明変数が操作不能なもの（特に，教師以外の変化で生じてお
り，当面受動的に適応が必要な諸課題）か，操作可能と考えられながらも具体
的な介入方法の見通が立っていないものが多数を占める。そのため，教師自身
が自らの心身の健康状態や多忙・多忙感の実態を冷静に把握する機会を定期的
に設けて，自らのキャリアの見通しにあわせた無理のない勤務と職能開発を
個々人が展望するなどのストレスの自己管理の視点が現在最も現実的な改善方
法であるように考えられる。

　研究領域3　　　開発つまり教育効果確保のための能力開発の視点であり，構
成的または教育的などと言い換えることも可能な視点を考えたい。全教師を対
象に職務遂行のための能力開発や適応状態の改善方法の提示や支援につながる
体制の整備などの課題である。すでに見たように，根本的な教師の多忙・多忙
感であり様々な不健康などの原因は児童生徒に関わる職務自体に問題や困難，
不満が増加していることが原因に挙げられる。また，第2章から第4章までの
時代の求める教職像の変遷は，教師のストレスやキャリアを根底から変えつづ
けるものであることを示唆している。

　そのため，その状況の変化にあわせて，教師個人や学校現場で実践可能な適
応をめざしたプログラム開発や実証的研究を行うことが必要であろう。本章で
挙げた範囲では学校経営学的な職場改善の視点や，ストレス改善プログラムの

98 第5章 教師ストレスとキャリア研究の現状

開発がこの方向性を進める上で期待を持ち得るといえる。また，このような学校などのシステムやプログラムの改善だけでなく個々人の職務上の能力開発や職能成長を促す方法も教師の適応力を高めるという意味で根本的な改善となるといえよう。田中・高木（2007）の指摘するように説明責任の中で求められつつある学校評価や教員評価は従来教師にとってストレスとなりかねないとの指摘がされてきた。これらを職業上の適応のための能力開発目標の改善の方法として教師自身にも納得のいく説明と介入方法を準備することができれば，逆に不適応や多忙・多忙感などの諸問題を根本的に解決する可能性も期待できる。

研究領域4　　以上のような現実の教師ストレス改善方法を探索する視点以外にもいわゆる基礎理論の検討などに様々な課題があることを本章は整理してきた。概観した範囲で，私生活上のストレッサーの詳細化と職業ストレッサーの関係や，学校種別ごとのストレスや多忙をめぐる諸問題の違いなどは基礎的な研究知見も不十分である。また，教師の能力開発やキャリアへの前向きさの規定要因が不明確である。これに加えてより詳しい個人の属性や職場環境の諸条件，職務上の諸課題に合わせた知見の積み重ねにより，上記の3つの展望に基づいた教師の多忙感やストレス改善のための議論が充実するといえよう。

（2）キャリア研究の課題

　一方で，"教職生活全体のキャリアの充実においてストレスの問題は必要条件ながら十分条件ではない"との見解を示したい。例えば，教師ストレスにおいて私生活に関する負担（ストレッサー）は一定程度の負荷があることが最も健康（ストレス反応が低い）であることが示されている。また，ストレスとは必ずしも連動しない女性の離職に関しては"育児をどうこなすか"など自体が分かれ目になる（高野・明石，1992）。また，初任者などではストレスの高さと充実感が連動していた。つまり，離職もワークライフバランスも職業ストレスによってのみ規定されているわけではなく，ストレスがそのまま危険ともいいにくいことがわかる。場合によっては当人のために一旦離職し，育児や介護を終えたり，責任を軽くするための臨時任用[8]の勤務に切り替えた方が，当人には幸せなケースもあるのかもしれない。つまり，離職が当人の不幸と必ずしも言い切れないことも理解しておきたい。あくまでメンタルヘルスや教職

キャリアは当人の人生の総合的な幸福の独立変数と捉えるべきであろう。

一方，多忙ともいえる勤務時間外の時間は教師にとって楽しく，充実する時間となりやすいようで，そこでは同僚との望ましい関係と相関があり，一定のストレッサーの高い場面でそのような充実は存在するようだ。（例えば，澁谷，2004）。このことも多忙をストレッサーの一種である多忙感の前提として考えやすい傾向に再検討を迫るものである。つまり，ストレス反応の原因である多忙と多忙感（ストレッサー）は充実の正の独立変数になることもある。他にも，教師ストレスの主な原因（ストレッサー）の主要要素は児童生徒との関わりに関する諸問題であるが，教師の学校での「楽しさ」は多くが同僚との関係性にあるという点（富家・宮前，2011）などが挙げられよう。このことは従来ソーシャルサポート論などでストレス抑制要因として道具的（独立変数的）に捉えていた同僚との関係が，教職キャリアには充実や幸福に近い目的・目標（従属変数的）のような性質のものとして見直し得ることを示唆する。

従来，教師ストレス研究は"ストレス反応の高さ＝メンタルヘルスの疎外状況"と捉えてきたことに批判が存在するが（例えば，増田ら，2010)，これらの示唆はストレス反応が低い状態がそのまま充実感や健康，自らの成長やキャリアへの前向きさをまでいくと不健康や不幸を意味するのではないことを示唆している。とはいえ，ストレスによる精神疾患の罹患までいくと不健康や不幸，離職の極めて高いリスクにつながる。結局のところ教師の職業生活の充実や幸福の「必要条件」としてのストレス・多忙・多忙感問題の把握は"ちょうどよい負荷"が重要であるといえよう。

もう一点の論点が"望ましい「教職生活全体」を規定する要因が量的調査の範囲ではよくわかっていない"，"年代や性別でもストーリーが分かりにくい"（例えば，鈴木・松田，1999；富家・宮前，2011など）などの点である。本レビューの実に三分の一を占める成果の源である山崎も教師のキャリアやライフコースの多様性自体を評価することの重要性を指摘し，明確な効果のある要因は指適しきれていない。人生の経験は多様なのだからこれは現実的な見解ともいえるが，それでもキャリアを充実する操作方法を探っていかねばならない。

山崎（2012）は自らのライフコースに関する調査研究と先行諸理論をまとめる中で，教師の発達観を"右肩上がりから選択的変容のイメージへ"，力量観

を“付与型や脱文脈・脱状況性から自己生成型や文脈・状況依存性へ”，専門性観を“限定条件下で厳密な解を追究する専門性から諸状況を十分踏まえた最適解追究へ”，教師教育観を“鍛えるから育つネットワーク整備へ”，教師評価感を“客観的指標に価値を置くことから評価のプロセスとその透明性へ”，教師教育者観を“フォーマルな縦の関係性をもつものからインフォーマルな横の関係をもつものへ”，組織観を“一元的制度化から多元的ネットワークへ”転換することなどの有意義性を指摘している。例えば，心理学的なストレス理論では“小学校教師に共通する法則性”や“女性教師に共通する法則性”，“特定年代の課題”などをモデルや得点比較，測定尺度作成の中で示し解決策を考察することに今までの研究は努力してきた。多様性の指摘や要因間に非線形性の関係が一部うかがえることを受ければこれら数量により平均化されたモデルを基礎資料以上のものとして捉えるには危険である印象すら感じる[9]。山崎（2012）の示すようなとらえどころのない複雑な「教職生活全体」の考え方をみて，キャリアカウンセリングのように直接実務的に教師の育成を支援する場合は，キャリアには多様な目的変数と説明変数とその間の関係が存在することをふまえ，本人がどれに価値を置くかを定めるところから考えていく必要があると思われる。実証性のない議論は価値感の押しつけになりがちでもある。質的研究とともに量的研究は相関や多変量解析とともに非線形性も含めて丁寧に課題をとらえていくことが求められる。その対話であり議論のプロセスが教師のストレスとキャリア有益なものにしていくと考えている。

【注釈】

（1）高橋（2004）では経営学における実証研究のレビューの中で先行研究が生産上の意志の高さ（成果上昇のための努力）と，仕事への参加の意志（欠勤や退職などの離職行動の低さ）という異なる概念をあわせて「職務遂行」と定義したことによる概念の混乱を指摘している。そのため離職傾向にも生産性の向上にも「どちらにも効果がある有益な変数」と理解されてしまった恐れがある。

（2）類似の誤解として，安藤（2000）は職務上の成果の結果である教師のやる気（モラール）や職務への動機づけが，複数の研究の中で逆の因果関係として説明されていることを指摘している。この指摘はそのまま，教師の努力により短期間に成果があがるとする言説が生じた文脈の批判である。

（３）例えば, 宗像ら（1988）は「女性」と「２人以上の子供を持つ」属性の教師がストレッサーやストレス反応が高いことを明らかにしている。その他には, 高木・田中（2003）が６項目程度ではあるが「個人的要因」を測定している。また, 杉田（2014）においても, このような私的質問に回答者の抵抗があることを指摘している。現在はこの程度しか量的知見が見られず, 今後の成果に期待したい。

（４）なお, 未発表ではあるが筆者は1998年以降複数回の教師のストレスに関する調査を実施しているが, いずれについても尋ねた属性である「管理職, 専従の主任主事, 担任のを持つ主任主事, 担任を持つ教諭, 担任を持たない教諭・講師ら」の区分では明確な差が確認できていない。このような各属性は得点比較による検討ではなく, 独自のストレッサーの内容の違いなど質的な側面の分析の必要を示唆しているとも考えられる。

（５）学会発表などでは高校教師対象の調査研究や報告も近年増えているようである（例えば, 諏訪, 2003）。

（６）高校教師についてはいわゆる進学校や実業高校, さらに生徒指導や中途退学者などの問題を抱えた高校（典型的事例としては定時制高校などが挙げられよう）などを分けて検討する必要があろう。今後, これらの量的または質的比較も前提とした研究が必要であろう。

（７）海外の対人専門職を対象とした Cherniss（1980）では職場環境上のストレッサーがストレス反応を直接規定している。そのため, ここで示された結果は日本の教師の特徴的な結果といえるのかもしれない。

（８）しかしながら, 90年代の極端な教員採用定員の低下や21世紀になっての行財政改革で急増している常勤・非常勤講師に見られるような立場の不安定な教師の増加や, 公務員の給与削減傾向は今後悪影響が生じかねないという意味で留意が必要であろう。

（９）たしかに多様性の把握は数量的データの確保が難しい。とはいえ「多様性」と称してデータらしいデータがない議論だけで論を進めるのはさらに危険なものであるとも指摘しておきたい。データに基づいた客観的なモデルをふまえつつの, 多様性, 個別性への対応が重要であろう。

第2部

教師のキャリア形成（職業上の人生軌跡）と
ストレス

第6章　様々な教師のキャリア
―教師の個人史への着目―

高木　亮

1．教職キャリアとソーシャルキャピタル

　本書は"教職キャリア"という表現を多用している。この表現は近年筆者らが様々な研究者らと協働でその表現の可能性を検討してきた。例えば，川上ら（2012）は日本教育経営学会において「教職キャリアと人事の関係」と題し，教師の人事異動や病気休暇・病気休職を従来の「実質的な研修の機会」や「危機」という「非日常」と捉えるだけでなく，「だれしもがキャリア（職業を中心とした人生観）の中で通過する可能性の高い転機」として再構成することを提案している。また，高木ら（2012）は精神疾患事由病気休暇に関わる統計の議論の中で自治体別よりも学区が変わる異動のリスクの大きさなどを提示しつつ，ありふれた"病休"とその復職に対策をとるには養成・採用・異動・研修・昇進・キャリア危機克服などを"教職キャリア"として総合的に議論する必要性の指摘をしている。従来は"教師教育"として養成・採用・研修の効果のあり方については議論がなされてはいたが，異動や昇進，さらに様々な危機などの適応を求められた教職の機会を検証した研究は見当たらない状況にあった。その際に，去る職場と新しい職場において構築される教職員間の人間関係が本章の検討課題である。

　本章では教員の異動とその際に生じる適応課題を探索することを第一の目的として聞き取り調査を行った。そもそも異動時は文部科学省による分限処分調査でも再三指摘されているように，精神疾患事由病気休職者の生じるきっかけになりやすく，比率としては異動初年度および翌年度で概ね7割を占めるといわれる（例えば，文部科学省，2011）。異動時の主に児童生徒対応や職務[1]の変化や適応課題については，近年新進気鋭の若手研究者によって初めて検討がなされている状況である[2]。これらの成果を参照しつつも，本章はさらに職場環境（enviroment of job）について注目することとした。これにより，学

校組織の構造やそれをまとめる影響の源である教育行政の地域性による文化，さらに異動ごとに構築されることになる同僚らとの人間関係のネットワークによる"資産"ついての基礎資料収集を試みることを第二の目的としている。

ところで，上述のような異動と人間関係という研究自体の先行研究が非常に限られた発展途上の研究対象である。教職研究に限らず，民間企業においても人事異動は研究として充分な蓄積があるとはいいにくく，異動により作られる人間関係とその効果に関する研究は数少ない。その中で，Makela & Suutari (2009) は国際的な企業における海外赴任経験の聞き取り調査を行う中で，ソーシャルキャピタルをキーワードに検討した個性的研究として高く評価されている。そこでは海外赴任によって構成される人間関係の成果としての"ポジティブなソーシャルキャピタル"とともに，赴任期間中に本社や主な市場から離れることにより生じる諸々の資源の欠乏や人間関係に難しさといった"ネガティブなソーシャルキャピタル"が生じることを明らかにしている。つまり，ソーシャルキャピタルは負の側面や何か別の資源や可能性の欠乏につながる側面を有するといえる。

本報告書において諏訪英広氏に学校内の人間関係としてポジティブなソーシャルキャピタルの検討をまかせつつ，学校間や教育行政の文化を規定している自治体間にまたがる異動による人間関係は教師からどのように回想されるのかをまとめ，ソーシャルキャピタルの様々な影響を見てみることとしよう。

2．聞き取り調査の実施

（1）調査概要

調査概要　聞き取り調査は2009年から2010年にかけて6回行った。当時の教育事務所管区を意識しつつ聞き取り調査の設定を行っている。岡山県中学校教諭聞き取り調査において5名の教諭（2009年9月），岡山県事務職員聞き取り調査において2名の事務職員（2009年9月），倉敷市中学校教諭聞き取り調査において2名の教諭（2010年3月），広島県中学校教諭聞き取り調査において2名の教諭（2010年9月），福岡県中学校校長聞き取り調査において4名の校長（2010年),岡山県教職員組合○○（市町村名）支部聞き取り調査（2010

106　第6章　様々な教師のキャリア

年9月）において熱心に教職員組合活動に関わっていた3名の教諭を対象とし
ている。教諭についてはキャリアの中で採用以前に数年程度高校教諭勤務経験
を有する者もいるが，いずれも中学校教諭として採用になった教諭である。F
事務職員，G事務職員ともに義務教育学校事務職員として採用になっており，
小学校にも中学校にも勤務経験を有する。大まかな異動の流れを備考に示しつ
つ，実施概要を以下の表6-1に示す。なお，下記表6-1の固有名詞までの記
載を条件に聞き取り調査研究報告の許可を得て，本章の基礎となった研究報告
を発表前に許可を得ていることを附記する。

表6-1　調査の実施概要

実施			性別	年代	備考
岡山県中学校教諭調査	2009.9	A指導主事	男	50前	兵庫県教諭→備前事務所管区→教育行政
		B教諭	男	50中	美作→備中→備前事務所管区
		C教諭	男	40前	備前事務所管区（島嶼→市街地）のみ
		D教諭	女	40前	美作→備前事務所管区
		E教諭	女	20後	備前事務所管区市街地のみ
岡山県事務職員調査	2009.9	F事務職員	男	30前	美作→備前事務所管区
		G事務職員	男	30前	美作事務所管区（山間僻地→市街地）
倉敷市中学校教諭調査	2010.3	H教諭	男	30中	備中事務所管区のみ
		I教諭	男	30前	備中事務所管区のみ
広島県中学校教諭調査	2010.9	J教諭	男	30中	備前→山口県高校→広島西部→広島東部
		K教諭	男	20後	広島県東部→教育行政
●●福岡県中学校校長調査	2010.9	L校長	女	50後	
		M校長	男	50中	
		N校長	男	50前	教育行政勤務歴
		O校長	女	50前	教育行政勤務歴
岡山県教職員組合○○支部	2010.9	P教諭	男	50前	専従経験あり
		Q教諭	男	40後	専従経験あり
		R教諭	男	40中	

調査協力者の勤務校異動の概要　教職員人事に関する数少ない量的研究である川上（2009）による教職員人事パターンの類型に基づくと，事務職員を除いていずれの教師のキャリアも県教育委員会教育事務所の管轄により人事が規定される状況でそのキャリアの大半を過ごしている。そのため，一部例外を除いて，大枠として岡山県は岡山市が政令指定都市化する以前の備前，備中および美作の3つの教育事務所管轄地域に，広島県は県西部の備後教育事務所管轄地域，さらに福岡県は県南部地域の中で正式採用後は異動を積み重ねたこととなる。なお，例外は多いものの現在の当該各地区は岡山市の政令指定都市化に加えて，近年の倉敷市や福山市，久留米市の中核市指定により独自の教育センター設置が軌道にのっていることが人事異動に大きく影響している。そのため，これらのキャリアルートはすでに過去のものであるし，今後は人事異動のキャリアルートは常に変化する時代であることもおさえておきたい。

　中核市周辺の小規模な近隣市町村も結果として中核市を人事異動のルートから除くことで以前よりは限られた異動の範囲が形成されることとなる。このことは，本章で報告する調査が県教委教育事務所の影響力が強い時代の描写であり，今後の当該地域の人事異動の形態や人間関係形成とは大きく異なるであろうことをあらかじめ留意する必要がある。そのような限定性と人数，質的調査という限定の上で今後のより科学的厳密性のある検討の対象となるような仮説構築を提案する。

聞き取り調査の形式　当初の岡山市中学校教諭調査および岡山県事務職員調査の際は人事異動による学校ごとの組織および学区特性による固有の負担や多忙，ストレッサーなどの適応課題を職務面や職場環境面に分けて半構造化面接法的な聞き取りを行った。つまり，前述の第一の目的を意識して進めている。

　その際，職場環境面における話題としては同僚との関係や管理職のリーダーシップ，学校組織風土・地域教育経営風土などが話題になる中で，異動や人間関係をめぐる教職キャリアの視点で特に強い話題として上がった点が教職員組合の活動程度と指導主事などの教育行政勤務経験であった。あわせて，従来は研究としてはあまり描写されてこなかった"人間臭い"人間関係のつながりや葛藤，さらに「不適格教員的」であったり「指導力不足教員的」なエピソードなどが強く人事や分掌といった職務を規定する要因として教職員が感じている

ことが示された。

　そこで，倉敷市中学校教諭調査以降の聞き取りにおいては職務面と職場環境面の適応課題にあわせて，教職員組合や教育行政の勤務体験とともに組合員と教育行政勤務者のイメージについても話題として尋ねている。つまり，第二の目的は最初の2つの聞き取り調査において重要性が認識されたことにより設定している。

　教育行政学研究および戦後教育史研究において教職員組合に関する議論は少なくない（例えば，河上，2006；北神・高木，2007）。教職員組合の機関誌の立場や教職員組合の批判の立場（例えば，森口，2010）などのそれぞれの立場があるが，教職員の勤務感・職務感において調査を交えた検討は管見の限り少ない(3)。このことは教育行政勤務者についても同様で，「Cinii」などによる文献検索などでも"指導主事"など教育行政勤務教員を研究対象とした論文がほとんど見当たらないのが現状である。そのような状況で教育行政勤務者・勤務経験者も調査実施対象地域（岡山，広島，福岡）では教職員組合員または休職扱いなどで組合専従勤務となるまたは勤務経験を有する教員も全体の教員のキャリアルートとしては珍しいものとはいえない。キャリアとしてこれらが与える影響を検討する価値はあるものであろう。

（2）聞き取り調査の概要

　岡山県中学校教諭調査　　全体的に組合の存在意義を認める意見が前提となる発言が多くなされた。兵庫県での勤務経験と比べて備前地区が「（影響力やバランスが）ちょうどよい」（A指導主事）とされ，岡山県内でも組合の権限の強い美作地区と教育行政・管理職の権限の強い備中地区では権限の強さゆえに行政・管理職や組合のそれぞれの「時代にそぐわない」，「パワーハラスメント」的なエピソードがなされ，「教育行政と組合専従がいずれも昇進のルート」と化すなど「癒着しているように見える」現状などが語られ（D教諭），その中間的な「バランスのとれた備前地区がちょうどよい」などと語られる（B教諭）。

　部分的問題として一部の人間性や勤務態度に疑問を持たれやすい教員が自らを組合員であると強調しすぎる点（A指導主事，B教諭，C教諭，E教諭）や

時代にそぐわない活動（B教諭，C教諭），組合費の負担の大きさや不透明さ（B教諭，C教諭，D教諭），組合参加の労力（B教諭，D教諭）が不満として語られ，適度な関係の重要性に話が収束した。一方で，僻地勤務や各年代の教職員にとっては親睦や人間関係の情緒的ネットワーク（B教諭），地域性のアイデンティティ（D教諭）として語られる傾向がある。

　なお，A指導主事の自らの行政勤務というキャリアに関する想いとして，「ずっといい担任になるべく努力してきたけど，やっと経験を積んだころに主任になって（担任を外れ），こんどは指導主事になって僕はもう担任をできない年齢になってしまった。そこで今している仕事は連絡ともめ事の後始末がメインで，その上で行政としてやらないといけない諸々の仕事がある。子供と直接相手の仕事ではないし，自分の個性が出せる部分は極端に少ない」と教育行政勤務への適応課題についての思いを語ってくれている[4]。

　岡山県事務職員調査　　F事務職員もG事務職員もいずれもいわゆる僻地勤務を新採用時に経験している。僻地勤務の際に組合の親睦性と人間関係の情緒的ネットワーク，地域性さらに一人職を担う上での情報交換やアイデンティティ形成には組合活動は大きな後ろ盾になったと回想している。現在は事務職員の勤務形態の転換期[5]であるとされ，教育行政の方針に対しての異議申し立ての機能としての組合に価値があり，教育行政が地方の政治・財政を説得しきれない場合は，暗に教育行政担当者側が組合関係者に組合側としての立場に立った発言を求めて調整点を探るエピソードなどが語られた。F，G事務職員いずれもともに教育行政にも組合にも存在意義だけでなく共感のようなものを感じている状況がうかがえた。

　岡山市中学校教諭調査同様に人間性や勤務態度に疑問を持たれやすい教員個人が自らの立場の後ろ盾として組合員であることを職場で強調する姿は「一般的な職員室の光景」（F事務職員）であり，個々のエピソードが特定の人名とともに挙げられ，特にその際に話が盛り上がるところなどに共通点が見られた。あわせて，そのような教員はパソコンなどのOA的側面が極度に苦手で授業や書類関係のものでG事務職員本人も周りも苦労しやすく大変である傾向が以前は強かった。しかし，概ねその世代が退職をしたことでこのあたりのもめ事が減ったことなどの回想もなされた。この流れや岡山市中学校教諭調査の内容な

どの説明を行ったことを受けて，F事務職員は「組合を巡る問題・葛藤は政治や思想というよりは個々人の教職員の人間関係における葛藤の経験が"組合"や"管理職"という権力的な肩書として記憶されている」ことに問題の本質があるのではないか，と語っている。つまり，教職員のキャリアにおいて漠然とした立場の違いや不満を乱暴にお互いにぶつけ合う"大義名文"が組合対行政の対立であったり，思想のようなものの対立なのかもしれない。

一方，指導主事など教育行政勤務の教員に対する印象は事務職員と校長の聞き取りでは様々な話題が挙げられている。例えば，教育行政から学校に電話がかかってくるケースはほとんどが行政への提出物やその確認に関わることで学校以上に事務・形式的な業務が多いことがうかがえる。ここでは，締め切りの遅れなど「申し訳ない思い」を学校の立場からすると感じる部分が多く（G事務職員），何かと細かく照会や手続きについて調整してくれており「ありがたい」であったり，作業量を考えると「気の毒」（F事務職員）に感じるなどの指摘がなされている。

倉敷市中学校教諭調査　　比較的組合の加入率などの高い美作地区勤務経験者や，それに次ぐ加入率の高さなどを持つ備前地区での聞き取りと比べ，備中地区は相対的に組合の加入率や影響力は低い。H教諭もI教諭もそのような備中地区以外の勤務経験がないことなども関わってか，全体としては「組合員かどうか」の差が不明確になりつつあると認知され，組合に関する話題はほとんど挙がらなかった。一方で，教職員にパワーハラスメント的な指導を行う「名物管理職」の実名の挙がった話題が盛り上がりの中心になりやすかった。

一方で教育行政の学校や教師への影響力の強さや，そこからの不平や不満を感じやすいことについてH教諭は中核市移行後に倉敷市が独自の教育センターを稼働させていることを原因に推測してくれた。つまり，研修や研究に自治体として力をいれること自体が報告書やレポートの回数や量に反映されやすく，さらに講演や研修会の「参加動員」の指示として現れやすい。結果としてこれらが"多忙化"や"人間関係"の葛藤と感じやすくなるのではあるが，実際は"提出物の書式や形式"の問題と不満の範囲の課題なのではないかとの指摘を行っている。

なお，ここでもネガティブに語られる教員や管理職個人が話として盛り上が

りやすく多くのエピソードが語られていた。ただ，組合全体の加入率の低さなどのせいか，そのような教員の"組合員としての自分のアピール"に関する話題はあがらなかった。

広島県中学校教諭調査　備後地区勤務のJ教諭とK教諭に話を伺っている。両名ともに挙げられた指摘は広島市を除く広島県の教員において是正指導（1998年）以後，組合活動の影響力は変化したとのことである。彼らの採用はそれ以降であるので，「あまり組合員と組合員でない人の違いがピンとくるものは感じない」という話となった。それでも組合員というと岡山での聞き取り同様に年上の世代の，もともと人柄や職員室の関係性などで浮きやすい人物が組合員であることを強調する傾向などが印象に残りやすいと指摘された。一方，現在指導主事として勤務するK教諭は「もともと組合の強さと拮抗するほど教育行政の強さもあったなかで，組合の影響力の衰退と対比してそのままの教育行政の強さが残るというのは健全なバランスなのだろうか疑問」との指摘も行っている[6]。このあたりは備中地区の文脈と共通する側面があるのかもしれない。

福岡県中学校校長調査　校長に対する聞き取りということで，どちらかというと70年代から80年代の教職員組合と教育行政の対立構造の回想としての側面が強い聞き取りとなった。また，事務職員以上に教育行政との関わりが多い職務の性質上，教育行政勤務者の現状に関する指摘が具体的であったことが特徴的であった。

　組合員についての指摘は各校長自身が教員であった時代の回想がほとんどを占めた。そこでは，各校長よりも年上の世代特に「団塊の世代特有の問題」（L校長[7]）で印象的であったと指摘がなされ，「自分たちより年下の世代はそう感情的になりやすい人は組合員でも教員にはいませんよ」（L校長）などと語られている。世代的特徴として「人数が多いので職員室で多数決に勝つ力を持っている」（M校長），「学生時代にオイルショックなどの不景気を経験していないので浮世離れしたまま職に就いている」（L校長）などと指摘がなされ「日本が発展途上国だったころの人格が形成された世代だからとにかく声が大きい」（N校長）と手厳しい。

　また，彼らの世代は福岡県南部地域の人事制度の転換期と30代後半から40

代の中堅世代が重なった世代であり，同世代の同時期に教育行政勤務の異動と
広域人事導入による意に沿わぬ地域の学校への異動が発令され，「栄転」と「閑
職」的な扱いをそれぞれが受けたと強く感じた世代とのことである。この問題
が4人の校長の間で実際の学校名や人名があがりながら語り合われた。それに
続く80年代半ばから90年代にかけて教育行政に勤務していた教員が教務主任
や教頭として現場に戻り，同時に広域人事で「閑職」として扱われたとの思い
のある教員が人事で同じ学校に戻ってくる状況で，葛藤が生じたとのことであ
る。つまり，職員室で「行政」と「組合」という肩書的な対立をして不毛な人
間関係の問題が生じたが，これは個々人の人事による恨みや不満が分かりやす
い肩書を使って闘われたものではないかとのL校長とM校長の回想がなされて
いる。世代が下ると「広域人事」であり対立のある種の不毛さは「年上の世代
をみて学習する効果」（L校長）があるので，同様のことはなくなったとして
いる。この辺りがL校長の「団塊の世代特有の問題」として特定世代の期間の
限られた対立軸であるとの指摘も行っている。このあたりのエピソードを考え
れば，組合や教育行政といったキャリアルートは山崎ら（1991）のいうコー
フォートや，歴史的イベントとあわせて考える必要があるのであろう。

　さて，比較的個性的なエピソードの多い組合員に対するイメージにくらべて
以前も現在も教育行政勤務者のイメージは没個性的なまでに組織人に徹する印
象が強い。列挙すれば「教育委員会から電話があるとだいたい何かの催促の電
話で大変だろうと思う」（O校長），「最近の保護者は個人を特定されたくない
のと，"学校の上司としての教育委員会"というイメージを持っているので，
ちょっとでも言いたいことを教育委員会に匿名で電話をする。それを一斉に学
校に電話をする役などクレーム窓口としても連絡役としても気の毒である」（N
校長），「自分の新任のころ（70年代半ば）指導主事というと熱意もあって何
でも知っていて，研修や行政の手続きなど"指導"が出来てかっこよかった。
今も熱意があって優秀な人が就いているのだけれど事務仕事と電話対応の仕事
ばっかりで気の毒になる」（L校長），「一生懸命しないと出来ないぐらいの仕
事量ですけれど，実質は"メッセンジャーボーイ"的で気の毒。そんな人が現
場に立てずに，学校現場で一生懸命に見えない"ダラけた"先生を見るとつい
腹が立つ」（N校長）等である。その他にも，福岡県南部の実態として，町村

教育委員会や過疎などの小規模な市教育委員会では現職ではなく退職教員を指導主事などとして採用しているため，熱意の問題や勤務時間の限定性の問題など「やりにくさ」があることがいずれの校長からも指摘されている。

岡山県教職員組合○○支部調査　最後に岡山県の備前，備中，美作の三地域位でも最も組合の組織率・影響力が強いとされる美作地区のある支部で3名の組合活動に熱心な教諭に聞き取りを行った。うち2名は組合専従職員を経験している。3名とも新採用勤務校で組合の組織率が高く，特に拒否反応もなく「流れで」（P教諭）組合に加盟している。それまでの聞き取りでも指摘されているとおり，主に組合のメリットとして「部活動的」（Q教諭）なレクレーションで麻雀をしたり遊びにいったりと若いころからの人間関係のつながり作りと一体感を感じることがメリットとして挙げられる。R教諭は通常は中学校教諭として知り合えないような小学校教諭やそれぞれの人間関係の実態などを直接触れたり，情報として知り得たりした点は意義として語ってくれている。

80年代ぐらいまでは教育行政と対立することが多かったが，他県のように激しく「日の丸・君が代問題」でもめることはあまりなく，「英語の時間数削減反対」や「社会科の地歴公民の教え方の順番」など教育課程面での対立を最も年長のP教諭が体験している。P教諭はいわゆる「日の丸・君が代問題」や「歴史教科書問題」は立場上の主張や運動としての流れはあるものの，あまり本質的なものを感じにくいと指摘している。

P教諭とQ教諭は組合専従まで経験しているが，専従となったきっかけについても「人間関係の中で自分勝手なことができない人と周りに思ってもらえたこと」（P教諭）が原因であるといい，「仲間として組合の人間関係で教育行政や管理職の批判で盛り上がることもあるが，教育行政も管理職も大変で立場の違いを踏まえている人が多い」（Q教諭）とも指摘している。P教諭は自分も含めて「職場で組合員か組合員でないかというのは昭和の時代ならまだしも，今は区別がつかないし，それでいい」との話をしている。また，すでに何度か指摘されている人間性や言動などで浮きやすい教員が組合員であることをアピールすることについても「組合自体がかえって変に見られやすい」（Q教諭）と複雑な心境を語ってくれている。

3．総合考察

（1）教職員組合員や教育行政勤務というキャリアルートの影響の仮説提案

上記に見てきたように，組合や教育行政の影響力の大きさは時代背景により変化しており，地域性により大きく異なる。また，「是正指導」であったり「広域人事」といった地域特有のイベントや歴史的イベントなどの側面も大きく影響を与えていることが分かる。このことは政令指定都市化や中核市指定といった現在の地域の区分に移る前の時代であることも考えれば，ここで見たエピソード自体が特定の時代性を切り取ったものに過ぎないことを強調しておく必要があろう。さらに，限られた地域の限られた人数に聞き取りを行うことの偏りや限定性も踏まえたうえで，今後留意に値する仮説を 3 点提案してみたい。

仮説 1．個々の人間関係の葛藤の表れ方としての「組合」と「行政」　楠木（2011）は企業人事において，人事における出世は出世する人と同じ部署に居て，「一定の信頼をえる」という人間関係の側面が組織の公的な評価より大きいことを指摘している。人事評価における「力量」の評価の難しさだけでなく“人間関係”や“信頼”といった資産を客観視すること自体の難しさを取り上げている。このことはエリートコース的に見られやすい教育行政勤務やその真逆の対立軸であるといえる組合活動においても当てはまろう。もともと教職員人事において教育行政は管理職登用の分かりやすいキャリアルートである。あわせて，組合自体が一般的に労働者を雇用者から守る使命をもっており，雇用者側との対立や調整の主体となるべきものである。教育行政と教職員組合のそれぞれのとりまとめ役である指導主事や組合専従職員となった教師などは人間関係の調整の役割が期待されてその職位を拝命したといえる。

とはいえ，聞き取りでも一部の教職員組合の組織率が高い自治体では「行政と組合が癒着」しているように見える個人的なネットワークの強さを指摘する声もあった。また，そもそも教育行政と組合の対立は思想や理念によるよりも聞き取りでいうところの広域人事による人間関係の不満や拗れが内面にあるとの校長の分析も存在する。これは人間関係がプラスの資産（正のソーシャルキャ

ピタル）であるとともにマイナスの資産（負のソーシャルキャピタル）として
も蓄積されていると見ることもできる。楠木（2011）の客観化の難しさの懸念
はこれが外部から見る時に不透明であったり不公平であると感じやすいことに
集約される。この課題は説明責任やコンプライアンス、コーポレートガバナン
スが強く求められる公共サービスとしての学校教育に、実際機能している教職
員の人間関係の資産（正と負のソーシャルキャピタル）が分かりにくく説明し
にくいことをどのように考えるかが今後の課題ではないかと感じる。

　仮説２．葛藤の現れやすい中堅期キャリア　　一方で、「広域人事」による
人間関係のこじれを取り上げたが、プラスまたはマイナスの人間関係を蓄積し
てしまうのは中堅期であることも特徴的である。近年はミドルリーダーとして
期待が前面に出された議論がなされがちであるが、ネガティブな人間関係や個
人の人間性をめぐるエピソードが聞き取りの際に強く記憶されている様がうか
がえる。正のソーシャルキャピタルといっても人間関係の強さ（コネクション）
と非常に類似性の強い性質を有しているため（Glaseser et al., 2002）、信頼や
仕事のしやすさは確保できても外部から分かりにくい側面や不透明感、客観性
の難しさを有するともいえる。これは俗にいう「コネ」（コネクション＝人間
関係）とソーシャルキャピタル（社会関係における資産）が類似していること
を示すともいえる。

　あわせて、教職員間の人間関係についてはリーダーシップにしろソーシャル
サポートにしろポジティブな効果については多様な検証がされているもののネ
ガティブな影響については非常に検討が限られている[8]。戦後から昭和末期
までの時代背景によって「組合VS行政」の対立として現れたものは、今は別
の内輪の正のソーシャルキャピタルであり、葛藤が伴う負の人間関係・ソーシャ
ルキャピタルとして現れているのかもしれない。「組合と行政の対立」と語ら
れやすい部分も、岡山県の聞き取りでみたように人間関係のつながりでネガ
ティブに「癒着」しているように見えたり、ポジティブに「常識的な調整」が
なされているようにも見えることとなる。考えようによってはネットワークで
ありソーシャルキャピタルは当事者の関係性や情緒、良識しだいでプラスにも
マイナスにも転化しかねないものであり、それを評価する第三者の見方しだい
でどのようにでも評価される部分もあるのかもしれない。そもそも、主観的な

人間関係をどう評価するかという問題において，今まで客観的研究がほとんど検証がなされていない，教員人事の登用や分掌配分，教師の学校を超える人間関係や葛藤を伴う人間関係などを今後理解する上でソーシャルキャピタルの枠組みは有益であると期待できる。特にそれらのプラスとマイナスそれぞれのソーシャルキャピタルの影響が生じ始めるのが中堅期以降であることを考えれば，初期の教職キャリアにおいての経験においてより建設的・良識的な人間関係の利用方法をいかに身につけるかが重要であると考えられる。

　ところで，一貫してステレオタイプに語られるところの「組合員」のイメージが学校現場において葛藤を生みやすい個人の問題である点が聞き取りで示された。そもそも，労働者の保護自体が教職員組合の使命の一つであるが，専従になるような熱心な組合員においても自分たちの仲間という枠組みの中に苦々しく見られているキャラクターの個人が存在することなどの聞き取りもなされた。このことは，自らとのつながりがあるソーシャルキャピタルの中には一見，負のソーシャルキャピタルにはなっていなくても，もっといえば立場上負のソーシャルキャピタルであると表明しなくとも，我慢やストレッサーとなる関係性が存在することを意味する。我々は「世間というものとして，そのような人間関係の複雑さを知るが，ソーシャルキャピタルの理論で，これはなかなか整理できない。研究自体が難しい題材であるが「指導力不足教員」問題をめぐるマイナスの人間関係資産のつながりと影響の問題ととることもできる。「指導力不足教員」問題や教職員間の人間関係の葛藤や負の影響はほとんど検討がなされていない。負の人間関係の資産・ネットワークとしての示唆をもう少し理論として修正することでこの題材の検討の難しさを緩和することができるかもしれない。

　あわせて，多くが現在の教育行財政を支え，その後に管理職などの学校教育におけるメインプレイヤーとなる候補である教育行政勤務の教諭が教職や教育経営研究においてあまり研究されていないことは不自然な印象すら受ける。今回の聞き取りでは「気の毒」などとのの文脈で非常にストレスフルで適応困難が垣間見える職務であると周囲から見られている教育行政勤務の研究が現在ほとんどないことを再考する必要があろう。

　このように中堅期の教職キャリアのルートの一つであった組合との関わりと

教育行政勤務にほとんど検討が加わっていなかった今までの研究上の欠如を今後は充分振り返ってみる必要を感じる。

仮説3. 時代背景の限定性　広島県の教職員組合というと様々な側面に影響力を有する印象があるが，少なくともここでの聞き取り調査では「是正指導」以後に教職に就いたものにとって組合はあまり身近であると感じにくい状態が示された。あわせて，福岡県でも岡山県でも組合活動が熱心な時代を体感した世代は聞き取りの際の年長者に限られている。すでに示したように教職員人事の異動の形態が聞き取り調査実施地域では，政令指定都市化や中核市化により県教委教育事務所の影響を受ける時代の直前でもあったし，人事制度自体の大きな変化が始まっている時期でもあった。これは教職員人事の異動の流れが時代とともに大きく変わるものであり，ちょうど21世紀以前と以後で大きく変化したが，これからも変化しつづけるであろう。また，校長や事務職員が比較的ネガティブな回想としていわゆる団塊の世代などを回想していたように，特定の年代において世代の文化のようなものが人間関係の資産にプラスやマイナスそれぞれの影響を与え，成果や葛藤を生じさせる背景になっていることもうかがえる。言い方を変えれば，ここで回想されたことはあくまで以前の世代の個性的な現象であり，これからの教職論や異動や能力開発の戦略を含んだ教職キャリアのデザインに参考にしきれない限定性も多いといえよう。

　時代ごとに学校教育や教職それぞれの課題や年齢構成，世代文化，経済情勢，政治情勢様々なものがあり，一概に分かりやすいキャリアモデルや人間関係のネットワークを論じきれないことは前提としつつ，一定の法則性を探ることが必要になってくるといえよう。現在のテーマは大量退職・大量採用による年代構成の変動やミドルリーダーの枯渇，行政改革の一環としての地方分権が教員人事に与える影響などが挙げられる。これらが独立変数として仲介変数ともいえる教職員の能力開発や人間関係に与える影響を通して，どのように学校教育の現状に影響を与えていくかを探る必要があろう。

【注釈】

（1）職務とは英単語でのJobの意味つまり"職種や職位で規定される仕事の範囲"を意

味して用いている。特に波多江ら（2013）は教職キャリアの中で勤務校の種類（特別支援学校や中等教育学校，定時制高校など）や特性（小規模校，大規模校，生徒指導困難校など）や年齢の変化で大きく職務の内容が異なっていることを明らかにしている。なお，本書寄献者の波多江俊介氏は教育法規の専門家でありつつ数量統計に明るい，新進気鋭の若手研究者である。

（2）例えば，教師の自由記述分析（波多江ら，2012）では経験と人間関係を規定する学区や学校組織の課題が指摘されているし，教職員人事異動の量的な研究（川上，2013）は人事異動の仕組みとしての複雑さや多様性の難しさを指摘している。

（3）組合の社会学的影響を調査した報告として名越（1994）がある。そこでは教師の多忙やストレスの原因として様々な要素を尋ねる中で組合の不満や負担，期待などが若干尋ねられているが，あまり大きな影響がなさそうな結果が示されている。

（4）筆者の行った別の聞き取り調査において高校校長勤務者のキャリアの回想研究がある（現在，未公開）。岡山県の6名の聞き取り調査のうち3名に教育行政勤務経験があるが，いずれも30代の担任も教科指導または生徒指導，進路指導も充実し始めた矢先に突如校長室に人事の件で呼ばれ「青天の霹靂」として行政勤務を告げられている。3名とも通常の人事の話より1週間程度早い卒業式の準備のころに呼ばれ，「今なら断ることもできるのではないか」と思ったことなどを回想している。教員人事研究で教育行政勤務者の制度やルール，適応課題さらにこれによって形成される教職キャリアの個性は今後検討する価値の充分あるものと感じる。

（5）この転換期に関するF，G事務職員の会話は概ね近年の全国的な学校事務職員に関する総論的な議論（例えば，柳原・制度研，2009；藤原，2011）と重なっている。

（6）筆者は教職者のメンタルヘルスに関する共同研究を行っているが，その報告の際に組合が強いことで有名な県（今，現在「H$_2$O」と呼ばれている県の1つ）に報告に行く際，県の行政関係者から報告内容の詳細とかなり広い範囲を「組合を刺激して，うちとしては迷惑だから」と検閲のようにも感じる「校正」を受けたことがある。組合にしろ，行政にしろ社会をよくする，教育を改善するという意思をなくし力の争いを中心にするようなことは，非生産的であるが，そのような双方が理念を忘れかねないのが対立事由の注意点であろう。

（7）本章のテーマから外れるが，このL校長は高校生時代に授業を受けた生徒として伝習館高校事件に巻き込まれた経験を持つ。さほど悪気はないと感じた個々の後に免職となった教員に対し，組合が介入し，「暇を持て余してきた」ように見えた活動家の大学生が学校にまで来て大騒ぎした割に，訴訟の際は誰も当該教員を助けなかったことに組織や思想といったものへの不快感を持ったことを回想している。

（8）露口（2011）の「デビルリーダー」や「左うちわリーダー」のような論考を除きほとんど検討されていない。なお，本書寄献者の露口健司氏は学校教育から地域での社会教育全体をソーシャルキャピタルの視点で総合的な把握をすることを研究のライフワークとしている。

第7章　人事異動の影響と地域性

波多江俊介

1．研究の目的と方法

(1) 研究の目的

　教員の精神疾患事由による病気休職者数は増加しているといわれている。文部科学省が公開した平成26年度の分限処分者数のデータによれば，全体のうち病気休職処分が8,227人（前年度比131人減）と全体の98.5％を占めている。病気休職のうち精神疾患によるものが，5,407人（前年度比34人減）である。このデータによれば，精神疾患事由による病気休職者数は微減していると捉えられるものの，その数は約10年前のおよそ2倍となっている。その推移を見れば，精神疾患事由による病気休職者数の，病気休職者数に占める割合は増加してきているといえる。

　かような憂慮すべき事態に対して，教育行政側も対策を講じている。教員の負担を減らすべく，定時退勤を奨励したり，校務支援システム等の整備をすることで教員の事務負担の軽減をはかったりする等の対策が採られている。病気休職に対しては，相談窓口体制等の設置や復職支援等の措置が採られている[1]。

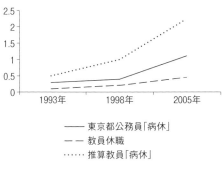

図7-1　公務員病気休職者数の推移

120 第7章 人事異動の影響と地域性

　再度文部科学省の提示するデータに戻ると，「分限処分の状況一覧（平成26年度）」では，県ごとの病気休職者数の状況かなり異なっていることが分かる。このデータから，単位学校組織内での考察に留まらず，地域性という側面の影響も考慮することが重要であると理解されよう。図7-1は東京都の一般公務員と教員との病気休職者数をグラフにしたものである。この図7-1から分かることは，病気休職者数が増加しているのは教員だけに限らないという点である。精神疾患による「病休」の増加は他の公務員と同様の現象である。

　教員の精神疾患に関する研究としては，教員のメンタルヘルスや教員のストレスの観点から，様々な研究がなされてきた。例えば諏訪（2004）は，教員にとってのサポートが重要であることに着目し，教員文化としての同僚性を具体的なソーシャルサポートという観点から捉え直し，情緒的サポートと道具的サポートの有用性を明らかにしている。このように，教員のメンタルヘルス自体の研究が進められてきた(増田，2011など)。これらの研究は教育現場に対して，警鐘を鳴らすとともに，有用な提言を可能にしている。これまで主として教員のメンタルヘルスとその対策は，単位学校組織を対象として研究が進められてきた。しかし，文部科学省の提示するデータ等から，その問題は教職だけの問題ではなく，社会全体の問題となっていることを把握する必要がある。このように考えれば，地域性や自治体の制度の違いといった，教員を取り巻く社会的な変数が教員のメンタルヘルスに与える影響までも考慮する必要があるといえる。

　実はこれまでにも，地域性を踏まえた上での教員のメンタルヘルスに関する研究はなされてきた。東京都における教師のメンタルヘルス阻害要因の検討を行った研究（杉澤ら，1996）や，沖縄県における教師のライフストレス研究（奥平ら，2000）等が挙げられる。これらの研究では，特定の地域に焦点を当てた研究で，網羅的な自治体間比較はなされてはいない。地域性を勘案するべく，病気休職の「発生率」をもとに都道府県別の差異を明らかにしようとした研究としては，高木（2009：2010）の研究が挙げられる。高木（2009）では，文部科学省が公開している病気休職者数や学校基本調査等のデータを基に，精神疾患事由による病気休職者数の「発生率」を都道府県ごとにランキング化している。その上で，精神疾患事由による病気休職者の発生率と相関のある要因を

探索的に分析している。弱い相関を持つ要因としては暴力発生と不登校率が挙げられている。給食費未納率は中程度、「全国学力・学習状況調査」結果の国語A・数学Aの正答率とは強い負の相関が見られたことが報告されている。

また、高木（2010）では高木（2009）が用いたデータセットの次年度のデータを用い、さらに新たに教育行政に関する変数（例えば教育委員会規模や学校規模）を加味し、より広い範囲での社会的変数を組み込んで分析を行っている。教員の精神疾患事由による病気休職者の都道府県別発生率と、教育行政諸変数との相関は概ね中〜弱程度であった。学力とは強い負の相関が見られ、結果は高木（2009）の成果を支持するものであった。

上記の高木による一連の研究成果は、学校を取り巻く社会的諸要因までを広く考察に入れた研究成果である。しかし、それぞれ単年度のデータセットによる研究であるため、社会的諸要因の変動に関しては考慮に入れていない（高原、2015）。これら社会的要因の与える影響が固定的なものなのか、可変的なものなのかを検証する必要があると考える。そこで本章では、高木（2009；2010）の研究成果を踏まえつつ、複数年度のデータセットを用いることで、精神疾患事由による病気休職者数の発生率に影響を与える要因を再度探究することを目的とする。

（2）研究・分析の方法

分析方法は、高木（2009；2010）で採られた分析方法を踏襲する。すなわち、［①］文部科学省『教職員に係る懲戒処分等の状況について』の平成18年度から平成21年度に示された都道府県ごとの精神疾患事由による病気休職者数を、47都道府県ごとに集計し直した。［②］文部科学省『学校基本調査』平成18年度から平成21年度における小学校・中学校・高等学校・中等教育学校・特別支援学校の校長・教頭・教諭・助教諭・養護教諭・養護助教諭・講師・寄宿舎専任職員の本務者数を集計した[2]。［③］都道府県ごとに、「①の精神疾患事由による病気休職者数÷②の教職員本務者数合計」という算出方法で、「発生率」を計算した。［④］上記手順を平成18年度から平成21年度までのデータを用いて、都道府県ごとに行った。その上で、年度ごとの発生率の平均値を算出した。以下では、これらの集計結果を提示していき、考察を行っていく。

２．精神疾患事由の病気休職者都道府県発生率
ランキングと社会的相関要因の探究

（１）精神疾患事由による病気休職者の道府県別発生率ランキング

　表7－1は，都道府県ごとの精神疾患事由による病気休職者発生率ランキングである。大都市圏が一般的に深刻のようである。しかし，特定の都市部に属する自治体（兵庫県等）は病気休職の精神疾患事由の割合が極端に少ない。また，ランキングトップクラスの特定自治体（沖縄，大阪，広島）が特に深刻であることがうかがえる。その他の自治体では高木（2009：2010）と比較するとランキングにいくらか変動が見られた。

（２）発生率との相関要因探索

　本章は，高木（2009; 2010）での成果を踏襲しつつも，新たな要因の探索を行う。関連しうる要因を探索するため，公刊統計や研究成果等のデータを網羅し[3]，平成18〜21年度でのデータセットを作成し，それぞれの数値について平均値を算出している。ピアソンの相関係数を算出した結果は以下のとおり（表7－2）である[4]。

　算出された上記の相関係数の中で，特徴的なものを以下では挙げていく。

　第一に，先行研究における指摘と同様に，「全国学力・学習状況調査」の正答率とはやはり強い負の相関が見られた（図7－2）。後述の給食費未納率等とあわせて考えると，基礎学力のみをもって相関が高くなるわけではなく，単位学校経営状態の全体的な安定状況が関わっているものと推測される。

　第二に，「給食費未納率」（図7－3）や「要保護」（図7－4）等の家庭関連条件が中程度の正の相関を見せた。他方で，県の財政力指数等との相関は低い。今次は都道府県ごとに整理を行っているが，地域・家庭と密接に関わる市町村単位でのデータ取得・分析が必要であることを示している。

　第三に，「教育行政関連の変数」では部分的に正の相関が見られる。例えば教育委員会の規模に関する変数が関連を示している（図7－5）。上記の「給食費未納率」や「要保護」などから判断するに，都道府県ごとではなく，よりミクロな市町村単位でのデータ取得・分析が必要であることと関わるものと考える。

2. 精神疾患事由の病気休職者都道府県発生率ランキングと社会的相関要因の探究　123

表7-1　平成18-21年度都道府県発生率ランキング

	自治体	精神休職	教員数計	発生率		自治体	精神休職	教員数計	発生率
1	沖縄	623	55987	1.113%	25	宮崎	192	39986	0.480%
2	大阪	1690	198583	0.851%	26	京都	328	70428	0.466%
3	広島	606	72050	0.841%	27	長野	338	73114	0.462%
4	東京	1873	230688	0.812%	28	徳島	139	30405	0.457%
5	大分	264	41589	0.635%	29	滋賀	211	46204	0.457%
6	福岡	752	120379	0.625%	30	宮城	280	63069	0.444%
7	岡山	352	56437	0.624%	31	福島	312	73133	0.427%
8	高知	193	31775	0.607%	32	福井	121	29850	0.405%
9	神奈川	1055	175522	0.601%	33	長崎	210	52044	0.404%
10	島根	186	31114	0.598%	34	愛媛	194	48117	0.403%
11	熊本	354	60916	0.581%	35	青森	204	50952	0.400%
12	愛知	954	165927	0.575%	36	岐阜	259	65035	0.398%
13	新潟	387	69328	0.558%	37	石川	145	37827	0.383%
14	埼玉	871	160392	0.543%	38	香川	122	31971	0.382%
15	栃木	338	62289	0.543%	39	山形	153	40386	0.379%
16	鳥取	126	23242	0.542%	40	奈良	158	41824	0.378%
17	岩手	272	50211	0.542%	41	富山	121	34814	0.348%
18	北海道	920	170237	0.540%	42	群馬	192	62883	0.305%
19	和歌山	202	37934	0.533%	43	秋田	117	39293	0.298%
20	佐賀	167	31613	0.528%	44	兵庫	400	150482	0.266%
21	千葉	777	148626	0.523%	45	静岡	223	87004	0.256%
22	山口	246	48101	0.511%	46	山梨	77	30846	0.250%
23	三重	309	61738	0.501%	47	茨城	232	93455	0.248%
24	鹿児島	329	68130	0.483%					

　第四に，「生徒指導上の諸問題に関する変数」との相関については，やはり相関が表れにくいようである。教師ストレスの先行研究結果等との整合性から判断して，無相関は考えにくい。これも同様に，よりミクロな単位の地域での相関を検討し，影響要因を再確認する必要がある。また，問題行動のカウントは，統一認識を全ての教員が持っているとは考え難い部分があり，事件・事故などの発生に伴い数値が大きく変動することがある。このあたりは公刊統計結果を用いて分析することの限界である。

　従来の心理学におけるストレス論的な文脈では，児童生徒の様々な問題が教員のメンタルヘルスに大きな影響を与えうるとされてきた（保坂，2010）。そこに社会学の知見が合わさり，家庭の経済力等で難しい生活状況の保護者・家庭が，児童生徒の様々な問題の要因となり，それが教師ストレスの深刻化をも

第7章 人事異動の影響と地域性

表7-2 各指標との相関

正の相関		負の相関	
基準：発生率H18-21		児童虐待比率	-0.0122
準要保護比率	0.5467	不登校比率	-0.0215
給食費未納（H18）	0.5101	公立高等学校費割合	-0.0244
社会福祉費割合	0.4344	教員異動率	-0.0488
要保護比	0.4234	地方交付税割合	-0.0822
扶助費割合	0.4123	普通建設事業費割合	-0.0859
就学援助比率	0.4007	教育費割合	-0.0981
民生費割合	0.3604	公立小学校費割合	-0.1306
社会福祉費割合	0.3578	労働費割合	-0.142
一般財源の割合	0.3039	経常収支比率	-0.1942
生徒間いじめ比率	0.267	消防費割合	-0.2325
児童福祉費割合	0.2583	社会教育費割合	-0.2326
生活保護費割合	0.2286	商工費割合	-0.2454
非行率	0.2092	地方債現在高の割合	-0.3664
校内暴力比率	0.1818	消防費割合	-0.4423
授業不成立比率	0.1772	数学A正率	-0.625
地方税割合	0.1766	国語A正率	-0.6662
児童福祉費割合	0.1686		
人件費割合	0.0637		
教育費割合	0.0354		
公立中学校費割合	0.0292		
家庭内暴力比率	0.0228		

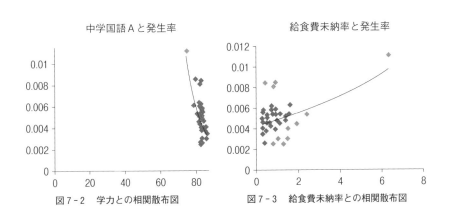

図7-2　学力との相関散布図　　　図7-3　給食費未納率との相関散布図

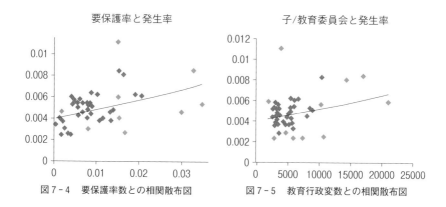

図7-4　要保護率数との相関散布図　　　図7-5　教育行政変数との相関散布図

たらすと解釈される[5]。その結果が，精神疾患事由による病気休職者数の増加である。

　しかし，データの解釈には留保が必要なものの，今次の分析で示されたのは，生徒指導上の諸問題との相関はかなり低かったことである。他方で，地方公共団体の財政力，つまりは要保護等との一定の相関が見られた。このことは，精神疾患事由による病気休職の発生率について今一つの解釈をもたらす。すなわち，福祉の手厚さ・教師の病休代員配置の手厚さである。大都市の一部自治体で，発生率が上位でない県が見られたのは，教員への制度的バックアップの反映ではないかとも捉えられる。この点は，今後精緻な分析が必要となろう。例えば，舞田（2012）などでは，国勢調査等を活用して，豊かな世帯の多い自治体では，所得の再分配として就学援助が容易に成立することを明らかにされている。困窮する自治体では，援助を必要とする家庭にまで行き届くような十分なアナウンスメントを果たせておらず，かえって財政的余裕のある自治体でこそ援助を行き届かせているという解釈を加えている。この指摘は，「豊かな世帯多比率」と「就学援助世帯多比率」は意外にも正の相関関係であることを意味している。本章の論調もこの舞田の解釈と軌を一にする。「格差社会」的言及とも相まって，本章で得られた知見を裏付けるものと考える。この点は，今後精緻な質的調査等を必要とするとともに，課題でもあった「援助の必要な家庭にまで，如何に必要な援助を届けるか」についても考察していかねばならな

いだろう。

3．本研究のまとめと課題

　本研究では，複数年度のデータセットを用いて，教員の精神疾患事由による病気休職者の発生率に関する地域差について考察した。結果，概ね先行研究を追認するという成果が得られた。本章の示唆としては，心理学的要因だけでなく，社会経済的要因まで考慮に入れることで，自治体の制度運用と教員のメンタルヘルスとの関連多様性について明らかにしうるという可能性を提示した点である。

　今後の課題は以下のとおりである。病気休職のデータとしての不安定性・比較不適性は認めつつも，全国比較ができる数少ないデータである。ゆえに，これらを活用しながらも，①市町村単位の検討必要性，②病気休職前段階の病気休暇者数の把握，③異動や学校経営に参考になる学区分析等が挙げられる。殊に，②はこれまで制度研究的に看過され続けてきた。精神疾患を抱える教員の態様を知る上で，病気休職の前段階である病気休暇を明らかにすることは，教員のメンタルヘルス研究に非常に有益である。この点，今後の検討課題である。

【注釈】

（1）　文部科学省ホームページ「平成22年度教育職員に係る懲戒処分等の状況について」参照。（平成24年11月30日閲覧）
　　　URL〈:http://www.mext.go.jp/component/a_menu/education/detail/__icsFiles/afieldfile/2011/12/22/1314343_12.pdf〉
（2）　データセットを平成18年度から平成21年度までのデータとした理由は2つある。第一に高木（2009）で用いられたデータが平成18年度のものであり，それに合わせる必要があったためである。第二に平成18年度からカウントして確実にデータセットを作成できたのが平成21年度までであったためである。
（3）　データセットは，文部科学省公刊統計，総務省公刊統計とともに，小島ら（2000）の各種教育病理問題の教師の認知率に関する元データを説明変数として投入した。被説明変数と同様，説明変数はそれぞれ平成18～21年度の平均値を算出したものである。
（4）　高木（2009）が指摘しているように，被説明変数である都道府県ランキングデータ

数は47であり，有意判定はあまり参考にならない。本章の分析でも，相関係数の値にのみ着目している。

（5）保護者が学校に抱えるイメージ等，どのような保護者がいるかの分析については露口（2012）などを参照。

第8章 学区と地域が教師に与える影響

露口健司

1. 研究目的

　本章の目的は，県立学校における教員バーンアウトの文脈効果（発生−抑制要因）を，マルチレベルモデルの構築と分析を通して解明することである。

　近年の学校現場では，少子化に伴う人員整理による多忙化，教育問題の複雑化・深刻化等により，教員の勤務状況の悪化が進行している。精神性疾患を理由とする病気休職者数は，平成4年度から平成21年度にかけて17年連続で増加し，ここ数年は高止まりの状態にある。多くの教員が世代を問わず，生徒指導・学習指導・事務作業・保護者対応等に対して強いストレスを感じている実態が明らかにされている（教職員のメンタルヘルス対策検討会議，2013）。

　過酷な勤務状況は，教員の休職はもちろん，その前段階である教員のバーンアウト現象（Maslach & Jackson, 1981など）に対しても影響を及ぼしている。教員にバーンアウト現象が発生することで，本人の行動的・身体的ストレス反応が高まり，離職意思や離職行動が促進される（小橋，2013）。また，学習指導の質が低下するため，児童生徒に対して負の影響を与えてしまう（Skaalvik & Skaalvik, 2007）。さらに，限られた人員で職務を遂行する学校組織では，当該教員の職務を補充する同僚の負荷が増大し，組織機能の停滞を招くおそれもある。学校管理職にとって，教員バーンアウトの抑制は，児童生徒の学習成果の向上や組織の活動能率の向上に貢献する点においても，重要な経営課題であると言える。

　教員バーンアウトを対象とする先行研究（後述）は，主として心理学的アプローチに依拠した上で，発生−抑制要因[1] の検討を進めている。しかし，これらの先行研究は個人レベル変数のみで分析を行う傾向が強く，学校レベル変数がモデルから除外されるという限界を抱えている。教員バーンアウトに対する学校組織の影響が十分に検討できているとはいえない。本章は，学校レベル

変数を分析モデルに含め，教員バーンアウトに対する学校組織の影響を積極的に分析・考察しようとする点に研究の独創性があり，また，教育経営研究としての意義がある。

　本章の主題であるバーンアウトとは，長期の対人援助の過程で，解決困難な課題に常にさらされた結果，極度の心身の疲労と情緒の枯渇をきたした症候群を意味し，情緒的消耗，脱人格化，達成感の減退の3つの次元によって構成される概念である。情緒的消耗とは，心身とも疲れ果てて何もしたくない，あるいは仕事をやめたいという感情・気分であり，バーンアウトの中心的症状である。脱人格化とは，同僚等への配慮，思いやりがなくなり，敵意や無関心，拒否感が高まり，温かみのある関わりができなくなる症状である。達成感の減退とは，するべき仕事をやったという達成感が実感できなくなったり，仕事の喜びや楽しさが感じられなくなったりする症状である（Maslach et al., 1996）。

2．先行研究の検討と仮説モデルの構築

　教員バーンアウトの決定要因を検討した先行研究は豊富にある（落合，2003）。本章では，特に小・中学校教員を対象とした先行研究の知見を踏まえ，次の2点に留意した上で，教員バーンアウトの発生–抑制要因の仮説モデルを構築する。

　第1は，説明変数の効果を区分することである。先行研究では，教員バーンアウトに対する直接効果を主な検討課題とするものが多い（落合，2003）。しかし，教員バーンアウト現象の発生メカニズムは，単純な説明変数–被説明変数関係では捉えきれない。本章では説明変数群を，①直接効果を持つ変数，②間接効果を持つ変数，③調整効果を持つ変数に区分し，モデルを構築する（図8 - 1参照）。

　直接効果変数としては，高木・田中（2003）の研究成果を踏まえ，「職務ストレッサー」を設定する。バーンアウト現象は対人援助職の職務遂行過程において発生すると考えられる。職務ストレッサーとは，指導の困難さ・職務負担感・職務葛藤等の次元によって構成されている概念である（高木ら，2008）。

　間接効果変数としては，個人属性等によって構成される「教員の個人特性」

要因，学校の組織的特徴を示す「学校の組織特性」要因を設定する。教員の個人特性については，性別（Lau et al., 2005），教職経験年数（伊藤，2000；Pas et al., 2012），初任者教員や在校1年目（増田，2008），家庭の生活環境（岡東・鈴木，1997）等によるバーンアウトへの影響が検証されている。また，学校の組織特性としては，同僚や上司との対人関係状況（Hepburn & Broun, 2001；久保田，2013），保護者との対人関係状況（Skaalvik & Skaalvik, 2010），生徒数や生徒の停学率等の学校属性（Pas et al., 2012）等によるバーンアウトへの影響が検証されている。これらの変数は，バーンアウトに対して間接的に影響を及ぼす変数群であり，職務ストレッサーを直接規定する環境要因であるといえる。

　調整効果変数としては，「コーピング」要因を設定する。職組ストレッサーが発生した場合であってもバーンアウトへの結合を防ぐコーピング要因としてのソーシャルサポートが，2000年ごろから注目されている（諏訪，2004；田村・石隈，2001）。また本章では，コーピング要因として，キャリア適応力にも着目する。キャリア適応力とは，職業人が自らの能力や適性にあわせて職業上の希望を持ち，職業や職場から要請される様々な内容を受けつつ自立的な能力開発を行うことで，個人と環境の間の葛藤を改善する能力・態度である（渡辺・ハー，2001）。キャリア適応力は，バーンアウト現象を抑制する主効果を有するとともに，40代教師の場合，職務ストレッサー（職務葛藤）とバーンアウト反応の関係を調整する効果を有することが確認されている（高木ら，2008）。

　第二は，集団レベル変数の設定である。本章では，教員バーンアウトの説明変数として個人レベル変数だけでなく，集団レベル変数を新たに設定する。図

図8-1　仮説モデル

8-1の仮説モデルでは、「学校の組織特性」が集団レベル変数に相当する。個人レベルの変数のみで構成するモデルに対しては、個人認知によらない集団レベルの説明要因の影響力を見落としているという限界（心理学主義的誤謬）が指摘されている（西，2006）。既述した学校の組織特性を扱った先行研究も、実は Pas et al.（2012）以外はいずれも個人レベルデータのみで分析を行っている。こうした先行研究の限界を克服するためには、個人レベル変数と集団レベル変数を同時に分析できるマルチレベルモデル（Raudenbush & Bryk，2002）の採用が必要となる。マルチレベルモデルを使用することで、教員バーンアウトを決定する要因が、個人要因なのか、それとも学校組織要因なのかを解明することができる[2]。

3．データソース

　本章の調査対象は県立学校教員（高等学校および特別支援学校）である。教員バーンアウトを対象とする先行研究の多くは、市町村立の小・中学校教員を対象としている。県立学校教員のバーンアウトデータは、それが採集されたとしても、市町村立小・中学校教員との比較対照データとして用いられることが多い。県立学校教員のバーンアウト発生–抑制過程の特性解明を志向した研究はわずかである（八並・新井，2001等）。高等学校および特別支援学校教員も、市町村立小・中学校教員と同様の職務に対してストレス反応を示している（教職員のメンタルヘルス対策検討会議，2013）。また、高等学校教員の「精神性疾患を理由とする病気休職者」の発生率は0.43%、特別支援学校教員は0.68%であり、小学校教員（0.57%）、中学校教員（0.66%）とそれほど変わらない（文部科学省，2012）。県立学校教員のバーンアウト発生過程の解明は重要な研究課題であるが着手されていない状況にある。特に、高等学校では、定時制課程や専門学科課程が、その職務構造の特殊性から、教員のバーンアウト傾向を高めている可能性が予測できる。この点は、先行研究においてもほとんど言及されておらず、検証作業の価値は高い。

132 第8章 学区と地域が教師に与える影響

4. 方 法

（1）調査対象と手続き

　調査対象者は，2011（平成23）年10～12月に株式会社カイテックの「教職員ストレスチェッカー」に参加したA県内の県立学校32校の教員[3] 2,024名である。本調査はA県教育委員会の委託調査であり，県内全ての県立学校（教員）を対象として実施された。質問紙を教員の自宅に郵送し，各教員が返送する郵送法を採用した。1,551名からの有効回答が得られ，有効回収率は76.6％であった。回答者の属性は次のとおりである。性別は，男性979名（63.1％），女性572名（36.9％）。平均年齢は41.6歳（SD=9.0）。現任校在職年数の平均は4.5年（SD=4.3）。参加校の平均クラス数は14.8学級（SD=6.4）である。

（2）調査データ
1）個人レベルデータ

　バーンアウト　　田尾・久保（1996）を参考に作成された高木・田中（2003）と同様の17項目を使用した（以下，質問項目については章末資料8-1参照）。尺度は，"とても当てはまる（4）"～"まったく当てはまらない（1）"の4件法である（以下同様）。主成分分析の結果，高木・田中（2003）と同様，情緒的消耗・達成感の減退・脱人格化の3成分が抽出された。分析においては，結果記述の冗長性を回避するために，これら3成分について再度，主成分分析を行い，バーンアウトの1成分を抽出し，被説明変数として使用している。

　教員の個人特性　　フェイスシートの情報から，性別ダミー（男性＝1，女性＝0），年齢（満年齢を標準化），赴任1年目ダミー（赴任1年目＝1，2年目以降＝0），教諭ダミー（主幹教諭・教諭・常勤講師＝1，その他の職＝0）を設定した。また，家庭環境について4項目で測定し，主成分分析の結果，1成分を得た。

　職務ストレッサー　　高木・田中（2003）の先行研究を踏まえ，指導の困難さ（6項目），職務負担感（5項目），職務葛藤（3項目），事務負担（1項目）の4変数を設定した。指導の困難さ・職務負担感・職務葛藤に対する主成分分

析の結果，それぞれ1成分が抽出された。事務負担は，1項目であるため，肯定（とても当てはまる＋ややあてはまる）を「1」，否定（あまり当てはまらない＋まったく当てはまらない）を「0」とするダミー変数を設定した。

コーピング要因　　ソーシャルサポートとキャリア適応力を設定した。ソーシャルサポート変数は，フェイスシートにおいて「同じ職場で深刻な話題を相談できる教職員の数」を質問し，相談相手がまったくいないと回答した教員を「0」，その他を「1」とするダミー変数を設定した。ソーシャルサポートは，学校内において支援が期待できる職員の「有無」を示す変数である。

キャリア適応力は，高木ら（2008）を参考として5項目を設定した。主成分分析の結果，1成分が抽出された。

2）学校レベルデータ

学校の組織特性　　フェイスシートの情報から，専門学科単独校ダミー（専門学科単独校＝1，その他＝0），定時制ダミー（定時制課程を有する学校＝1，その他＝0），学校規模（勤務校教員数を標準化），平均年齢（個人レベルデータの学校平均値）を設定した[4]。また，高木・田中（2003）の先行研究を踏まえ，同僚信頼（8項目），保護者信頼（3項目）の2変数を設定した。主成分分析の結果，それぞれ1成分が抽出された。学校レベル変数である同僚信頼と保護者信頼の2変数には，個人得点の学校平均値をあてている。

5．分析結果と考察

（1）記述統計と相関マトリクス

本章では，計18変数（個人レベル変数＝12，集団レベル変数＝6）を設定している（表8-1参照）。多くの変数が主成分得点や標準化得点を使用しているため，数値の高低に対する言及はできない。そこで，本章において設定した変数間の比較から，また，他の調査研究との比較から，バーンアウトおよび関連要因の実態が理解できるように，合成変数の平均得点を並記している。

18変数の相関マトリクスは章末資料8-2に示すとおりである。教員の家庭環境や職務ストレッサー等の個人レベル変数が発生要因（正の相関）として，また，個人レベル変数であるコーピング要因と学校レベル変数である同僚信頼

134　第8章　学区と地域が教師に与える影響

および保護者信頼が，抑制要因（負の相関）として機能する傾向が示されている。

（2）バーンアウトを被説明変数とするマルチレベルモデル

1）モデル構築

　最初に，他のモデルとの対比をねらいとして説明変数を投入しないModel 0を設定する（表8-2参照）。次に，バーンアウトに対する間接効果群である教員の個人特性を投入する（Model 1）。個人特性は基本的に組織特性や職務ストレッサーの影響を受けないため，初期段階で投入される。さらに，間接効果群である学校の組織特性（Model 2）を投入した後に，直接効果群である職務ストレッサーを投入する（Model 3）。職務ストレッサーは組織特性によって規定されるという影響関係が共分散構造分析によってすでに検証されているため（高木・田中，2003），この投入順は妥当であるといえる。最後に，調整

表8-1　記述統計

		標準化得点	平均得点
個人レベル変数（N=1.551）		Mean（SD）	Mean（SD）
バーンアウト	バーンアウト	.00（1.00）	2.25（.48）
教員の個人特性	性別ダミー	.63（.48）	.63（.48）
	年齢	.00（1.00）	41.57（8.95）
	赴任1年目ダミー	.13（.34）	.13（.34）
	教諭ダミー	.88（.33）	.88（.33）
	家庭環境	.00（1.00）	2.09（.72）
職務ストレッサー	指導の困難さ	.00（1.00）	2.13（.63）
	職務負担感	.00（1.00）	2.08（.54）
	職務葛藤	.00（1.00）	2.27（.60）
	職務負担ダミー	.41（.49）	.41（.49）
コーピング要因	ソーシャルサポートダミー	.84（.37）	.84（.37）
	キャリア適応力	.00（1.00）	2.77（.47）
学校レベル変数（N=32）		Mean（SD）	Mean（SD）
学校の組織特性	専門学科単独校ダミー	.27（.45）	.27（.45）
	定時制ダミー	.13（.34）	.13（.34）
	学校規模	-.25（.94）	14.82（6.42）
	平均年齢	.02（.25）	41.77（2.17）
	同僚信頼	.00（.30）	3.08（.16）
	保護者信頼	-.02（.21）	3.05（.12）

効果群として，職務ストレッサーとコーピング要因の交互作用項（Model 4）を投入する。なお，マルチレベルモデルの分析には SPSS Advanced Model

表 8-2　教員バーンアウトを被説明変数とするマルチレベルモデル

	Model 0	Model 1	Model 2	Model 3	Model 4
切片	.031	-.175*	-.211*	-.054	.201
〔教員の個人特性〕					
性別ダミー		-.041	-.030	-.075	-.056
年齢		.014	.026	-.001	-.030
赴任1年目ダミー		-.055	-.054	.095	.075
教諭ダミー		.252**	.268**	.037	.012
家庭環境		.233**	.228**	.054*	.062**
〔学校の組織特性〕					
専門学科単独校ダミー			.005	-.059	-.037
定時制ダミー			.144	.135	.106
学校規模			.056	.028	.026
平均年齢			-.173	-.131	-.111
同僚信頼			-.381**	-.287**	-.248*
保護者信頼			-.611**	-.063	-.131
〔職務ストレッサー〕					
指導の困難さ				.203**	.196**
職務負担感				.231**	.172**
職務葛藤				.247**	.289**
事務負担ダミー				.146**	.101
〔コーピング要因〕					
ソーシャルサポートダミー（SS）					-.273**
指導の困難さ*SS					-.041
職務負担感*SS					.027
職務葛藤*SS					-.048
事務負担ダミー*SS					.016
キャリア適応力（CF）					-.325**
指導の困難さ*CF					-.016
職務負担感*CF					-.018
職務葛藤*CF					-.001
事務負担ダミー*CF					.053
学校内分散	.971	.906	.911	.659	.565
学校間分散	.021	.019	.003	.001	.003
ICC（%）	2.117	2.054	.328	.152	.528
AIC	4179	4094	3740	3323	3159

Note. 集団レベル変数 $N = 32$．個人レベル変数 $N = 1.551$．
**$p < .01$，*$p < .05$．

ver.19.0 を使用している。

2）間接効果

　個人・学校レベルの変数群を逐次投入した複数のモデルを比較検討すること
で，教員バーンアウトに対する3つの間接効果が認められた[5]。

　第一は，教諭ダミーとバーンアウトの関係を職務ストレッサーが媒介してい
る点である。教諭ダミーは，Model 2において有意な効果を示している（γ
=.268，$p<$.01）。しかし，職務ストレッサーを投入したModel 3では，その効
果が消失している（γ =.037，p = n.s.）。教諭ダミーが職務ストレッサーと有意
な相関関係（章末資料8-2参照）にあることが確認できるため，職務ストレッ
サーは教諭ダミーとバーンアウトの媒介変数であると解釈できる。職務構成比
率に占める授業（集団を対象とする学習指導）割合が高く，生徒との相互作用
頻度が高い主幹教諭・教諭・常勤講師は，養護教諭・養護助教諭・栄養教諭・
実習教諭・実習助手に比べて職務ストレッサーを認知しやすい。教員バーンア
ウトに対して，「職位」は間接効果を，「職務」は直接効果を有していると解釈
できる。

　第二は，保護者信頼とバーンアウトの関係を職務ストレッサーが媒介してい
る点である（間接効果の検定手順は上記と同様）。保護者との信頼が十分構築
されていない場合に，教員の職務ストレッサーが刺激され，それがバーンアウ
トの発生につながっていると解釈できる。

　第三は，事務負担ダミーとバーンアウトの関係をコーピング要因が媒介して
いる点である。事務負担感が高い教員は，周囲からの十分なサポートを受ける
機会が乏しく，また，十分な学習・成長機会が確保できず職能成長の実感が乏
しい。こうした状況に置かれることでバーンアウトが誘発されると解釈できる。

3）直接効果

　バーンアウトに対して直接効果を持つ変数は最終モデルであるModel 4に
示されている。すなわち，教員バーンアウトは，家庭環境（γ =.062，$p<$.01），
指導の困難さ（γ =.196，$p<$.01），職務負担感（γ =.172，$p<$.01），職務葛藤
（γ =.289，$p<$.01）によって発生し，同僚信頼（γ =-.248，$p<$.05），ソーシャ
ルサポート（γ = -.273，$p<$.01），キャリア適応力（γ =-.325，$p<$.01）によっ
て抑制される。具体的にいえば，教員のバーンアウト現象は，①家庭のことで

悩みを抱えている，②指導上の困難な課題に直面している，③周囲からの過剰な期待や要求に負担を感じている，④周囲からの期待や要求に葛藤を感じている場合に発生し，①教員相互が信頼し合っている学校に勤務している，②困難を相談できる同僚が校内にいる，③将来の職能成長に希望を持ちそのための学習行動を展開している場合に抑制される。なお，本章の焦点である専門学科単独校や定時制課程を有することの影響は，今回の分析では認められなかった。

4）調整効果

Model 4において，職務ストレッサーとバーンアウトの関係におけるソーシャルサポートとキャリア適応力の調整効果を検討した。分析の結果，有意な交互作用項はなく，調整効果は認められなかった。ただし，前述したように，バーンアウトに対するソーシャルサポート（$\gamma=-.273$，$p<.01$）とキャリア適応力（$\gamma=-.325$，$p<.01$）の主効果が認められている。困難を相談できる同僚が校内にいること，将来の職能成長に希望を持ちそのための学習行動を展開することは，バーンアウトの抑制に直接つながると解釈できる。

5）バーンアウト発生の学校間差

教員バーンアウトの発生傾向に学校間差はあるのだろうか。この点については，表8-2に示すICC（intraclass correlation coefficient；級内相関係数）には興味深い結果が示されている。ICCとは，集団間分散／（集団間分散＋集団内分散）の式で求められる。ICC指標の数値が高い場合は，バーンアウトの分散は，学校間差によって説明される。この場合，特定の学校でバーンアウトが大量に発生し，別の学校ではほとんど発生しないといった現象が生じていると解釈できる。一方，ICC指標の数値が低い場合，バーンアウトの分散は，学校間差ではなく，学校内の個人間差によって説明される。この場合は，学校間のバーンアウト発生傾向にバラツキは少なく，学校の中でバーンアウトが発生する教員とそうでない教員が現れると解釈できる。最終モデルであるModel 4では，ICCが1％を下回っている。また，Model 1からModel 2にかけて，学校の組織特性（学校レベル変数）を投入してもICCは増加していない。教員バーンアウトは学校間の分散ではなく，個人間の分散によって決定される傾向が強い。A県内では，どの県立学校に勤務していたとしても，バーンアウトの発生傾向にそれほど大きな差はないのである。

138 第8章 学区と地域が教師に与える影響

6. 結　語

　本章の目的は，県立学校における教員バーンアウトの文脈効果をマルチレベルモデルによって解明することであった。

　県立学校教員の場合も，小・中学校教員の場合（高木・田中，2003）と同様，個人レベル要因である職務ストレッサー（指導の困難さ・職務負担感・職務葛藤）がバーンアウト現象の主たる発生要因として機能していた。バーンアウト現象は，学校段階を問わず，教員の職務特性によって強く規定されている。また，家庭環境についても，小・中学校教員の場合（岡東・鈴木，1997）と同様に，バーンアウトを誘発していることが明らかにされた。一方，バーンアウトの抑制において，小・中学校を対象とする先行研究と同様にソーシャルサポート（諏訪，2004）およびキャリア適応力（高木ら，2008）の効果が明らかとなっている。県立学校教員のバーンアウト発生−抑制過程は，小・中学校教員と類似性が高い。そうであるならば，小・中学校教員を対象として開発・蓄積されてきたバーンアウト抑制の方法は，県立学校教員に対しても有用であるといえよう。

　本章の分析結果において注目すべきは，学校レベル変数としての同僚信頼の効果が認められている点である。既述したように，バーンアウト研究では学校レベル変数の効果がほとんど検証されていない。教員間の対人的な信頼関係ではなく，学校レベルに醸成されている集合的規範としての同僚信頼が個人レベルのバーンアウト現象の抑制に効果的であるとする，新たな知見が創出されている。

　学校レベル変数である保護者信頼も，職務ストレッサーの抑制を通して，間接的にバーンアウト抑制に寄与していた。多くの保護者に信頼される学校では，個々の教員は働きやすい環境にあり，バーンアウト現象が抑制される。学校内外における学校レベルでの「信頼」の醸成状況が，専門学科単独校や定時制課程等の要因よりも，教員バーンアウト現象を説明するという知見は，実践に対しても示唆的であるといえる[6]。

　ただし，教員バーンアウトは，学校間の分散よりも個人間の分散によって決

定される傾向が強いことが, ICC指標に示されていた。学校レベル変数としての信頼要因は, 教員バーンアウトの抑制に対して有意な影響を及ぼしているが, その説明量はそれほど大きくはない。

さて, 最後に, 本章の限界と今後の課題について言及しておきたい。

第一は, サンプリングの問題である。本章はA県内の全ての県立学校を対象としているが, 他県のデータを加えてさらに広範囲のサンプリングを行えば, 異なった結果が出現する可能性がある。例えば, 定時制課程の影響力の検討等においては, 本章ではサンプルが少ないため, もう少し広い範囲でのデータ収集が必要となる。

第二は, 集団レベル変数の再検討である。本章では, 6つの集団レベルデータを設定しているが, 学校レベルの学力や退学率, 入学者特性としての偏差値, 学校所在地特性等の教育調査において重要な変数が設定されていない。今後, 調査デザインの工夫と仮説モデルの精緻化をはかっていきたい。

第三は, 縦断データの使用である。本章のモデルでは現時点のバーンアウト傾向を説明するモデルであり, バーンアウト傾向の個人内変化を説明するモデルではない。今後は縦断データを収集し, 前回のバーンアウト傾向をコントロールした, 上昇／下降の決定要因の解明を目的としたモデルの構築と分析を実施したい。

第四は, 教員バーンアウトの質的研究の実施である。バーンアウト研究において, 質的研究は多くはない (例えば, 落合, 2009)。バーンアウト過程に留まらず, 前任校からの異動や, バーンアウト後の休職・復職までをも視野に入れた教員キャリアの質的研究を今後展開していきたい。

【注釈】

（1）バーンアウトとは, 発生 – 非発生の二元的名義尺度ではなく, 症状が軽度 – 重度に分布する間隔尺度として捉えることが適当である。したがって, バーンアウトが発生している状態とは, 回答者のバーンアウト得点が相対的上位に位置付いている実態を意味する。バーンアウトが抑制されている状態とは, バーンアウト得点が相対的低位に位置付いている状態を意味する。

（2）マルチレベルモデルは1990年頃から社会科学分野において浸透してきた統計技法で

あり，①心理学主義的誤謬等の統計的誤謬を回避できること，②被説明変数に対する個人レベル変数と集団レベル変数の効果を同時に分析できること，③被説明変数に対する効果の集団間差を分析できること等の意義を有している。マルチレベルモデルを使用したバーンアウト研究は，管見の限り，Pas et al.（2012）のみである。教員バーンアウトの出現過程を解明するためには集団レベル変数の効果を射程に含めることが必要である。今後は，教員バーンアウト研究の主要な分析技法として位置づくであろう。ただし，マルチレベルモデルでは，いずれの集団レベル（学級・学年・学校・市町村など）を選択するかで結果が大きく異なる等の課題があり，万能な方法というわけではない。なお，教育研究分野では，川口（2009）や村澤（2006）において，マルチレベルモデルについての詳細な論述がなされている。

（3）本章において対象とする教員とは，主幹教諭，教諭，養護教諭，養護助教諭，栄養教諭，実習教諭，実習助手，講師である。なお，カイテックが実施した本調査には，執筆者である高木亮が参画している。

（4）特別支援学校のダミー変数をモデルに投入するとモデルが収束しないため，今回は，特別支援学校の要因を除外している。特別支援学校教員は，高等学校教員との間にバーンアウト得点の有意差が認められない（$t = 1.485$, $p = $ n.s., $N = $ 特別支援教員403名，高等学校教員1,148名）ため，コントロールの効果は乏しいと考えられる。

（5）間接効果の要件は，以下の3点全ての充足である。すなわち，①説明変数Aと被説明変数Cとの間に有意な関係がある。②説明変数Aと説明変数B（媒介変数）との間に有意な関係がある。③説明変数Aおよび説明変数B（媒介変数）を被説明変数Cに対して同時に投入した場合に説明変数B（媒介変数）のみに有意な関係が認められる。

（6）専門学科単独校や定時制課程を含む学校での勤務は，職務ストレッサーや教員バーンアウトをほとんど説明しない。この結果は，学校内での教員配置の視点から解釈することができる。すなわち，専門学科単独校では，どの学年・分掌に所属するかによって，また，定時制を含む学校では，定時制課程に所属しているかどうかで，職務ストレッサーやバーンアウトの程度は異なるであろう。

資料 8 - 1 　測定項目一覧

家庭環境	家事に時間をとられる（.81）。自分の子どもの世話に時間をとられる（.80）。家族や家庭のことで最近気になることや忙しいことが多い（.76）。家族の病気の世話や介護などに時間をとられる（.71）。
指導の困難さ	しつけ・常識・生活習慣など本来家庭でなされるべきことを，細かく指導することの負担が大きい（.79）。「授業を妨害する，教室にじっとしていられない」児童・生徒に授業などで対応することの負担が大きい（.76）。不登校や問題の多い児童・生徒とその保護者との関係維持に努めることの負担が大きい（.76）。児童生徒が学校外で起こした問題に対応することの負担が大きい（.73）。児童生徒の最低限の学習レベルを確保することが困難である（.69）。児童・生徒の学習指導の際，充分なコミュニケーションや指導をすることが困難である（.65）。
職務負担感	上司から過剰な期待や要求をされている（.86）。同僚から過剰な期待や要求をされている（.82）。自分の能力以上の仕事をすることが期待されている（.74）。自分の苦手な役割を求められることがある（.69）。児童・生徒から過剰な期待や要求をされている（.65）。
職務葛藤	児童・生徒や同僚，上司とのやりとりの中で矛盾した要求を受けることがある（.81）。学校や学年の教育方針について，自らの信念や考えとの間に矛盾を感じる（.80）。児童・生徒の立場を優先させるべきか，教師や学校の立場を優先させるべきか迷う（.68）。
キャリア適応力	「どうなりたいのか」「どうしたいのか」といった仕事上の希望がある（.73）。自分の職業生活を後悔しないように，自分の考えや信念に沿って行動している（.72）。自分に必要な能力や仕事を充実させていく上での計画・見通しを持ってる（.72）。読書や講演で，仕事に必要な情報を積極的に集めるよう心がけている（.59）。仕事上，自分の理想を達成するには，自分の自主性や努力次第だと思う（.46）。
同僚信頼	(r) 同僚や上司に誤解を受けることが多い（.81）。(r) 同僚や上司から責められることが多い（.80）。(r) 同僚や上司とうまくコミュニケーションがとれない（.76）。(r) 同僚や上司から自分の仕事について干渉されることが多い（.74）。(r) 同僚や上司と対立することが多い（.74）。(r) 同僚や上司が無責任な行動をとることが多い（.69）。(r) 職場での上下関係について，とても気になる（.67）。同僚の愚痴や不満を聞いたり，慰めたりしなければならない（.51）。
保護者信頼	(r) 保護者や地域からの，一方的な要求・苦情に対応することの負担が大きい（.82）。(r) 保護者から過剰な期待や要求をされている（.75）。(r) 家庭や地域と接する機会を設けて，協力しあえるような関係や環境づくりを行うことが困難である（.71）。

Note. (r) は逆転スケール。カッコ内の数値は主成分得点。バーンアウトについては高木・田中（2003）を参照。

資料 8-2 相関マトリクス

変　数	1	2	3	4	5	6	7	8	9	10	11	12	13	14	15	16	17
[個人レベル変数]																	
1. バーンアウト																	
2. 性別ダミー	-.051*																
3. 年齢	.049	.107**															
4. 赴任1年目ダミー	-.064*	-.064*	-.158**														
5. 教諭ダミー	.097*	-.004	.032	-.119**													
6. 家庭環境	.260**	-.174**	.160**	-.106**	.099**												
7. 指導の困難さ	.363**	.021	.129**	-.086*	.063*	.248**											
8. 職務負担感	.467**	-.046	.070*	-.141**	.181**	.307**	.274**										
9. 職務葛藤	.474**	.041	.059*	-.129**	.119**	.221**	.307**	.556**									
10. 事務負担ダミー	.254**	.006	.071**	-.132**	.125**	.167**	.316**	.240**	.228**								
11. ソーシャルサポートダミー	-.186**	-.090**	-.149**	-.006	-.002	-.002	-.108**	-.062*	-.058*	-.073**							
12. キャリア適応力	-.393**	.048	-.047	.019	-.080**	-.077*	-.148**	-.155**	-.100**	-.107**	.116**						
[学校レベル変数]																	
13. 専門学科独立校ダミー	-.003	.183**	.044	-.048	-.162**	.011	.122**	-.032	.026	.040	-.022	.005					
14. 定時制ダミー	.045	.034	.023	-.036	.034	-.020	.014	.014	.031	.045	.010	-.009	-.021				
15. 学校規模	-.031	.155**	-.040	.003	.018	-.078**	-.096**	.002	-.047	.025	-.020	-.010	.263	.014			
16. 平均年齢	.030	.101**	.203**	-.034	-.062*	.070*	.127**	.020	.051*	.036	-.005	-.022	.133	.137	-.220		
17. 同僚信頼	-.104**	.015	-.034	.005	.048	-.110**	-.065*	-.111**	-.130**	.012	-.024	.021	-.174	.220	.161	-.323	
18. 保護者信頼	-.100*	.051	.076**	-.077*	-.260**	-.026	-.120**	-.106**	.019	.010	.059	-.336	.445**	-.336	.445*	-.160	.140

Note. 個人レベル変数間および個人レベルと集団レベルの変数間はN=1,551. 集団レベルの変数間はN=32. **p<.01, *p<.05.

第9章　学校規模など学校の構造が与える影響

波多江俊介

1．問題の所在と本章の目的

（1）学校規模研究の諸課題

　本章は，特に学校規模がもたらす，学校経営への諸影響に関する，学校管理職の認識を明らかにすることを目的とする。日本では，2005年より人口減少社会に突入したとされる（河野，2007）。人口減少が教育に及ぼす問題については，主に「学校統廃合」と「学校・学級の『適正』規模問題」に関するものとして研究が蓄積されてきた（波多江・川上，2013）。後者の学校・学級の適正規模については，「適正」な規模のコンセンサスを得ること（貞広，2012）が今後重要な課題となる。子供の通学の問題や適切な学習環境等，様々な視点による総合的・学際的な研究が求められ，成果の蓄積が期待される（山下，2010；葉養・西村，2009）。

　学校規模や学級規模が子供に与える影響を考察した諸研究では，統計上の統制変数として用いられるに留まらず，様々な学校運営上の諸現象と結びつけた研究がなされてきた（水野ら，2005）。例えば学校規模については，学校規模ごとにもたらされる諸影響を広範に調査・整理し，学校規模の区分に関する考察がなされている（貞広，2000）。他にも，教師ストレスと学校規模との関連が考察されていたり（飛田・高良，1996；斎藤，2000），学校組織におけるリーダーシップの研究でも，学校規模とリーダーシップ効果との関連が検討されたりしている（露口，2008，2012）。「効果のある学校」の研究では，中学校において大規模校は「効果のある学校」になりにくいのに対し，小学校では逆に大規模校の方が「効果のある学校」になりやすいことが示されている（志水，2009）。

　ただしこれら諸研究は，相関分析・回帰分析を用いた考察を行っており，分析を行う上で直線的な影響関係・因果関係を前提としている場合が多い。しか

し，「適正」な学校規模の存在を仮定するのであれば，例えば学校規模の大小と教師ストレス多寡との関係性や，学校規模の大小と教育効果との関係性等は，単純な直線関係で推計できるとは限らない。その点で，今後の実証においてはデータ収集や分析手法に更なる工夫が求められる。

　また，学校経営研究（教育経営研究）は，経営にとってのワン・ベストモデルを志向しがちである。そこでは，学校組織ごとの物的・人的資源の多寡といった所与の条件については十分に考慮されない（川上，2011）。それら諸資源は学校規模によって大きく異なることが考えられるため，学校規模が学校経営上にどのような影響をもたらすかについて考察する必要がある。上記課題を踏まえ，本章では「学校規模が学校運営諸現象にどのような影響をもたらすか」について，特に学校管理職の認識に焦点を当てて考察していく。

2．調査デザイン

（1）調査対象と手続き

　調査対象は，A市内の特別支援学校を除く公立小学校の管理職である。2013年6月に電子媒体で質問票を作成・送付し，回収・分析を行った。配布は，A市内の公立全小学校131校の管理職（校長・副校長・教頭）260名に対して行った。回収票数および回収率は表9-1のとおりである[1]。

　今次の分析では，小学校管理職の回答分を分析に用い，学校規模が学校経営諸現象にもたらす課題を析出する。

（2）調査データ

　調査項目は，調査プロジェクトチームのメンバーと，A市教育委員会企画課職員とで協議を行い設定した。学校の学級数や1学級の児童生徒数等の基本情報に加え，小規模・大規模により生じると予想される課題についてリッカート

表9-1　回収結果一覧

回収結果	回収票数	回収率
小学校管理職	237／260	91.2 %

スケールで尋ねた（「4：その通りだと思う」～「1：思わない」の4段階）。回答の方法は，小規模校や大規模校に勤務経験があれば回答を求めるという回想的回答形式を採っている。

　一般的な項目を列挙して，現任校の学校規模ごとに整理する方法も検討したものの，回答者が規模によりもたらされる課題を認知・経験していなければ析出は困難と考え，限界を承知しつつも今次の方法を採用した[2]。

3．分　　析

（1）小規模校における学校経営上の課題

　小規模校・大規模校における教育課程編成上の課題を整理するため，探索的因子分析を行う。小規模校の課題に関する22項目について因子分析を行った。固有値の変化（5.24,2.16,1.66,1.41,1.15,1.05……）と因子の解釈可能性を考慮し，5因子構造が妥当であると考えた。そこで再度5因子を仮定して主因子法・Promax回転による因子分析を行った。その結果，十分な因子負荷量を示さなかった2項目を除外し，残りの20項目に対して再度主因子法・Promax回転による因子分析を行った（表9-2）。

　第1因子は，不審者侵入等の緊急時対応の難しさや，分掌負担，担任配置等に関する課題群から構成されており，これを「人的資源の不足に関する課題（α係数=.79）」と命名する。第2因子は，個人判断での指導への陥りやすさや，技術向上機会の少なさ等，教員が足並みをそろえることの難しさに関する課題群から構成されており，これを「個業化に関する課題（α係数=.76）」と命名する。第3因子は，合唱や運動会，体育の授業での集団編成に関する課題群で構成されており，これを「活動グループ編成に関する課題（α係数=.69）」と命名する。第4因子は，児童が集団の中での切磋琢磨していくことの難しさに関する課題群で構成されており，これを「児童集団に関する課題（α係数=.71）」と命名する。第5因子は，児童の把握のしやすさや，協力的な雰囲気等のポジティブな側面に関する項目群で構成されており，これを「小規模校に関するメリット（α係数=.64）」と命名する[3]。学校規模が小さいために協力する雰囲気が醸成されやすい一方で，そういった雰囲気が醸成されずに教員の足並みが

146 第9章 学校規模など学校の構造が与える影響

表9-2 小規模小学校における課題の因子分析結果

項　目	1	2	3	4	5	h^2	MD	SD
不審者の侵入時や災害等の緊急時に他の教員の支援を受けにくく，児童の安全を確保しにくいと感じる。	.794	.060	-.190	-.074	.070	.513	2.59	.80
標準規模（12〜24学級）校に比べ教員一人あたりの校務分掌上の負担が大きくなると感じる。	.589	-.181	-.099	.109	.100	.280	3.50	.62
学級担任の配属や校内人事が難しいと感じる。	.562	-.001	-.042	.011	-.118	.353	2.83	.86
修学旅行や自然教室など，学年行事の実施にあたって教員の調整などがしにくいと感じる。	.554	.034	.115	-.079	-.091	.377	2.60	.92
指導に当たる教員が少ないため，クラブ活動等で児童の多様な要望に応えることが難しいと感じる。	.506	-.065	.134	-.009	.093	.365	3.09	.74
教育活動および学校の管理・運営にかかる費用は規模にかかわらず一定額を要するため，効率が悪いと感じる。	.497	.049	.114	.027	-.035	.365	2.58	.85
校務分掌，研修会や行事などで，教育効果を十分にあげ得る教員組織を編成することが難しいと感じる。	.414	.144	.053	.238	-.114	.540	2.45	.85
新任教員や経験が浅い教員の場合，個人の判断や裁量に基づく教育や指導に陥る傾向があると感じる。	-.043	.871	.053	-.122	.101	.596	2.59	.70
教員が個人の判断や裁量に基づく指導に陥りやすいと感じる。	-.034	.824	-.063	.089	.082	.689	2.50	.71
教員の協働による活動の機会が少なく，教育技術の向上や改善が難しいと感じる。	-.081	.613	.034	.058	-.151	.452	2.01	.72
日常的な相談や児童についての情報交換ができる教員が校内にいないと感じる。	.248	.383	.012	-.076	-.092	.301	1.82	.72
合唱・合奏など，集団で取り組む学習などでは，グループ編成がしにくいと感じる。	-.124	-.007	.847	.020	-.137	.665	2.67	.71
体育の授業では，チーム編成などが難しく，活動がしにくいと感じる。	.043	-.060	.670	.076	.193	.541	2.58	.73
運動会など，学年ごとの演技や種目の実施などでは，児童の発達の段階に応じた活動をしにくいと感じる。	.088	.269	.454	-.007	.052	.369	2.31	.74
児童が集団の中で多様な考え方に触れ，学びあう中で培われる様々な能力が形成されにくく，集団としての活力の低下を生じやすいと感じる。	.017	-.034	.082	.714	.039	.542	2.60	.73
集団における個々の児童の役割や位置づけが固定化しがちで，社会性が育ちにくいと感じる。	-.015	-.019	-.005	.676	-.103	.452	2.80	.72
児童がお互いに刺激しあって学習意欲を高め，学力を向上させることが期待しにくいと感じる。	.028	.004	.024	.575	.094	.359	2.46	.75
管理職を含めて，全教員が全ての児童を知っているため，生徒指導面の共通理解がしやすいと感じる。	.087	-.031	.126	-.037	.737	.556	3.59	.58
担任の考えや個性を出せる学級経営がしやすいと感じる。	-.085	.185	-.213	.157	.637	.432	2.89	.75
教員がお互いに協力的で，教員全体の同僚性や協働性が生まれやすいと感じる。	.010	-.130	.116	-.117	.515	.361	3.34	.67

Note. N：149，因子分析は主因子法・プロマックス回転による。因子間相関係数は，Ⅰ-Ⅱ：.51，Ⅰ-Ⅲ：.41，Ⅰ-Ⅳ：.54，Ⅰ-Ⅴ：-.25，Ⅱ-Ⅲ：.16，Ⅱ-Ⅴ：-.30，Ⅲ-Ⅳ：.36，Ⅲ-Ⅴ：.01，Ⅳ-Ⅴ：-.10。「管理職からの指導や点検的な働きかけが多いように感じる（$MD=2.30$，$SD=.79$）」・「教員と児童との関わりが過剰になるため，児童の自主性の発達が阻害されやすくなると感じる。（$MD=1.96$, $SD=.74$）」の2項目は，因子負荷量が「.35」を下回っており，因子解釈可能性を考慮して除外した。

そろわなくとも学校は回る。この両義的な要素（協力と個業）が同時に組織に内在していることは，学校の組織特性であるとされる（佐古，1990，2006）。

（2）大規模校における学校経営上の課題

　大規模校の課題に関する24項目について因子分析を行った。固有値の変化（7.71,1.89,1.40,1.09……）と因子の解釈可能性を考慮し，3因子構造が妥当であると考えた。そこで再度3因子を仮定して主因子法・Promax 回転による因子分析を行った。その結果，十分な因子負荷量を示さなかった5項目を除外し，残りの19項目に対して再度主因子法・Promax 回転による因子分析を行った（表9-3）。

　第1因子は，他学年児童の把握や共通理解や関わりの不十分さ等，教員間の連携の難しさに関する課題群から構成されており，これを「教員間連携に関する課題（α係数＝.74）」と命名する。第2因子は，児童の学校や学級に対する所属感・連帯感の希薄化等，児童に関する課題群から構成されており，これを「児童集団に関する課題（α係数＝.81）」と命名する。第3因子は，教員が個人の裁量で判断をしたり，指導の偏りを生じさせたりする等，教員の個業化に関する課題群から構成されており，これを「教員個業化に関する課題（α係数＝.79)」と命名する。

（3）学校規模が教育課程編成に与える影響

　本章で使用しているデータは，回答を回想的に求める方法を採用し，取得されたものである。すなわち，小規模校や大規模校にこれまで勤務経験のある管理職にのみ回答を求めたものである。この方法のメリットとしては，小規模校や大規模校での勤務経験者が回答するため，規模の与える影響の実態を把握した上での回答が得られる点である。また，一定のサンプルサイズが確保できる点も利点である。

　上記方法を採用した事情により，現任校が小規模校であれば，小規模校の課題を強く感じる傾向にあると推定される。また，現任校が大規模校であれば，大規模校の課題を強く感じる傾向にあると推定される。ゆえに次のような仮説が生じる。「a：現在勤務している学校の規模が小さいほど，小規模校のメリッ

148　第9章　学校規模など学校の構造が与える影響

表9-3　大規模小学校における課題の因子分析結果

項　目	1	2	3	h^2	MD	SD
他学年の児童の性格や行動を把握することが難しいと感じる。	.799	-.171	-.031	.498	3.16	.73
生徒指導では，共通理解に立った適切な指導や対応を欠くおそれがあると感じる。	.713	-.001	.099	.602	2.53	.73
学年間の教員相互間の連絡，連携が不十分になりがちだと感じる。	.712	-.181	.123	.494	2.63	.79
管理職と個々の教員との関わりが浅くなりがちで，相互の理解が不十分となる傾向が強いと感じる。	.562	.134	-.004	.413	2.55	.69
運動場，体育館の共用や特別教室利用の競合等が生じ，日常の教育活動に支障をきたしやすいと感じる。	.535	-.011	-.142	.212	3.31	.70
教育活動の質を高めるための教職員の協力体制や風土づくりが難しいと感じる。	.461	-.052	.317	.445	2.43	.64
学級担任によって教科の指導内容や進度が異なることが多いと感じる。	.424	.098	.181	.378	2.62	.63
教員がお互いに協力的で，教員全体の同僚性や協働性が生まれやすいと感じる。	-.364	-.011	.157	.092	2.29	.61
児童の学年に対する所属感・連帯感が希薄になり，自主的・実践的な集団活動を学年レベルで展開することが難しくなりがちであると感じる。	-.041	.866	-.028	.689	1.98	.64
児童の学校に対する所属感・連帯感が希薄になり，自主的・実践的な集団活動を学校全体で展開することが難しくなりがちであると感じる。	.172	.756	-.108	.639	2.17	.67
児童の学級集団に対する所属感・連帯感が希薄になりがちであると感じる。	-.326	.657	.200	.418	1.81	.57
学校全体で教育目標の共通理解が不十分になり，一貫性のある教育活動を推進しにくいと感じる。	.385	.467	-.018	.542	2.27	.71
学級を超えた同学年および学校全体としての，児童同士の良好な人間関係が生まれにくいと感じる。	.408	.430	-.050	.494	2.39	.69
日常的な相談や児童についての情報交換ができる教員が学校内にいないと感じる。	-.092	.409	.167	.222	1.89	.57
教員が個人の判断や裁量に基づく指導に陥りやすいと感じる。	-.210	.088	.808	.563	2.24	.61
新任教員や経験の浅い教員の場合には，個人の判断や裁量に基づく教育，指導に陥る傾向が大きいと感じる。	-.139	.057	.756	.509	2.10	.62
校務分掌，研修会や行事などで，教育効果を十分にあげ得る教員組織を編成することが難しいと感じる。	.085	-.036	.576	.372	2.13	.60
学校運営等の会議において，きめ細かい議論がしにくいため，全体の共通理解を欠き，十分な成果をあげにくいと感じる。	.183	.095	.504	.480	2.31	.64
校長の経営方針や経営ビジョンの共通理解，および，その共有が難しく，時間がかかると感じる。	.335	.014	.372	.409	2.40	.61

Note. N：127，因子分析は主因子法・プロマックス回転による。因子間相関係数は，Ⅰ-Ⅱ：.54，Ⅰ-Ⅲ：.59，Ⅱ-Ⅲ：.56。「教員と児童との関わりが，担任する学級だけにとどまりがちだと感じる。($MD=2.62$，$SD=.74$)」・「不審者の侵入時や災害等の緊急時に他の教員の支援を受けにくく，児童の安全を確保しにくいと感じる。($MD=2.07$，$SD=.75$)」・「標準規模（12〜24学級）校に比べ，教員一人あたりの校務分掌上の負担が小さくなると感じる。($MD=3.25$，$SD=.66$)」・「同学年の教員間で，教育課題や指導効果等について相互の研修や評価がしにくいと感じる。($MD=2.05$，$SD=.52$)」・「教員の協働による活動の機会が少なく，結果として教育技術の向上や改善が難しいと感じる。($MD=2.06$，$SD=.54$)」の5項目は，因子負荷量が「.35」を下回っており，因子解釈可能性を考慮して除外した。

表 9 - 4　学校規模別分類

学校規模	一学校あたりの学級数	N
過小規模校	6学級以下	47
小規模校	7〜11学級	40
標準規模校	12〜24学級	139
大規模校	25学級〜30学級	10
過大規模校	31学級以上	0

トを強く認識する傾向がある」・「b：現在勤務している学校の規模が小さいほ
ど，小規模校のデメリットを強く認識する傾向がある」・「c：現在勤務してい
る学校の規模が大きいほど，大規模校のメリットを強く認識する傾向にある」・
「d：現在勤務している学校の規模が大きいほど，大規模校のデメリットを強
く認識する傾向にある」という四つの仮説である。以下では，これら四つの仮
説を検証することで，学校規模が学校事象に与える影響がどのように認知され
ているかを明らかにすることができる。以下，検証を行っていく。

　質問項目の中で現任校の学校規模について尋ねた項目がある。これをA市の
学校規模区分に従って区分すると表9-4のようになる。これらを説明変数と
する。

　被説明変数として，表9-2・9-3で析出した小規模校・大規模校における
課題について，因子ごとにそれぞれ下位尺度に相当する項目の平均値を算出し
たものを使用する[4]。分析方法は，一元配置の分散分析を採る[5]。

　分析結果は，表9-5・表9-6のとおりである。小規模校の課題に関する「小
規模校に関するメリット」のみ有意な結果が見られた。その他は有意な結果は
得られなかった[6]。

　Bonferroni の下位検定の結果，過小規模校と大規模校の間に有意な差が見
られた。学校規模が小さいほど，生徒指導面での共通理解のしやすさや，教員
間での同僚性や協働性の生じやすさを管理職は感じる傾向にあると解釈できよ
う。ただし，「$\eta_G^2 = 0.055$」という数値を見る限り，効果量（関連の強さを表
す）は大きいとは言えない[7]。

150　第9章　学校規模など学校の構造が与える影響

表9-5　小規模校における学校経営課題の認知

		SS	df	MS	F	p	$\eta_G{}^2$
人的資源の不足に関する課題	学校規模	1.469	3	0.49	1.688	0.172	0.032
	誤差	44.092	152	0.29			
	全体	45.561	155				
教員個業化に関する課題	学校規模	0.809	3	0.27	0.888	0.449	0.017
	誤差	47.635	157	0.303			
	全体	48.444	160				
活動グループ編成に関する課題	学校規模	1.389	3	0.463	1.426	0.237	0.027
	誤差	50.992	157	0.325			
	全体	52.381	160				
児童集団に関する課題	学校規模	1.952	3	0.651	1.877	0.136	0.034
	誤差	54.77	158	0.347			
	全体	56.722	161				
小規模校に関するメリット	学校規模	2.45	3	0.817	3.094	0.029	0.055
	誤差	41.958	159	0.264			
	全体	44.408	162				

表9-6　大規模校における学校経営課題の認知

		SS	df	MS	F	p	$\eta_G{}^2$
教員間連携に関する課題	学校規模	1.315	3	0.438	2.63	0.053	0.058
	誤差	21.164	127	0.167			
	全体	22.479	130				
児童集団に関する課題	学校規模	0.174	3	0.058	0.265	0.851	0.006
	誤差	27.612	126	0.219			
	全体	27.786	129				
教員個業化に関する課題	学校規模	0.177	3	0.059	0.269	0.848	0.006
	誤差	27.684	126	0.22			
	全体	27.861	129				

表9-7　下位検定結果

小規模校に関する	過小規模校	小規模校	標準規模	大規模校
メリット	3.39	3.27	3.21	2.83

4．結果の考察とまとめ

　本章では，「学校規模が学校運営諸現象にもたらす影響」について考察を行った。分析結果の考察を以下では述べる。

　まず，因子分析の結果から，小規模校の課題については5因子，大規模校の課題については3因子が析出された。小規模校の課題について，因子間相関を見ると，「小規模校に関するメリット」は他の因子と負の相関関係を示している。これは先述のとおり，両義的な要素（協力と個業）が同時に学校組織に内在していることを示している。

　大規模校の課題についての因子間相関を見ると，相互に中程度の相関関係が見られた。教員数が相対的に多い大規模校では，教員間の連携が困難であり，それが教員の個業化・児童の所属感の希薄化と関連していることが分かる。

　次に，一元配置の分散分析により，現任校の学校規模が学校事象に与える影響がどのように認知されているかを検証した。分析結果は，小規模校の課題に関する「小規模校に関するメリット」のみ有意な差が結果として見られた。提示した仮説の中で，「a：現在勤務している学校の規模が小さいほど，小規模校のメリットを強く認識する傾向がある」のみが確認されたことになる。その他3つの仮説は確認されなかった。この理由について以下では考察する。

　副校長などの新たな職が学校組織に設置され，組織の階層化が企図されたとはいえ，設置前の学校と比較しても階層の複数化（複層化）による影響はほとんど確認されていない。というのも，管理職の数というのは，小規模校と大規模校を比較しても1・2名程度の差しか数に差がない。新たな職の設置により学校組織を制度上複層化したところで，大幅に管理職者数が増えるわけではないのである。したがって，学校規模が与える影響について管理職自身の認知の違いは大きくないという結果が算出されたものと考察できる。

　なお，唯一「小規模校に関するメリット」について有意な結果が見られたが，これを先の因子分析の結果考察と合わせて考えれば，次のように考察される。学校組織ではその組織特性上，各教員が個業化に陥りやすいものとされている（佐古，1986）。しかし，教員間の連携が困難とされる大規模校と比較して，

152 第9章 学校規模など学校の構造が与える影響

小規模校では教員間で協力する雰囲気が醸成されやすく，管理職と教員間での
コミュニケーションが発生する蓋然性も相対的に高い。その点は，管理職にとっ
て学校経営上負担の少ない部分である。よって，分析結果において，「小規模
校に関するメリット」のみ有意な結果が析出されたものと考えられる。

　本章の結論として，学校管理職の認識はいずれの学校規模であっても負担の
大きな差異は見られないということが言える。ただし，これは負担そのものが
「無い」ことを意味しない。本調査の限界としては，回想的な回答形式にした
点である。また，管理職ではなく教員対象の調査結果を分析することで，実際
の負担感についての課題が見いだせるかもしれない。これを足掛かりとして，
その他の分析につなげたい。

【注釈】

（1）なお，A市立の小学校教員・中学校管理職・中学校教員に対しても同様に調査を実
　　施しているが，教育課程編成に関わる課題であるため，教員調査の結果は分析から
　　除外した。また，A市立中学校は，「大規模校」に区分される学校が存在しないため，
　　中学校管理職も本章の分析では用いていない。小中学校教員の分析に関しては波多
　　江ら（2013）を，中学校管理職の分析に関しては楊（2013）が詳しい。

（2）教員の認識に関して，教員にとって経験は概して肯定的に捉えられる傾向がある（波
　　多江ら，2013）。現に，勤務経験の有無が認識に差を与えることが確認されている（朴，
　　2013）。その点は限界として把握しておかねばならない。

（3）α 係数は 0.7 を切っており低めではあるが，項目数が少ないことを考慮し，そのま
　　ま記載している。

（4）因子ごとの下位尺度得点は以下のとおり。
　　　　小規模校の課題：「人的資源の不足に関する課題」下位尺度得点（$MD = 2.79$，
　　$SD = 0.54$），「小規模校の教員個業化に関する課題」下位尺度得点（$MD = 2.23$，
　　$SD = 0.55$），「活動グループ編成に関する課題」下位尺度得点（$MD = 2.52$, $SD = 0.57$），「小
　　規模校の児童集団に関する課題」下位尺度得点（$MD = 2.61$, $SD = 0.59$），「小規模校に
　　関するメリット」下位尺度得点（$MD = 3.25$, $SD = 0.52$）。
　　　　大規模校の課題：「大規模校の教員間連携に関する課題」下位尺度得点（$MD = 2.68$,
　　$SD = 0.42$），「大規模校の児童集団に関する課題」下位尺度得点（$MD = 2.09$,
　　$SD = 0.46$），「大規模校の教員個業化に関する課題」下位尺度得点（$MD = 2.24$,
　　$SD = 0.46$）。

（5）説明変数と被説明変数の間は直線関係を必ずしも前提とすることができないため，
　　この分析方法を選択した。

（6）大規模校の課題に関する「大規模校の教員間連携に関する課題」は10％水準での有意傾向を示しているが，本章では参照にとどめておきたい。

（7）効果量の大きさの目安は，「$\eta_G{}^2$=.01：小」「$\eta_G{}^2$=.09：中」「$\eta_G{}^2$=.25：大」とされている（平井，2012）。

第 3 部

教師のキャリアをデザインする課題

第10章 初任段階をめぐる課題

露口健司・増田健太郎

1．研究課題

　文部科学省が毎年報告している「公立学校教員採用選考試験の実施状況について」を見ると，平成13（2001）年度以降，教員採用者数は増加傾向にあることが分かる。特に小学校では都市部を中心に大量採用の時期を迎えており，初任者教員の大幅な増加傾向が認められている。その一方で，初任者教員を取り巻く職務環境はここ数年，厳しさを増している。児童生徒の学習規律の低下や校内暴力，保護者による苦情への対応，学力向上等の教育成果の要求，諸会議や事務作業の増加等の実態が，メディア等において頻繁に指摘されている。初任者教員にとっては，教員として職業生活に適合することが一層困難化しつつあるように見える。こうした状況を裏付ける一つのデータが，文部科学省「公立学校教職員の人事行政の状況調査について」である。同調査では，初任者教員の離職者数（不採用・依願退職・死亡・分限免職・懲戒免職を含む）は，平成9（1997）年度の45名から平成24（2012）年度の355名へと約8倍増加している。また，1年目離職率（離職者数／採用者数）は，0.2%から1.2%へと6倍に増加している。離職者数および離職率の増加は，人事管理制度の厳格化によってある程度説明できるであろう。つまり，各都道府県において人事管理制度の厳格化（いわゆる指導力不足教員認定制度の整備等）が進行した平成14（2002）年度ごろから，離職者数および離職率は増加している。人事管理制度の機能化は望ましいことであるが，年間300名近くの初任者教員が離職する状況は，勤務先である各学校，任用者である教育委員会，そして主要養成機関である大学側のいずれにとっても望ましいことではない。

　初任者教員はどのようにして職業生活に適合し，職務満足や充実感を高めていくのか。また，初任者教員がなぜ職業生活に適合できず，心理的ストレスを蓄積し，場合によっては離職行動を選択してしまうのか。後述するように，教

育心理学等の分野では，教員の心理的ストレスを対象とした研究が進展している。しかしながら，養成・採用・研修の3要因が密接にからみあう初任者研修の職務満足や心理的ストレスの形成プロセスについては十分に解明されているとはいえない。そこで，本章では，こうした課題について，「キャリア適合(career fit)」の概念を手かがりとして解明を試みる。

（1）キャリア適合の概念と構造

キャリア適合[1]とは，職業人（個人）による職業生活（職務・職場・職業・職能）への適合状況を示す概念であり，人事心理学（personnel psychology）を中心に発展してきた個人–環境適合理論（person-environment fit theory）を基盤とする概念である。キャリア適合は，さらに以下の4次元に細分化できる。

第一は，職務適合である（person-job fit; PJ適合）。個人にとって興味関心があり，意欲的に取り組みたいと考える職務に労力を投入できた場合，あるいは，個人にとって興味関心がなく，意欲的ではない職務に労力を投入していない場合に，職務適合度は高まると考えられる。逆に，個人にとって興味関心があり意欲的に取り組みたいと考えている職務に労力が投入できていない場合（焦燥感），あるいは，個人にとって興味関心がなく意欲的ではない職務に多くの労力を投入している場合（やりがいなき多忙）に，職務適合は低下すると考えられる（松本・河上，1986；松浦，1997）。特に，職務不適合（意欲的ではない職務への過剰な労力の投入）は，バーンアウトにつながる傾向が強い（岡東・鈴木，1997）。

第二は，職場適合（person-organization fit；PO適合）である。個人が理想と考える職場（組織）に関する価値観が，職場での現実認知と一致する場合に，職場適合度は高まると考えられる。例えば，組織文化（Bretz & Judge, 1994; Cable & Judge, 1996; Chattman, 1991; Judge & Cable, 1997; Meglino et al., 1989; O'Reilly, Chattman & Caldwell, 1991; Saks & Ashforth, 1997; 露口，2004），管理職・同僚との関係（中川ら，2000; 露口，2004; Van Vianen, 2000；Vancouver & Schmitt, 1991; 山内・小林，2000），保護者との関係（照井・増田，1999）などの組織的要因が，職場適合の対象に含まれる。

158　第10章　初任段階をめぐる課題

　第三は，職業適合（person-vocation fit；PV適合）である。個人はその職業を長期的に継続する上での職業についての価値観を有している。例えば，専門家志向の個人にとって，その価値の達成が期待できる状況は，職業適合度が高い状況であるといえる。しかし，その個人に管理職を志向するようにとの強い要請がある場合，あるいは私生活（家庭生活）の事情で専門家志向が追求できない状況では，職業不適合が高まる。志望動機（兵藤，1992），職種変更（益田，2002），ワーク・ファミリー・バランス（Cinamon & Rich, 2005；金井，2000）などの職業的要因が，職業適合の対象に含まれる。

　第四は，職能適合（person-competence fit；PC適合）である。個人には職責を遂行するための能力（職能）が要求される。教員の場合であれば，学力・学習意欲を高める能力，規範意識を高める能力，体力を高める能力等，多様な職能が求められる。これらの職能がうまく行使できたと認知する場合，個人の職能適合度は高まる。いわゆる学級崩壊現象等により，自らの学級経営についての能力が理想から大きく乖離している（指導力が低い）と認知する場合，個人の職能適合度は低下し，職能不適合度が高まる（伊藤，2000）。

（2）キャリア適合の効果

　キャリア適合の効果として，本研究において着目するのは心理的ストレス反応の抑制である。教員を対象としたストレス研究の蓄積は豊富であり，多様な決定要因の影響が確認されている（田上ら，2004）。教員のストレス研究をレビューした田上ら（2004）では，職業としての特殊性，個人的要因，外的要因の視点から研究動向を整理している。職業としての特殊性とは，教職が独自に持っている特殊性や学校と社会環境・地域風土の関係に関わる要因である。個人的要因とは，性別，教職経験年数，専門教科，職種・職位，性格特性，ビリーフ等の教員個人に関わる要因である。外的要因とは，やりがいなき多忙，成果のフィードバック，同僚との人間関係，児童生徒および保護者との関係，学校種，進学校－困難校，学校経営・方針等の環境的要因を示す。

　個人的要因と環境的要因との適合／不適合に着目した個人－環境適合論を用いたストレス研究は豊富に蓄積されている（例えば，島津，2003など）。しかしながら，それを教員ストレス研究に応用した研究はわずかである（高木ら，

2006；露口，2004）。高木ら（2006）では，職務不適合（職務葛藤）が，肯定的な職場環境認知および授業・学級経営職務認知を媒介して，バーンアウトと行動的ストレス反応を抑制することを明らかにしている。ただし，高木ら（2006）では，職務適合／不適合の直接効果の検証を意図していない点，また，キャリア適合における職務適合／不適合のみを対象としている点において，本研究とは目的が異なる。一方，露口（2004）では，小学校教員の職場適合が，教員の組織コミットメントを促進するとともに，ストレス傾向を抑制することを明らかにしている。また，職場不適応の方が，校長との価値観の不適合よりも，ストレス傾向をよりよく説明することも明らかにされている。個人－環境適合理論を援用した教員ストレス研究は近年着手されたばかりであり，今後の蓄積が俟たれる領域である。

　ところで，本研究では，心理的ストレス反応をキャリア適合の従属変数として設定するが，こうしたモデル設定は一般的なものだろうか。米国をはじめとする諸外国の先行研究を見てみると，個人－環境適合理論を用いた研究では，心理的／行動的ストレス反応ではなく，離職傾向や離職行動が従属変数として設定されることが多い（例えば，Cable & Judge, 1996; Chattman 1991; O'Reilly et al., 1991; Saks & Ashforth, 1997）。この点については，以下の2つの理由が考えられる。

　第一は，個人－環境適合理論が，米国という雇用流動性が高い国家において発展してきたことによる。米国の場合，教職の世界でも，新任教員の14％が離職している。なお，採用後5年以内の離職率は30％である（Young, 2007）。この点，日本における教職の固定的・安定的雇用形態とは異なっている。教職の雇用流動性が高い米国では，「いかにしてストレスを抑制するか」ではなく，「いかにして離職行動を抑制するか」に置かれている。重要関心事は離職行動であり，ストレス反応は，離職行動の一つの文脈変数に過ぎないのである。

　第二は，個人－環境適合理論が，人事心理学・組織心理学・経営学等の経営現象を対象とする分野で発展してきたことと関わっている。経営者・管理者（および研究者）にとっての関心は，従業員のストレス反応よりも，従業員の離職選択にあり，離職選択を予防する効果を持つ組織コミットメント（Cable &

Judge, 1996; Meglino et al., 1989; O'Reilly et al., 1991）や職務満足（Bretz & Judge, 1994; Chattman et al., 1991; Meglino et al., 1989; O'Reilly et al., 1991; Saks & Ashforth, 1997）などの従業員のモチベーション要因にある。組織コミットメント[2]とは，組織に対する愛着や一体感を示す概念であり，上記の先行研究では，離職意思や離職行動を抑制する効果が検証されている。こうした分析モデルでは，個人－環境適合の効果を，「離脱－定着」決定の視点で捉えている。PO適合と組織コミットメントの相関関係についてのメタ分析では，$r=.27$（$p<.01$）の結果が得られている（Verquer et al., 2002）。一方，職務満足[3]とは，職務に対するやりがいや充足感を示す概念であり，個人－環境適合の効果を「健康－不健康（健全－不健全）」決定の視点で捉えている。PO適合と職務満足の相関関係についてのメタ分析では，$r=.25$（$p<.01$）の結果が得られている（Verquer et al., 2002）。

　本研究では，教員の心理的ストレス反応と共に，離職意思や離職行動に影響を及ぼすモチベーション要因のうち，「職務満足」に焦点を当てる。「組織コミットメント」については，すでに露口（2004）において検討を行っている。初任者教員を対象とする職務満足研究は，蓄積も乏しい。Stockard & Lehman（2004）は，このテーマの研究は自らの研究のみであることを指摘している。Stockard & Lehman（2004）は，初任者教員の職務満足の決定要因を，全米調査を通して明らかにしている。職務満足の決定要因として，①秩序があり安全な学校であること，②職務環境を自らがコントロールできる期待感がある，③同僚が日常的に支援してくれる環境がある，④希望する学年への配属，⑤効果的な校長および学校経営等，が指摘されている。我が国では，初任者教員の職務満足研究は，管見の限り皆無であり，この点においても，本研究の意義が認められる。

（3）キャリア適合の規定要因

　個人－環境適合理論では，特に職場適合を対象とした規定要因の検討が行われている。先行研究は主として以下の3点に整理することができる。

　第一は，組織への応募・選抜過程に着目した研究である。例えば，入社後のPO適合に影響を及ぼす要因として，候補者の組織に対する志望の強さ

（Chattman et al., 1991），候補者の性格特性（Judge & Cable, 1997; Saks & Ashforth, 1997），選抜段階での面接者との価値観の適合（Adkins et al., 1994; Kristof-Brown, 2000）等が報告されている。

　米国では公立学校の45.9%が各学校において直接的に教員の選抜を行っている（Liu & Johnson, 2006）。各学校において教員選抜を実施する場合，学校と教員候補者の双方が職務や職場（組織）との適合に関心を持つ。各学校は現実的な職務プレビュー（realistic job previews; RJPs）[4]の観点から，従来の管理職等による面接だけでなく，就任前に情報を提供して職務や組織の状況を理解させたり，実習経験や指導補助の経験を当該校において積ませることで，PO適合を向上させる戦略を採用している。Liu & Johnson（2006）は，選抜・採用過程において，より豊富な情報が提供された場合，そうでない場合よりも，初任者教員は職務・職場に適合しやすくなることを指摘している。こうした指摘を踏まえると，わが国の場合は，臨時採用経験や学校ボランティア経験等，採用前段階の学校関与経験が，初任者教員のキャリア適合（特にPJ適合とPO適合）を促進するものと仮定できる。

　第二は，個人的価値観や組織的価値観を，PO適合の説明要因として設定する研究である。例えば，露口（2004）では，PO適合の決定要因として，教員の個人的価値観と組織的価値観（創造性・職務環境性・自律性・同僚性・規律性）の他に，組織の階層性，教員による人事配置への関与度，校長の変革型リーダーシップ，校長の公正型リーダーシップを設定した分析を実施している。露口（2004）の分析では，PO適合の決定要因について，次のような結果が得られている。すなわち，PO適合が高まるのは「人間関係を大切にする規律正しい教員が，協働体制による学校改善を志向する，校務分掌がすっきりと整理された学校で，信頼や公正を重視する校長の下で働く」場合である。一方，PO適合が低下するのは，「働きやすさを求める教員を，規律性が要求される学校で働く」場合である。

　本研究において提案するキャリア適合論では，PO適合だけでなく，PJ適合・PV適合・PC適合の各適合次元が包括される。したがって，露口（2004）において活用されている個人的・組織的価値観の適合をやや拡大化した「個人的選好（個人）と現実認知（環境）との適合」が分析対象となる。

162　第 10 章　初任段階をめぐる課題

　第三は，組織における相互作用経験や社会化，ソーシャルサポートの効果に着目した研究である。この視点は，上記の現実認知（環境）の一部分を構成する。例えば，Chattman（1991）は，①入社 1 年目に同僚とのより多くの社会的相互作用を経験した者，また，②入社 1 年目にメンターとより多くの相互作用を経験した者は，入社 1 年後のPO適合にポジティブな影響を及ぼすことを明らかにしている。さらに，③入社 1 年目に，より多くの公式的研修を受けたとしても，入社 1 年後のPO適合に対して影響を及ぼさないことも明らかにされている。一方，Tillman（2005）は，初任者教員の指導における校長役割の重要性を指摘している。校長に期待される役割として，孤立感の縮減，メンタリングと同僚関係の促進，授業実践への指導を通しての潜在能力の最大化，専門的職能成長の機会提供，相談しやすい雰囲気作り，評価プロセスの説明の 6 点を指摘している。露口（2004）では，初任者教員を対象とした調査ではないが，校長の公正型リーダーシップによるPO適合の効果が検証されている。これは，校長が組織内の人間関係・信頼関係の形成，配慮や課業分配の公正性等の安定・均衡を志向した次元から構成されるリーダー行動を採る場合に，教員のPO適合が促進されることを示している。

　このように，PO適合を対象とした先行研究では，援助者が同僚と上司に限定されている。しかし，教員ストレス（およびバーンアウト）を対象としたソーシャルサポート研究を見ると，現任校の同僚教員や校長といった組織メンバーによる情緒的・道具的ソーシャルサポートの他にも，現任校以外の教員による情緒的・道具的ソーシャルサポートの効果が認められている（諏訪，2004）。一方，初任者教員の場合は，諏訪（2004）で設定されている援助者に加え，校内指導教員や拠点校指導教員等のいわゆるメンターとしての役割を果たすアクターが加わることとなる。これらメンター的支援提供者による初任者教員のキャリア適合に対する効果については十分に検討されているとはいえない。

（4）分析モデルと仮説

　以上の先行研究の整理・検討を踏まえて，本研究の分析モデルと研究仮説を提示しておく。本研究の分析モデル設計の視座は以下の 4 点である。

　第一は，職業人の職業生活への適合状況をキャリア適合の概念によって説明

図10-1　分析モデル

しようとする点である。キャリア適合は，職務（PJ）適合・職場（PO）適合・職業（PV）適合・職能（PC）適合の4次元から構成される概念であった。

　第二は，学校組織における職業人の中でも，特に初任者教員のキャリア適合を対象としている点である。大量採用時代を迎え，また，初任者による学校への不適合が問題視されている今日，初任者教員のキャリア適合に焦点をあてることの意義は大きい。また，初任者教員の離職率が桁違いである米国等の諸外国に対して，本研究は一定の示唆を与える可能性を有している。

　第三は，キャリア適合の成果指標として，心理的ストレス反応と職務満足を設定する点である。本研究では，初任者教員の職業生活への適合が心理的ストレス反応の抑制効果を持ち，また，職務満足の促進効果を有するという基本的仮説を設定する。

　第四は，キャリア適合の規定要因として，初任者教員の職業生活への適合過程である。①採用以前の教員養成課程での体験，②採用当初の個人的選好，③採用1年後の職務内容・組織文化・職業達成・職能成長の現実認知に着目する点である。教員養成課程でのどのような経験あるいは採用前後の個人的選好がキャリア適合を促進するのか。この点を解明することで，大学・教育委員会・学校関係者（校内指導教員・拠点校指導教員・学校管理職など）に対する実践的示唆を提供することができる。

　図10-1は，2つの分析ユニットによって構成されている。

　第一の分析ユニットは，キャリア適合による成果指標（心理的ストレス反応・職務満足）に対する直接効果分析である。この分析ユニットについては，属性要因をコントロールした階層的重回帰分析を使用する。コントロールの対象と

する属性とは，学校段階，講師経験の有無，社会人経験の有無，性別，年齢である。本分析ユニットに係る具体的な研究仮説は以下のとおりである。

　仮説 1 ：初任者教員のキャリア適合要因は，属性要因をコントロールしてもなお，心理的ストレス反応に対する抑制効果を持つであろう。

　仮説 2 ：初任者教員のキャリア適合要因は，属性要因をコントロールしてもなお，職務満足に対する促進効果を持つであろう。

　第二の分析ユニットは，キャリア適合要因の規定要因の探索分析である。キャリア適合要因の 4 次元を従属変数，先行要因を独立変数とする階層的重回帰分析を実施する。第一の分析ユニットと同様，属性変数をコントロールする。第二の分析ユニットは，探索分析であるため，具体的な研究仮説は設定しない。

2．調査方法

　本研究の調査対象者は，A県の公立学校に勤務する初任者教員460名である。調査は平成18（2006）年 2 月に実施された。質問紙調査は，A県内の教育センターおよび教育事務所の協力を得て実施された。教育センター（ 3 施設）では，研究者チームがセンターを訪問し，初任者研修会終了後に質問紙の配布回収を行った。教育事務所（ 2 施設）では，初任者研修担当者に調査を依頼し，質問紙の配布回収作業を行った。なお，回答者のプライバシー保護のため，回答後は封筒に入れて回収した。有効回収票は393票であり，有効回収率は85.4%であった。なお，データ分析においては，小・中学校の教諭のデータに限定し，327名分を使用した。

　回答者の属性は以下のとおりである。学校段階は，小学校236名（72.2%）・中学校91名（27.8%）。性別は，男性124名（38.6%）・女性197名（61.4%）。臨時的任用経験は，経験有り210名（65.6%）・経験無し110名（34.4%）。経験有りのうち，平均経験年数は小学校3.0年・中学校3.7年である。社会人経験は，経験有り85名（26.2%）・経験無し239名（73.8%）。年齢は，25歳以下115名（35.7%）・26-29歳118名（36.6%）・30-39歳89名（27.6%）である。

3．キャリア適合尺度の開発

キャリア適合という新たな概念を分析モデルの中枢に据える本研究は，その独創性はもちろん，教員養成課程や学校組織での実践に対して有用性の高い示唆を提供する可能性を有している。しかしながら，本研究の独創性の一方で，キャリア適合をはじめとする諸々の概念を測定するための尺度が十分に開発されていないという問題を有している。そこで，本研究では，以下に示すように，キャリア適合尺度の開発を試み，その妥当性・信頼性・適切性を検討する。

（1）適合度の測定方法

個人－環境適合理論における「適合（fit）」の測定方法としては，次の5パターンがある。

第一は，直接測定法である。これは，個人的特性（X）と環境的特性（Y）の一致度を個人が直接評価する方法である。直接測定法とは，主観的測定法とも呼ばれる。直接測定法では，例えば，「私の価値観は，この組織の価値観と一致している」などの測定項目が設定される。Piasentin & Chapman（2006）によるPO適合研究を対象としたレビューでは，主観的適合を測定した46の先行研究において，測定項目の平均が3.84個である点が指摘されている。つまり，主観的適合測定の方法を用いることで，適合状況の測定を容易に行うことができる。しかし，測定が容易である反面，個人や組織の特性についての情報，何についての適合を回答者が評価したのかについての情報がほとんど提供されないという問題を併せ持っている（Piasentin & Chapman, 2006）。

第二は，差異スコア法である。これは，個人的特性（X）と環境的特性（Y）の差異スコアを算出する測定方法である。差異の処理には，単純な差異（X－Y），差の絶対値（|X－Y|），差の二乗値（(X－Y) 2）などの方法がある。差異スコア法は，直接測定法の問題を克服するより妥当な方法に見えるが，先行研究ではほとんど使用されていない。その理由は次の2点である。一つは，差異スコアの算出にリッカートスケールを用いる場合，X－Yの意味が曖昧・不明となる点である。例えば，PO適合の測定において「とてもあてはまる（4

点）」「ややあてはまる（３点）」「あまりあてはまらない（２点）」「全くあては
まらない（１点）」の４件法尺度を使用し，個人（４点）・組織（２点）を回答
者が選択したとする。この場合，個人と組織の差異である２点は何を意味する
のであろうか。また，個人（３点）と組織（１点）の差異も２点であるが，こ
れは先述の２点差と同等の意味を有するのであろうか。もう一つは，差の絶対
値（|X－Y|）や差の二乗値（(X－Y) 2 ）を使用する場合において，X＞０
の意味と，X＜０の意味が同質に扱われてしまうという問題である。個人（４
点）・組織（１点）の事象が，個人（１点）・組織（４点）の事象と同質のもの
として説明されてしまうのである。

　第三は，交互作用法である。これは，個人的特性（X）と環境的特性（Y）
の交互作用(X＊Y)を適合指標とみなす方法である。この方法を用いることで，
属性要因はもちろん，個人的特性と環境的特性固有の影響をコントロールした
上での，従属変数に対する適合度の効果を検証することができる（Kristof,
1996）。しかし，個人的特性と環境的特性の交互作用と，双方の適合性とを同
一の意味で捉えることに対しては，少なからず疑問が残る。また，適合度をリッ
カートスケールで測定する場合には，以下の疑問が残る。すなわち，個人的特
性と環境的特性が共に高い場合（４点×４点）に適合度も高いということは理
解できる。しかし，個人的特性と環境的特性が共に低い場合（１点×１点）も，
実は適合度が高い状況を意味する。個人的特性と環境的特性の積によって得ら
れる得点は，高い場合と低い場合に，適合度が高い状況を説明する曲線U字分
布をとる。したがって，この方法は曲線回帰モデルには合うかもしれないが，
直線回帰モデルには適しないと考えられる。

　第四は，三層立体構造法である。これは，個人的特性（X），環境的特性（Y），
成果指標（Z）の三層立体構造において適合度を視覚的に測定する方法である
（Van Vianen, 2000）。この方法は，平滑化等の技法を加えることで，個人的特
性・環境的特性・適合度と成果指標との関係が視覚的に理解できる（例えば，
露口（2012）で活用されている）。また，差異スコア法で問題となった正負の
情報の読み取りも可能である。しかし，この方法では，属性変数や他の変数を
コントロールすることができず，従属変数に対する全体的な影響力の説明には
不向きである。三層立体構造法は，これを単独で使用するのではなく，特徴的

な分析結果に対する補足説明の方法として用いることで，効果を発揮すると考えられる。

第五は，順位相関スコア法である。これは，個人的特性（X）と環境的特性（Y）との順位相関スコアによって双方の適合度を算出する方法である。組織文化の多様な構成要素を並べたプロフィールを，個人と組織の選好の観点から評価する。多くのPO適合研究がこの方法を採用しており浸透度は高い（例えば，O'Reilly et al., 1991など）。わが国でも，角山ら（2001）や露口（2004，2012）がこの方法を使用している。順位相関スコア法の問題としては，個人‐組織間の正負の情報を捨ててしまう点が指摘されている（Kristof, 1996）。

以上，適合度の測定方法についての5つの方法を検討したが，全ての適合度の測定方法は，何らかの問題的要素を含んでいる（Meglino & Ravlin, 1998）。それぞれの方法に有効性と限界性があるため，現時点では，研究の目的や条件に応じて，最適の方法を選択することとなる。なお，本研究では，順位相関スコア法を採用するが，その理由は次の3点である。

第一は，順位相関スコア法が，属性要因・個人的要因をコントロールする分析モデルと相性が良い点である。キャリア適合による心的ストレス反応および職務満足への効果を検証する上で，ほとんどの先行研究が行っている，属性要因・個人的要因をコントロールしたモデルを設定する。したがって，これらの要因のコントロールが困難な三層立体構造法は，適合度測定の主たる方法としては選択できない。

第二は，本研究では適合を，先述したように，優先順位の一致として捉えており，各次元における個人的選好と現実認知の差異によって説明する立場をとらない。したがって，選好の優先順位を対象としない直接測定法・差異スコア法・交互作用法は，適合度測定の主たる方法として選択できない。

第三は，我が国におけるPO適合研究との一貫性である。教員を対象としたPO適合研究としては，露口（2004）があるが，そこでも順位相関スコア法が採用されている。先行研究と同様の測定方法を使用することで，能率的に研究知を蓄積したい。

168　第10章　初任段階をめぐる課題

（2）キャリア適合次元の尺度開発

　先述したように，教員のキャリア適合は，職務（PJ）適合・職場（PO）適合・職業（PV）適合・職能（PC）適合の4次元がある。先行研究では，人事心理学の分野を中心に，各次元毎に尺度開発が進められている。ただし，学校組織・教員を対象とした尺度については，尺度開発があまり進んでいない。そこで，以下，わずかな先行研究を手がかりとしつつ，キャリア適合を測定する尺度の開発を試みる。

　職務（PJ）適合：岡東・鈴木（1997）の職務内容次元尺度14項目を参考として，表10-1（a）の職務適合尺度20項目を作成した。尺度開発においては，2名の現職公立小学校教員の協力を得た（以下，同様）。職務内容20項目について，本年度の4月時点において積極的に取り組みたいと考えていたか（個人的選好），実際にどの程度労力を投入したか（職務実態）の2つの観点からの測定を実施した。尺度は"全くあてはまらない（1）"〜"ひじょうにあてはまる（7）"までの7件法である。各測定項目の記述統計等の詳細については，露口（2008a）に掲示されている（以下，同様）。

　職場（PO）適合：露口（2004）の組織文化尺度18項目を参考として，表10-1（a）に示す27項目を作成した。露口（2004）では，創造性・職務環境性・自律性・同僚性・規律性の5次元から組織文化を説明するモデルが提示されている。本研究では，これに保護者との信頼関係の状況を示す次元を加えた6次元を想定し，測定項目を作成した。職場の組織文化27項目について，年度はじめの4月時点での理想の職場像（個人的選好），約1年後の職場実態（現実認知）の2つの観点からの測定を実施した。尺度は，"全くあてはまらない（1）"〜"ひじょうにあてはまる（7）"までの7件法である。

　職業（PV）適合：益田（2002）のキャリア志向尺度18項目を参考として，表10-1（b）に示す職業適合尺度15項目を作成した。今後の教職志向性に関わる20項目について，年度はじめの4月においてのこれからの教職生活としての望ましさ（個人的選好），約1年間が経過した時点での実現状況（職業達成）の2つの観点から測定を実施した。尺度は，"全くあてはまらない（1）"〜"ひじょうにあてはまる（7）"までの7件法である。

　職能（PC）適合：教師の職能成長は，児童生徒の達成度によって説明され

3. キャリア適合尺度の開発　　169

表10-1　各キャリア適合次元の測定項目（a）

職務（PJ）適合	職場（PO）適合
PJ-1：指導的職務	PO-1：創造性
・学級経営	・教師が研修に意欲的であり，自発的に自らの力量を高めようとし
・授業実践	ている。
・生徒指導	・教師が教育の専門家としての強い使命感をもっている。
・教材研究	・授業実践を公開し，教師がお互いに建設的な意見を出し合っている。
・保護者との信頼づくり	・教師が安定志向ではなく新しい実践を創り出すための挑戦や変化
・公開授業	を好む。
・学校行事	・教師が教育目標を理解し，目標達成に向けて努力している。
・道徳教育	・教師間に実践を高めようとする競争的な雰囲気がある。
PJ-2：経営的職務	PO-2：職務環境性
・職員会議	・教材研究のための時間が確保されている。
・事務活動	・学校での仕事が教師の私生活を圧迫しない。
・校務分掌	・教師の家庭や私生活に対する配慮がある。
・学年会	・教師の労働者としての権利が尊重されている。
・総合的な学習の時間	・会議が効率的に行われている。
・校内研修	PO-3：自律性
PJ-3：地域的職務	・教師が授業実践の工夫を自由に試みることができる。
・PTA活動	・指導方法の決定や単元開発は，もっぱら教師の裁量に委ねられて
・地域行事参加	いる。
・行政研修	・教師の教育活動に対する管理職からの関与が少ない。
・社会教育活動	PO-4：同僚性
・特別支援教育	・悩み事を同僚同士が相談し合っている。
・部活指導	・教材研究や単元開発において，同僚同士が支援し合っている。
	・校内指導教員による効果的な支援がある。
	・拠点校指導教員による効果的な指導がある。
	・同僚からの効果的支援がある。
	・学校管理職による効果的支援がある。
	PO-5：規律性
	・提出物の締切期限や正確さが求められている。
	・教師に対して厳格な服務態度が求められている。
	・法令・規則の遵守が重視されている。
	・個人情報の管理等に厳格である。
	・危機管理の仕組みが整備されている。
	PO-6：信頼性
	・保護者との信頼関係が構築されている。
	・保護者が教師の努力を認め，敬意をもって接してくれる。

るとする成果志向の職能観に立ち，職能適合度尺度21項目を作成した（表10-1（b））。この立場によれば，児童生徒に習得させたい能力を実際に習得させている状況を職能適合度が高い状態と捉えることができる。児童生徒に習

第10章　初任段階をめぐる課題

表10-1　各キャリア適合次元の測定項目（b）

職業（PV）適合	職能（PC）適合
PV-1：自律性志向	PC-1：道徳性
・自分のやり方で仕事を進める。	・規範意識
・自分が設定した基準に従って仕事を進める。	・自己抑制力
・自分のペースで仕事を進める。	・規律性
・私生活を圧迫しないように仕事を進める。	・忍耐力
PV-2：管理職志向	・集中力
・学校管理職として学校経営を実践する。	・協調性
・より高いポストに就く。	・人権意識
・教職員を指揮統率し，自分の教育ビジョンを実現する。	・社会貢献の精神
・研究に携わる仕事（大学等）に転職する。	PC-2：学力性
・研究に重点を置いた教職生活を送る。	・表現力
PV-3：専門職志向	・学習意欲
・自分の専門性をどんどん追求する。	・基礎学力
・教師としての能力を生涯をかけて高める。	・自主性
・授業のスペシャリストになる。	・問題解決力
・新たな教授技術等を積極的に開発する。	・豊かな感性
PV-4：安定性志向	・コミュニケーション能力
・安定した雇用環境の下で仕事を進める。	PC-3：総合性
・十分な給与がもらえる環境で仕事を進める。	・情報リテラシー
	・キャリア意識
	・調べる力
	・異文化理解
	・食に対する理解
	・健康・体力

　得させたい能力に関わる21項目についての年度はじめの4月時点においての理想（個人的選好），約1年後の児童生徒の達成状況（現実認知）の2つの観点から測定を実施した。尺度は，"全くあてはまらない（1）"～"ひじょうにあてはまる（7）"までの7件法である。

（3）順位相関スコアの検討

　以上の手順においてキャリア適合4次元の尺度を開発し，初任者教員に対して，個人的選好と現実認知の観点から回答を求めた。次に，キャリア適合を測定する方法としての順位相関スコアを算出する。

　職務適合についての個人的選好（p）と職務実態（j）の順位相関（Spearmanの ρ ）は，.884である。初任者教員の職務適合度は比較的高いと判断できる。

初任者教員は，自らが積極的に取り組みたいと考えている職務に労力を投入し，そうでない職務にはそれほど労力を投入していない実態が明らかにされている。学校組織において，職務分担時における一定の配慮が施された結果であろう。職場適合についての個人的選好（p）と組織文化（o）の順位相関は.685であり，職務適合度よりもやや低いスコアとなっている。初任者教員は，職場に対しては，理想と現実との一定の不適合を知覚しているようである。職業については，個人的選好（p）と職業達成（v）の順位相関は.941であり，双方の一致度は高いと考えられる。職能適合についても，個人的選好（p）と職能達成（c）の順位相関は.825であり，高い適合度を示している。

　次に，キャリア適合の4変数についての記述統計を確認しておきたい。本研究で使用する順位相関スコアの記述統計は表10-2に示すとおりである。相関分析であるため，範囲（Range）は-1.00〜1.00となる。平均値（M）を比較してみると，職業適合（.73），職務適合（.64），職能適合（.47），職場適合（.34）の順となっている。職場適合の数値は4次元の中では相対的に低いが，露口（2004）において報告されている一般的な教員を対象とした作成した職場適合の順位相関スコア（M=.27）に比べると，初任者教員の方が適合度は高いといえる。さらに，各キャリア適合次元の相互関係を確認するために，相関分析を実施した。職務適合と職能適合との間には統計的に有意な相関関係（r=.11）が認められていないが，その他の組み合わせについては，有意な相関関係（r=.15〜.27）が認められている。各キャリア適合次元相互のつながりはそれど強固ではなく，ゆるやかなつながりであり，それぞれが独立した固有の意味を持つ変数であることが確認された。

表10-2　キャリア適合変数の記述統計および相関マトリクス

	M	SD	Min.	Max.	p	1	2	3
1．職務（PJ）適合	.64	.18	.03	.18	.88	—		
2．職場（PO）適合	.34	.30	-.42	.30	.66	.15*	—	
3．職業（PV）適合	.73	.22	-.45	.22	.94	.15*	.27**	—
4．職能（PC）適合	.47	.47	-.51	.26	.83	.11	.20**	.16**

Note. 相関マトリクスの値は*pearson*係数（両側検定）である。

　　　**$p<.01.$ *$p<.05.$ $N=327.$

（4）各キャリア適合次元の変数設定

　本研究の具体的な研究課題は，心理的ストレス反応および職務満足に対するキャリア適合の効果，先行要因から心理的ストレス反応および職務満足に至る過程でのキャリア適合の効果を検証することにある。分析モデルでは，個人レベルの属性要因を設定するとともに，モデルの緻密化をはかるために，個人的選好と現実認知をあわせて統制変数として設定することが望ましい。ただし，個人的選好と現実認知の測定に使用した項目をそのまま投入すると，モデルが複雑化してしまう。そこで，各キャリア適合次元ごとに，因子構造を検討し，測定項目の統合化を行うこととする（なお，因子分析結果の詳細については，露口（2008a）に掲示されている）。

　表10-1に示すように，職務（PJ）適合は因子分析（現実認知得点を使用，以下同様）の結果を参考として3変数を設定した。児童生徒に対する指導に関わる職務で構成されている「指導的職務」，学校経営に関わる職務で構成されている「経営的職務」，児童生徒や校内教職員以外の者と関わる職務によって構成されている「地域的職務」が析出されている。

　職場（PO）適合は，露口（2004）の組織文化の5因子構造に保護者との信頼関係を測定する変数を加え，6変数を設定する。すなわち，教員が力量開発に努め新たな実践を創造しようとする「創造性」，教員にとっての働きやすい職場を示す「職務環境性」，教員の自由裁量の程度を示す「自律性」，同僚との支援関係を示す「同僚性」，学校組織において遵守すべきルールの強制度を示す「規律性」，保護者との信頼関係を示す「信頼性」である。

　職業（PV）適合は，因子分析の結果を参考として4変数を設定した。すなわち，自分の基準やペースで仕事を進めようとする自律的な職業志向を示す「自律性志向」，学校管理職への就任やより高いポストを目指すなど上昇志向を示す「管理職志向」，専門性の追求や専門的技術の深化への意欲を示す「専門職志向」，安定した雇用環境や給与を望む「安定性志向」である。

　職能（PC）適合は，因子分析の結果を参考として，3変数を設定した。すなわち，児童生徒の道徳面の成長に関する達成状況を示す「道徳性」，確かな学力の向上に関する達成状況を示す「学力性」，総合的な学習によって成長が期待される能力の達成状況を示す「総合性」である。

表10-3 個人的選好と現実認知の記述統計量 (N=327)

	個人的選好				現実認知		
	M	SD	α		M	SD	α
PJ-1：指導的職務p	5.89	.86	.84	PJ-1：指導的職務j	5.52	.91	.85
PJ-2：経営的職務p	4.19	1.15	.86	PJ-2：経営的職務j	4.58	1.05	.79
PJ-3：地域的職務p	5.52	.91	.85	PJ-3：地域的職務j	3.87	1.14	.73
PO-1：創造性p	5.53	1.03	.89	PO-1：創造性o	4.44	1.20	.86
PO-2：職務環境性p	5.70	1.34	.85	PO-2：職務環境性o	3.40	1.37	.89
PO-3：自律性p	4.84	1.06	.60	PO-3：自律性o	4.51	1.19	.55
PO-4：同僚性p	6.17	.97	.78	PO-4：同僚性o	5.28	1.17	.88
PO-5：規律性p	5.41	1.14	.83	PO-5：規律性o	4.81	1.15	.85
PO-6：信頼性p	6.20	1.13	.85	PO-6：信頼性o	4.92	1.31	.87
PV-1：自律性志向p	4.78	1.20	.74	PV-1：自律性志向v	4.09	1.46	.86
PV-2：管理職志向p	2.45	1.73	.92	PV-2：管理職志向v	2.19	1.53	.91
PV-3：専門職志向p	5.65	1.15	.79	PV-3：専門職志向v	4.84	1.34	.87
PV-4：安定性志向p	4.45	1.76	.88	PV-4：安定性志向v	4.28	1.64	.89
PC-1：道徳性p	6.10	.94	.93	PC-1：道徳性c	4.47	.91	.91
PC-2：学力性p	6.16	1.00	.92	PC-2：学力性c	4.23	1.05	.86
PC-3：総合性p	5.31	1.11	.89	PC-3：総合性c	3.81	.93	.79

　上記の手順により，各キャリア適合次元について，個人的選好16項目，現実認知16項目の計32変数を作成した。これら32変数の記述統計量については，表10-3に示すとおりである。

4．成果指標と先行要因

（1）成果指標

　心理的ストレス反応：鈴木・嶋田・三浦・片柳・右馬埜・坂野（1997）のStress Response Scale-18（SRS-18）を使用し，全18項目の合計得点を算出した。尺度は，"その通りだ（4）"から"全くちがう（1）"までの4件法である。記述統計量は表10-4に示すとおりである（以下，同様）。

　職務満足：教員の職業特性を考慮し，児童生徒の成長や達成感・充実感に焦点を当てた職務満足の簡易尺度7項目を新たに開発した。教員になって良かったとする自己評価の観点から，「児童と接する日常」「児童生徒の人間的成長」「児童生徒の学力の伸び」「授業での充実感」「学級経営の充実感」「学校行事・学年行事の充実感」「職場での協働での教育活動」についての回答を求めた。尺

174 第10章 初任段階をめぐる課題

表10-4 成果指標・属性要因・先行要因の記述統計量 (N=327)

成果指標・属性要因	M	SD	α	先行要因	M	SD	α
心理的ストレス反応	33.46	12.16	.93	教育実習	5.21	1.72	—
職務満足	5.87	.87	.84	教職基礎理論	2.98	1.54	—
学校段階ダミー		.72	.45	—	教科指導法	3.80	1.83	—
講師経験ダミー		.66	.48	—	生徒指導・教育相談	3.44	1.73	—
社会人経験ダミー		.26	.44	—	総合演習	3.27	1.76	—
性別ダミー		.39	.49	—	接客・サービス	.85	.36	—
年齢ダミー		.36	.48	—	学習塾講師	.41	.49	—
				家庭教師	.58	.49	—
				事務作業	.38	.49	—
				作業労働	.45	.50	—
				学校関係ボランティア	.59	.49	—
				福祉関係ボランティア	.46	.50	—
				体育会系団体	.63	.48	—
				文化系団体	.40	.49	—
				リーダー経験	.60	.49	—

度は“ひじょうにあてはまる（7）”から“全くあてはまらない（1）”までの
7件法である。

（2）属性要因

　属性要因として，以下の5変数を設定する。すなわち，学校段階（1＝小学校，
0＝中学校のダミー変数），講師経験（1＝有，0＝無のダミー変数），社会人
経験（1＝有，0＝無のダミー変数），性別（1＝男性，0＝女性のダミー変数），
年齢（1＝25歳以下，0＝その他のダミー変数）である。

（3）先行要因

　教職課程経験：教職課程の授業要因として，「教育実習」「教職基礎理論（原
理等）」「教科指導法」「生徒指導・教育相談」「総合演習」を設定し，現在の教
職生活に対する有用性の観点からの評価を求めた。尺度は，“ひじょうにあて
はまる（7）”から“全くあてはまらない（1）”までの7件法である。また，
学生生活要因として，「接客・サービス（コンビニ・飲食業・営業など）」「学
習塾講師」「家庭教師」「（屋内での）事務作業」「（屋内外での）作業労働」「学

校関係ボランティア」「福祉関係ボランティア」「体育会系団体」「文化系団体」「（部活・サークルなどでの）リーダー経験」を設定し，経験の有無について回答を求めた。

　採用直後の個人的選好：表10－3の個人的選好を示す16変数を使用する。

　採用1年後の現実認知：表10－3の現実認知を示す16変数を使用する。

5．キャリア適合の効果と規定要因の分析

（1）キャリア適合の効果

　キャリア適合による心理的ストレス反応および職務満足への直接効果を検証するため，属性要因をコントロールした階層的重回帰分析を実施した（表10－5）。分析の結果，心理的ストレス反応に対しては，PO適合（$\beta = -.304$, $p < .01$）とPC適合（$\beta = -.180$, $p < .01$）の直接効果が認められた。心理的ストレス反応に対するキャリア適合固有の説明量は18.2％であった。したがって，仮説1は部分的に支持されたといえる。一方，職務満足に対しては，PV適合（$\beta = .203$,

表10－5　キャリア適合が心理的ストレス反応および職務満足に及ぼす効果

	心理的ストレス反応		職務満足	
	β	ΔR^2	β	ΔR^2
STEP 1：属性要因		.048		.003
学校段階ダミー	-.036		-.062	
講師経験ダミー	.073		-.073	
社会人ダミー	-.119		.028	
性別ダミー	-.065		.085	
年齢ダミー	.158		-.006	
STEP 2：キャリア適合		.182**		.056*
職務（PJ）適合	-.068		-.016	
職場（PO）適合	-.304**		.092	
職業（PV）適合	-.095		.203**	
職能（PC）適合	-.180**		.043	
Total R^2		.230**		.059

Note. **$p < .01$，*$p < .05$，$N = 327$．

176 第10章 初任段階をめぐる課題

$p<.01$）の直接効果が認められている。しかし，説明量は 5.6 ％と相対的に低い数値となっている。仮説 2 も部分的に支持されたといえる。

　初任者教員にとっては，組織文化・人間関係と指導力についての個人的選好と現実認知が適合している場合に，心理的ストレス反応が抑制される。赴任当初に抱いていた「このような職場で働きたい」「子供たちにこんな力をつけたい」という選好が実現しているかどうかが重要なポイントとなる。一方，職務満足に対しては，PV 適合の効果が認められていた。自らが理想とする職業志向性が具現化されているときに，つまり，自分が職業選択に手応えを実感する時に，初任者教員の職務満足が高まるものと解釈できる。

（2）キャリア適合の規定要因

　キャリア適合 4 次元の規定要因を探索するために，以下の 4 通りの階層的重回帰分析を実施した（表10-6）。第 1 は，職務適合を従属変数，属性要因・教職課程経験・個人的選好・現実認知を独立変数とするモデルである。なお，モデルの冗長化を回避するために，属性要因を除き，相関係数が統計的に有意（5 ％未満）なものを，回帰モデルに投入している。

　分析の結果，各適合次元に特有の規定要因が発見された。

　PJ 適合に対しては，指導的職務 j（$\beta=.194$，$p<.01$）の効果が認められた。初任者教員にとって，「ぜひとも取り組みたいと思う職務に労力を配分できている」とする認知は，授業実践・学級経営・生徒指導等に対して労力を配分できている場合に高まる。初任者教員にとっては，こうした中核業務に対してじっくりと取り組むことができる状況の整備が必要であると解釈できる。ただし，このモデルは説明量が 4.4 ％であり，統計的な有意水準を下回っていることに留意しておきたい。

　PO 適合に対しては，職務環境性 p（$\beta=-.270$，$p<.01$）による負の効果，職務環境性 o（$\beta=.200$，$p<.01$），同僚性 o（$\beta=.253$，$p<.01$），信頼性 o（$\beta=.232$，$p<.01$）による正の効果が認められている。モデル全体の説明量（39.0 ％）のうち，29.7 ％が職場における組織文化認知によって占められており，属性要因（2.3 ％），教職課程経験（2.6 ％），組織文化の個人的選好（4.3 ％）と比べるとその占有率は高い。初任者教員による PO 適合は，赴任した職場の雰囲気に

よって最も強く規定されている。そして，PO適合を促進する組織文化とは，初任者教員にとっての働きやすい職場，同僚同士が支援し合う職場，保護者との信頼関係が良好な職場であるといえる。しかし，一方で，採用直後に，職務環境性を選好する初任者教員が，職場不適合に陥りやすいとする結果も得られている。つまり，働きやすい職場を強く望む初任者教員は，職場に適合しにくい。そして，このことは，間接的に心理的ストレスに結合する。職場の労働条件に過度の理想を持つことは，初任者教員にとって望ましいことではないようである。

PV適合に対しては，管理職志向v（β=-.299，p<.01）による負の効果，専門職志向v（β=.381，p<.01）による正の効果が認められている。モデル全体の説明量は33.9％であり，属性要因（7.6％），教職課程経験（0.5％），個人的選好（7.0％），現実認知（18.7％）の構成となっている。管理職志向とは，教育専門職の探究とはやや異なる管理職や研究職の職業志向を含む概念であった。つまり，初任者教員に本来求められている教育専門職の探究とは異なった方向に自らのキャリアが進行していることが，当初予定していたキャリアの不適合という形で出現していると解釈できる。初任者教員にとっては，教育専門職を探究する方向で，キャリア形成をスタートすることが効果的であるといえる。

PC適合については，道徳性p（β=-.320，p<.01）に負の効果が，道徳性c（β=.230，p<.01）に正の効果が認められている。モデル全体の説明量は20.1％であり，属性要因（1.6％），教職課程経験（4.5％），個人的選好（3.7％），現実認知（10.4％）の構成である。道徳性pは，規範意識・自己抑制力・協調性等の要素から構成される概念であった。これらの要素は教員による指導だけでなく，家庭における影響力が強いと考えられる。また，測定が困難な要素でもある。教員が達成すべき職能領域において，教員だけでは達成困難なもので，なおかつ，客観化が困難なものに重点を置くことで，職務不適合（達成しなければならないことが達成できていない状態）が生じていると解釈できる。道徳性の涵養を過度に重視する初任者教員は，学校組織での学力向上への強調に葛藤を感じる可能性も否定できない。一方，道徳性cは，職能適合に正の効果を及ぼしていた。道徳性については，PO適合の職務環境性次元と同様，それを

178 第10章 初任段階をめぐる課題

表10-6 キャリア適合の規定要因の探索的分析

	職務(PJ)適合		職場(PO)適合		職業(PV)適合		職能(PC)適合	
	β	ΔR^2	β	ΔR^2	β	ΔR^2	β	ΔR^2
STEP 1：属性要因		.007		.023		.076**		.016
講師経験ダミー					.180**			
性別ダミー					-.218*			
STEP 2：教職課程経験				.026		.005		.045*
総合演習			.004		.068			
接客・サービス							.068	
福祉関係ボランティア							.077	
体育会系団体							.082	
リーダー経験							.067	
STEP 3：職務適合の現実認知j		.037**						
指導的職務j	.194**							
STEP 4：職場適合の選好p				.043**				
職務環境性p			-.270**					
STEP 5：職場適合の現実認知o				.297**				
創造性o			.029					
職務環境性o			.200**					
同僚性o			.253**					
規律性o			.061					
信頼性o			.232**					
STEP 6：職業適合の選好p						.070**		
管理職志向p					-.130			
STEP 7：職業適合の現実認知v						.187**		
自律性志向v					.105			
管理職志向v					-.299**			
専門職志向					.381**			
STEP 8：職能適合の選好p								.037*
道徳性p							-.320**	
学力性p							.085	
総合性p							.030	
STEP 9：職能適合の現実認知c								.104**
道徳性c							.230**	
学力性c							.147	
Total R^2		.044		.390**		.339**		.201**

Note. **$p<.01$. *$p<.05$. $N=327$.

過度に求めることは望ましくないが，実現すること自体は望ましいのである。

キャリア適合の規定要因の探索的分析の結果として，さらに以下の2点に言及しておきたい。

第一は，属性要因の影響がほとんど認められていない点である。標準偏回帰係数が統計的に有意であったものは，PV適合に対する講師経験の有無（β =.180，p<.01）および性別（β =-.218，p<.01）のみである。これは，講師経験者又は女性の方がPV適合が高いことを示している。キャリア適合の4つのモデルにおける属性要因の説明量は0.7%〜7.6%であり，高い数値とは言えない。

第二は，教職課程経験による効果の乏しさである。キャリア適合のすべてのモデルにおいて統計的に有意なものはなく，属性要因をコントロールした場合の説明量も2.6%〜4.5%と低調であった。初任者教員のキャリア適合に対して，教職課程経験がほとんど影響を及ぼしていないという現実は，大学等の教員養成機関に対して重要な問題を提起している。

6．総括的考察

本研究は，初任者教員の教職生活への適合状況を，キャリア適合，すなわち，職務（PJ）適合，職場（PO）適合，職業（PV）適合，職能（PC）適合の4次元から説明・記述することを目的としていた。具体的には，初任者教員のキャリア適合が心理的ストレス反応および職務満足に対して及ぼす効果の検証，初任者教員のキャリア適合の規定要因の探索的分析を目的としていた。

本研究では，これらの研究課題に取り組む前提作業として，キャリア適合度の測定方法を開発するとともに，その妥当性・信頼性について検討した。キャリア適合の4次元の記述統計および因子分析結果について検討した後，4次元間の相互関係について検討した。相互の相関係数は.11〜.27であり，それぞれが独立しており，ゆるやかにつながりを有していることが確認された。

キャリア適合尺度の開発および妥当性等の検討の過程を通して，初任者教員のキャリア適合状況やサポート体制の整備状況が明らかになってきた。しかし，全ての初任者がこうした望ましい状況に置かれているわけではなく，少なから

180 第10章 初任段階をめぐる課題

ず分散があった。そこで，そうした分散の決定要因を探索するとともに，キャリア適合の効果を検証するための分析を実施した。

まず，キャリア適合効果については，心理的ストレス反応および職務満足を被説明変数とする重回帰モデル（属性要因をコントロール）を設定したところ，心理的ストレス反応に対するPO適合とPC適合の抑制効果が認められた。特に，PO適合が心理的ストレス抑制において最も強い影響力を有している点に我々は着目する必要があろう。初任者教員の配置に携わる教育委員会や校長には，初任者教員配置戦略が必要となる。どの学校に配置するのか，そして，誰に担当させるのか，その結果，どの程度の職能成長が期待できるか。こうした基準を踏まえた計画的・戦略的な初任者教員配置を行うことが求められる。

また，本研究では，初任者教員のキャリア適合を決定する要因について解明を試みた。

PJ適合については，指導的職務に意欲的に取り組んでいるとする現実認知が，職務適合度を高めていた。様々な校務が割り振られていない初任者教員の段階では，授業実践や学級経営等の中核的職務に意欲的に取り組みやすい。中核的職務に意欲的に取り組むことで，教職に生じやすい職務葛藤を回避できるのであろう。ただし，職務適合は心理的ストレス反応の抑制や職務満足の向上に影響を及ぼしておらず，職務適合が初任者教員の態度や行動に影響を及ぼすとは言い切れない。

PO適合については，職場環境性（働きやすい職場での勤務）に対する選好の高さが，職場適合を妨げるという重要な結果が得られている。働きやすい職場を求める初任者教員は，勤務校での職場不適合が発生しやすい。ただし，働きやすい職場で勤務しているという現実認知は，同僚性（同僚からの支援がある）や信頼性（保護者との信頼関係がある）と共に，職場適合に対してプラスに作用している。また，PO適合は，心理的ストレス反応の抑制効果を有しており，重要な適合要因であることが示されている。

PV適合については，専門職志向の現実認知が，適合度を高めていた。教育の専門家としての職能成長を実感できる初任者教員は，PV適合度が高く，職務満足の向上につながっていた。一方，管理職志向等，専門職志向とは異なるベクトルにキャリアが向かっているとする現実認知は，初任者にとって望まし

いものではない。初任者教員に対して，当該自治体の教員年齢構成上から，「君は将来管理職にならなければならないのだから……」「こうした仕事もしておいた（知っておいた）方がよい」などと言葉をかけることは，あまり望ましいことではないようである。

　PC適合については，道徳性指導のための職能成長への選好が実現できていると認知する場合に向上していた。児童生徒に対して道徳性を涵養できているとする現実認知は，職能適合を高め，心理的ストレス反応を抑制する。ただし，この調査は，全国学力・学習状況調査実施前に行われている。今日，学力向上に対する関心は，調査実施年度に比べてかなり高まっている。再度，調査を行うと異なった結果が出る可能性は高い。

　以上が本研究のまとめである。ただし，本研究には，いくつかの残された課題がある。

　すなわち，第一は，大学における教職課程の授業に関しての実践に対する具体的な示唆が論じられていない点である。教職課程の授業に関する測定項目は，標準偏差が大きく，回答者のバラツキ傾向が相対的に大きい。授業自体が役立ったというよりも，授業の中の何が，教職に役立ったのかを確認する必要がある。

　第二は，本研究の知見が，一つの都道府県という限定された地域において生成されている点である。知見の一般化はもちろん，複数の都道府県間の比較分析等も，今後必要となるであろう。

　第三は，心理的ストレス状況の変化が射程に含まれていない点である。心理的ストレスは，年間を通して一定ではなく，時期によって変化がある。1年間を通しての追跡的調査や複数年度にわたる経年的調査が必要であるといえる。

　第四は，測定項目数の多さである。本研究では，キャリア適合を順位相関スコア法によって測定するために，多くの測定項目を設定した。しかし，あまりにも多い測定項目数は，同一調査の実施を，調査者に躊躇させてしまう。今後は，順位相関スコア法の意義を損なわず，なおかつ容易に実施できる簡易版測定法の開発を進める必要がある。

【注釈】

（1）類似概念として高木ら（2006）の「キャリア適応力」がある。キャリア適応力とは，「職業人が自らの能力や適性，希望とともに職業や職場から要請される内容を理解し，自律的に能力開発をすることで個人と環境の間の葛藤を改善する個人の能力」である。本研究で使用する「キャリア適合」が個人と環境の間の葛藤状態を説明する概念であるのに対し，「キャリア適応力」は葛藤状態を解決するための能力を説明する概念である点に大きな違いがある。「キャリア適応力」は「キャリア適合」の説明変数の一つであると考えられる。

（2）組織コミットメントとは，「組織への帰属を表す概念であり，組織の目標に対する信頼と受容，組織の代表として進んで努力する姿勢，組織の一員としてとどまりたいとする願望によって成り立つ組織への愛着」（Mowday et al., 1979）である。

（3）職務満足とは，「個人の仕事の評価や仕事における経験からもたらされる喜ばしい感情，もしくは肯定的な感情」（Locke, 1976）である。

（4）現実的な職務プレビュー（RJPs）とは，現実的な仕事情報の事前提供のことであり，①職務の良い点と悪い点を知ることができる，②職務が要求する能力に適応するために職務満足と持続性が高まる，③公正・配慮・関心のメッセージが伝わり，コミットメントと職務満足を高める，④候補者のニーズにあった職務を自己選択することができるなどの効果（Liu & Johnson, 2006）が指摘されている。

第11章 現職・中堅段階をめぐる課題

波多江俊介

1. 問題の所在と本章の目的

(1) 学校組織の個業化とその組織的対処

学校組織の個業化が課題視され，その組織的対応策が模索されてきた。単に教師の行動次元で「足並み」をそろえることが強要されるのではなく（油布，2003），教師の教育活動の遂行・改善に関する主体性や自律性を促しつつ一定の組織的統合を可能にする組織（化）のあり方が模索されてきた（佐古，2011）。組織成員個々の適切な距離間での自律性については一定の意義が認められており（紅林，2007），強制性のある学校単位での校内研修ではなく，例えば学年チームを編成しての日常的活動の有効性等が提示されている（露口，2013）。

学校組織文化の側面においては，コミュニケーションが非常に重要であることが示されている。特に授業力向上志向の学校組織文化を育む上では，相互に不干渉な状態を脱するための日常のコミュニケーションを重視し，その上で十分なコミュニケーションに基づいた参画意識が醸成されることが個業化打破にとって有効であるとされる（吉田，2005）。さらに，教師間支援における具体性のある情報提供や支援行動の重要性（諏訪，2004），教師間の継続的相互支援を生むための互恵関係の重要性（谷口・田中，2011），互恵関係（相補性）に加え余剰情報の意義を認める情報冗長性の重要性（藤原，1998）などがこれまで指摘されてきた。

以上に挙げた諸研究は，学校組織においてコミュニケーションを含む教師間の相互行為の重要性を挙げている点で共通している。これら諸研究は，特に二者間における教師のコミュニケーションの質や，コミュニケーションをいかに学校組織の諸活動へ盛り込んでいくかについて示唆に富む。しかし上記諸研究は，学校組織におけるコミュニケーションの重要性については指摘しているも

のの，コミュニケーションの成否とその後のプロセスについてまでは十分検討されていない。教師二者間で対人葛藤が生じるなど，相手の支援を得られなかった場合，どういったコミュニケーションが次の手段として採られていくのかまで検討を行う必要がある。また，他教師とのコミュニケーションしやすさについての認識は，個々人の属性（パーソナリティやポジション）によって異なることが予想されるが，その点もあわせて検討する必要がある。そこで本章では，「同僚」との関係性に悩みを抱える場合などに，それが次のコミュニケーションへ繋がっていくかどうかについて検証を行っていくこととする。その場合に，教師の属性とどのような関係性があるかを検討する。その結果をもって，現職・中堅段階をめぐる課題を考えていきたい。

（2）学校組織における教師間コミュニケーション

組織内では主体である成員同士で，コミュニケーションなどを含む相互行為が成立している。組織内のコミュニケーション過程において，成員間で利害の対立や意見の不一致といった対人葛藤が発生しうる（桑田・田尾，1998；稲富，2007）。一般的な組織と同様に学校組織も成員間の相互行為により成立していることから，成員間（教師間など）で対人葛藤が生じると推察される。学校組織における対人葛藤要因は，利害対立により生じるもの，価値や理念の対立によるもの，好き嫌いの感情的対立によるもの，の3つに大別される（淵上，1992）。もし相手を説得できないなどで，二者間での対人葛藤対処がうまくいかなければ，現実の組織内ではコミュニケーションの方向（相手）を変えるだろう。すなわち，（仲介役や味方役として）第三者へコミュニケーションをはかっていくなどの次善方策を採ると考えられる。すでに一般経営学における組織研

図11-1　第三者へのコミュニケーション方向変更のイメージ図

究では，対人葛藤が生じた場合に個人が第三者や他部門とどのようなコミュニケーションをはかっていくかという，コミュニケーションの転移について，三者間へ視点が拡張され検討がなされている（Pondy, 1967）。

図11-1のように，P1とP2との間で対人葛藤が生じた場合，P1を起点として，P1から第三者に対して働きかけが生じやすいとされる（Smith, 1989）。例えば徐（2012）は，同じ部門内の同質的なメンバー間で起こる対人葛藤が，他部門（第三者）との職能横断的コミュニケーションを促進させるというポジティブな関係性を統計的に明らかにしている。二者間で対人葛藤が生じた場合に，P1の選択肢の一つとして三者目へコミュニケーションを行っていくことが，組織研究において理論的・実証的に研究されている。

翻って学校組織に関する先行研究では，対人葛藤場面に応じた一人称としての教師個々人の対処手段に関するバリエーションを検討するに留まりがちであった。二者間でコミュニケーションを行い相手のサポートを得られるかどうかは，相手次第という面もあるため，サポートの重要性を繰り返すだけでは限界がある。一つの対人葛藤に対して一つの対処を検討するだけに留まらず，その対処の成否や，成否を受けての次の展開（ひいてはプロセス）まで射程に入れ考察していくことが重要となる。後述のとおり本章では，このプロセスについて二者間から三者間へと視点を拡張し，考察を行っていくこととする。

二者間から三者間へ視点拡張する際に示唆を与える研究として，教師間のコミュニケーションに着目した黒須・越（2010）の研究が挙げられる。そこでは，コミュニケーションを通じて「a.親密な他者との異質性」が認知されると，「b.親密ではない他者との異質性」が認知される（図11-1のP1視点で，P2から第三者へ矢印が移行する）。そこからさらに「c.親密ではない他者との類似性」認知が高まった場合に，「d.親密ではない他者との親近感」が高まっていくという影響プロセスが，パス解析により明らかにされている（黒須・越，2010）。対人葛藤そのものの研究ではないものの，この研究成果から学校組織においても，対人葛藤が生じている当事者間でのコミュニケーションから，勤務校の他の同僚や上司といった第三者へと，コミュニケーションの方向が変更されうることが示唆される。ただし黒須・越（2010）の研究では，個人の選択として第三者へコミュニケーションの方向が変更されるためには，教師間の日常的なコ

ミュニケーションのとりやすさが前提とされている（先行要因として設定されている）。学校組織においては「個業」と「協働（ないしは統制）」[1]という相反する要素が内在することが確認されており（佐古，1990，2006），学校組織内におけるコミュニケーションのとりやすさと対人葛藤の発生とを同時的に考慮し，分析を行っていく必要がある。

　ここまでで，学校組織において視点を二者間から三者間へ拡張することの重要性を論じてきた。以下では具体的に，学校組織における教師間の対人葛藤に着目する。教師二者間で対人葛藤が発生した場合に，それを契機として三者目へコミュニケーションを行う選択がなされる傾向があるのかどうかを検証する。またその場合，教師の属性とどのような関係があるかについてもあわせて考察する。

2．調査デザイン

（1）調査手続きとデータ

　調査は政令指定都市「A市」の許諾を得て実施した。調査対象はA市立小中学校に勤務する教師である。2013年6月に電子媒体で質問票を作成・送付し，回収・分析を行った。配布は，A市内の公立全小中学校193校（小：131校，中：62校）の，教師（主幹教諭・指導教諭・教諭・講師）3,655名（小：2,260名，中：1,395名）に対して行った。回収票数および回収率は，小学校教師1,503票（66.5%），中学校教師878票（65.1%）であり，欠損値等を処理した上で分析に用いた。有効票数は2,063票（56.4%）である。

　調査項目は，A市教育委員会企画課職員と協議を行い設定し，対人葛藤関連の項目は4点のリッカートスケール（「4：その通りだと思う」～「1：思わない」）を用いた。分析に使用したデータは以下①～③のとおりである。なお，分析モデルを単純化させるため，次のように仮定をおいた。すなわち，学校組織内で教師個人が最も相談する相手は，同学年や同教科の教師であると推測される。ゆえに同学年や同教科の教師間関係を，先行研究をもとに同質な二者間（P1とP2の関係性：「同僚」）として捉え，調査・分析を行う。

　① 説明変数：質問票作成にあたり，徐（2012）の調査デザインを参考にした。

回答者には,「同僚」という言葉で誰を最もイメージするかを,「同学年の教師」・「他学年の教師」・「教科に関して相談をする教師」・「その他（具体的に想定した人を記述する欄も設定）」の４つから選択してもらった。続く質問項目全てで,「同僚」（図11−１のＰ２に該当）という文言は,各回答者が４つの選択肢より選んだ相手を想定して回答してもらっている。分析には,最も相談する相手と想定される「同学年の教師」・「教科に関して相談をする教師」を回答として選択した回答者のデータを用いる（N=1,283）。なお通常,他学年・他教科教員も含め同じ学校で働く教員全体を「同僚」と教師は想定するだろう。しかし,「その他」を選択した教員の37％（198/534件,残りは無回答）が「全職員」などのように所属校の全教職員を想定して回答しており,他方の「同学年の教師」・「教科に関して相談をする教師」を「同僚」と回答した教師は,調査の設計に沿う形で,他学年・他教科教員と想定して回答したものと捉えて差し支えないと考えられる。

対人葛藤認識については,「同僚との人間関係に悩みを感じるときがある」（同僚との対人葛藤）という項目について,「４：その通りだと思う,３：まあまあ思う」を「１：そう思う」,「２：あまり思わない,１：思わない」を「−１：そう思わない」というダミー変数をそれぞれ充てることとする。また,淵上・太田（2004）の教師の対人葛藤認識構造のうち,「同僚の行動・態度」場面を参考に５項目[2]を設定した。確認的因子分析の結果,「概ね勤務時間内に仕事を終えることができる」という項目については十分な因子負荷量を示さなかったため除外し,再度４項目で因子分析を行った（主因子法,プロマックス回転）ところ,１因子構造（因子負荷量：.387〜.819）であることがわかった（因子名：職場でのコミュニケーションのしやすさ,α＝.77）[3]。分析においては,項目の平均値を算出し,４件のリッカートスケールと比べて2.5未満を「−１：そう思わない」,2.5以上を「１：そう思う」というようにダミー変数を当てた。

②　被説明変数：図11−１の「第三者」に該当する者は,ここでは「同僚」（「同学年の教師」・「教科に関して相談をする教師」）以外の者である。具体的には,他学年や他教科の教師,そして管理職等が図11−１の「第三者」として想定される。そこで「他学年や他教科の教師に相談しやすい環境である」（他学年や他教科教師への相談しやすさ）・「管理職に相談しやすい環境である」（管理職

188　第11章　現職・中堅段階をめぐる課題

表11-1　記述統計量および項目間相関表

	M	SD	1	2	3	4	5
1　学校種ダミー	-0.13	0.99					
2　年齢	2.77	1.24	.004				
3　補職ダミー	-0.91	0.42	.116**	.120**			
4　校務分掌ダミー	0.03	1.80	.205**	.309**	.213**		
5　同僚との対人葛藤	-0.45	0.89	.057*	.039	.107**	.041	
6　コミュニケーション	0.78	0.62	-.058*	-.109**	-.065*	-.032	-.180**

Note. $N = 1280$. $**p<.01$. $*p<.05$.

への相談しやすさ）という2項目を設定した。「4：その通りだと思う，3：まあまあ思う」を「1：そう思う」「2：あまり思わない，1：思わない」を「-1：そう思わない」というダミー変数をそれぞれ充てることとする。

③統制変数：学校籍（小学校：-1，中学校：1のダミー変数），年齢（20～60歳代の10年区間の5段階順序変数を標準化），補職（教諭・講師：-0，主幹教諭・指導教諭：1のダミー変数），校務分掌（学級担任・専科：-1，教務主任・学年主任：1のダミー変数）を設定した。

上記①～③の記述統計量および項目間相関表は表11-1のとおりである。

3．分析結果

（1）第三者へのコミュニケーション発生可能性の検証

学校組織において，同質な二者間での対人葛藤を認知した場合に，次の手段として三者目へ相談するか否かを検証するため，三者目への相談のしやすさを被説明変数とするロジスティック回帰分析を行った。なお，学校組織において「個業」と「協働（ないしは統制)」という相反する2つの要素が内在しているとの先行研究の知見から，項目「同僚との対人葛藤」と「職場でのコミュニケーションのしやすさ」との交互作用を説明変数に含め分析する必要があるため，交互作用項を投入した上で分析を行った。結果は表11-2のとおりである。

まず「他学年や他教科教師への相談しやすさ」を被説明変数とする分析結果について，「他学年や他教科教師への相談しやすさ」に対して，「職場でのコミュニケーションのしやすさ」は正の効果である一方で，「同僚との対人葛藤」は

負の効果をもたらしている。職場でのコミュニケーションのしやすさの影響を考慮した上でなお，同僚教師間で対人葛藤が認知された場合，他学年・他教科教師へコミュニケーション方向が変更される可能性は低くなる傾向にあるという結果が示された。また，中学校教師よりも小学校教師の方がコミュニケーションを行いやすいと感じている傾向があるといえる。

次に「管理職への相談しやすさ」を被説明変数とする分析結果について考察する。「管理職への相談しやすさ」に対して，「職場でのコミュニケーションのしやすさ」は正の効果をもたらしている。中学校教師よりも小学校教師の方が管理職へコミュニケーションを行いやすいと感じている傾向も同様に見られる。しかし，「同僚との対人葛藤」は有意ではなく，同僚教師間で対人葛藤が認知された場合，管理職へコミュニケーション方向が変更される可能性があるとはいえない結果が見られた。ただし交互作用項に関して，例え「職場でのコミュニケーションのしやすさ」感じていても，「同僚との対人葛藤」が高まれば管理職へコミュニケーション方向が変更される可能性は低くなる傾向にあるという結果が示されていることには注意したい。

表11-2 ロジスティック回帰分析の結果

	他学年や他教科教師への相談しやすさ				管理職への相談しやすさ			
	B	SE B	オッズ比	p	B	SE B	オッズ比	p
（定数）	0.86	0.28	2.363	＊＊	1.710	0.33	5.531	＊＊＊
学校種ダミー	-0.23	0.08	0.795	＊＊	-0.20	0.09	0.819	＊
年齢	-0.08	0.07	0.919		-0.12	0.07	0.886	
補職ダミー	0.11	0.18	1.115		0.37	0.22	1.447	
校務分掌ダミー	0.07	0.05	1.067		0.05	0.05	1.048	
同僚との対人葛藤	-0.21	0.10	0.812	＊	-0.12	0.10	0.883	
コミュニケーション	1.17	0.10	3.220	＊＊＊	1.01	0.10	2.752	＊＊＊
交互作用項 ※1	-0.06	0.10	0.943		-0.22	0.10	0.801	＊

Note. ＊＊＊$p<.001$, ＊＊$p<.01$, ＊$p<.05$.　$N=1283$, χ^2値=183.097, モデルの有意確率＝0.000, Nagelkerke R^2=0.21245　　$N=1283$, χ^2値=137.279, モデルの有意確率＝0.000, Nagelkerke R^2=0.1818

※1：「コミュニケーション＊同僚との対人葛藤」

190 第11章 現職・中堅段階をめぐる課題

（2）教師の属性との関連性の検討

　本調査では，調査票作成の事情から，個々の教師のパーソナリティについて尋ねる項目については設定できなかった。そこで，先の分析では統制変数として用いた「年齢」・「補職」・「校務分掌」の３つを属性として代替的に用いて分析を行う。具体的には，先の分析において，「同僚との対人葛藤」と，「年齢」・「補職」・「校務分掌」との交互作用項をそれぞれ作成し投入する。結果は表11-3のとおりである。

　まず「他学年や他教科教師への相談しやすさ」を被説明変数とする分析結果について，特徴的であるのは「校務分掌」の項目が有意になった点と，「同僚との対人葛藤」と「校務分掌」との交互作用項が10%水準で有意な傾向を示した点である。後者の交互作用項については，同僚との対人葛藤を抱えたとしても，校務分掌上の役割を有していれば他学年や他教科教師への相談しやすさを感じる傾向があるものと解釈できよう。

　他方「管理職への相談しやすさ」を被説明変数とする分析結果については，「年齢」の項目が有意になった点と，「同僚との対人葛藤」と「年齢」との交互作

表11-3　ロジスティック回帰分析の結果（2）

	他学年や他教科教師への相談しやすさ				管理職への相談しやすさ			
	B	$SE\ B$	オッズ比	p	B	$SE\ B$	オッズ比	p
（定数）	0.94	0.31	2.565	**	1.80	0.34	6.064	***
学校種ダミー	-0.23	0.08	0.795	**	-0.20	0.09	0.823	*
年齢	-0.10	0.07	0.919		-0.16	0.08	0.849	*
補職ダミー	0.14	0.20	1.115		0.34	0.22	1.411	
校務分掌ダミー	0.11	0.05	1.067	*	0.05	0.05	1.054	
同僚との対人葛藤	-0.39	0.31	0.812		0.44	0.34	1.556	
コミュニケーション	1.17	0.10	3.22	***	1.03	0.10	2.786	***
交互作用項　※1	-0.05	0.10	0.943		-0.23	0.10	0.794	*
交互作用項　※2	-0.02	0.07	0.976		-0.13	0.08	0.874	†
交互作用項　※3	-0.27	0.20	0.765		0.19	0.22	1.204	
交互作用項　※4	0.09	0.05	1.098	†	0.02	0.05	1.015	

Note. ***$p<.001$, **$p<.01$,　N=1283,　χ^2値=188.238,　　　N=1283,　χ^2値=140.653,
　　*$p<.05$, †$p<.1$.　モデルの有意確率=0.000,　　　　　モデルの有意確率=0.000,
　　　　　　　　　　Nagelkerke R^2=0.2180　　　　　Nagelkerke R^2=0.186052

※1：「コミュニケーション＊同僚との対人葛藤」，※2：「同僚との対人葛藤＊年齢ダミー」，※3：「同僚との対人葛藤＊補職ダミー」，※4：「同僚との対人葛藤＊校務分掌ダミー」

用項が10％水準で有意な傾向を示した点が特徴的である。後者の交互作用項について，同僚との対人葛藤を抱えたとしても，年齢がむしろ低い方が（管理職から離れるほどに）管理職への相談しやすさを感じる傾向があるものと解釈できる。

　以上の分析結果から，学校組織において同僚教師間で対人葛藤が認知された場合，第三者（他学年・他教科教師・管理職）へコミュニケーション方向が変更される可能性はかえって低くなる傾向にあるという結果が示された[4]。一般（企業）組織の研究では，二者間で対人葛藤が生じた場合に，個人（P 1）の選択肢として，第三者へコミュニケーションを行っていく傾向が確認されていた。しかし本章において，一般（企業）組織研究の知見とは異なる結果が得られた。それに加えて，教師の属性次第で他教科・他学年の教師や管理職に対して相談のしやすさが異なることが示された。この点について以下で考察を行っていく。

4．考察と本章のまとめ

　本章では，これまで関連する先行研究が二者間でのやり取りにしか着目してこなかった点を挙げ，視点を拡張し分析した。検証の結果，学校組織において同質な二者間（「同僚」間）での対人葛藤が生じても，その次の手段として，異質な第三者（他学年・他教科教師）へコミュニケーション方向を変更し難い傾向があるという結果が示された。本章の結果を黒須・越（2010）の研究に沿って捉えれば，コミュニケーションの取りやすさを認知しながらも，「a.親密な他者との異質性」（対人葛藤）が認知された場合，「b.親密ではない他者との異質性」が認知される（図11-1のP 1視点で，P 2から第三者へ矢印が移行する）可能性はかえって低くなることが確認された。また，教師の属性次第で他教科・他学年の教師や管理職に対して相談のしやすさが異なることが示された。これらの点を考察する。

　本章の結果を，二者間での対人葛藤が生じても，教師は第三者を動員してまで解決すべき対人葛藤であるとの認識に至らないと解釈する。鈴木（2011）は学校組織内で用いられる教育言説等の存在を明らかにした研究の中で，「教師

は，経営的あるいは民主的な組織の一員として，学校改善に資する発言を行うよりも，同僚集団の一員として，葛藤を回避するために沈黙する」という実態を明らかにしている。このことから，「同僚との調和」を優先するために，二者間で対人葛藤が生じても，第三者へのコミュニケーションを行っていかない心理面でのブレーキが働くことが考えられる。教師間のコミュニケーションが取りやすい環境にあるとすれば，なおさら波風を立てないようにしようとする心理が働くとも考えることができる[5]。

　また，第三者を動員してまで解決すべき対人葛藤ではないという捉え方を受け，次のような考察も可能である。佐古ら（2005）は，学級崩壊への学校組織の対応に関する事例研究において，ある課題に対して教師個々での対応には限界があると認識されながらも，代替する組織的対応が見出し得ないことで，教師の「意識の上では一層個業化傾向が」強まると指摘する。本章では，学校組織内で教師個人が最も相談する相手は，同学年や同教科の教師であると仮定し，それを「同僚」（同質な二者）と位置付けた。この際，二者間で対人葛藤が生じた場合，代替手段として第三者へコミュニケーションが行われていかないのは，「同僚」以上の適当なコミュニケーション相手が職場で得難いためとも考察しうる。そのことは，たとえ教師がコミュニケーションをとりやすい環境であると認識していても同様である。

　このように，対人葛藤が生じた場合にかえって他へコミュニケーションをとっていかない傾向が見出されたが，それについての対応の方向性について述べたい。本章の教師の属性と相談のしやすさとの関係についての考察部分では次のことが明らかになった。「他学年や他教科教師への相談しやすさ」を感じるためには，年齢や補職ではなく，校務分掌のような他者とコミュニケーションをとっていく上での「役割」が付与されているか（有しているか）と関連があるといえる。その点でいえば，露口（2013）で提示されているような学年チームを編成しての日常的活動のように，チームのリーダーやメンバーといった役割（目的意識）をもってもらうことが重要ではないだろうか。そして，「管理職への相談師しやすさ」については，補職や校務分掌ではなく，年齢がむしろ低いほど相談しやすさを感じているという傾向が見出された。この点から，管理職側から中堅層に歩み寄っていき，抱え込んで学校組織内で孤立することが

無いようにコミュニケーションを図っていくことが肝要であろう。

　最後に本章の課題と今後の分析方向性について述べる。本章で用いた調査データは，十分なサンプルサイズが確保できたものの，回答者の負担に配慮し，回答しやすさ・簡便さが最重要視された。本章では「三者目：他学年・他教科」という想定をしたために，「同学年内の三者目との関係性」を汲み取る高度な調査設計になっていない。つまり同学年内を想定した際，そこでA先生・B先生間で対人葛藤が生じた場合に，どちらかが同学年のC先生（三者目）へ相談する可能性等については十分検討できなかった。また，本章の調査で「同僚」という言葉で教師が想起する範疇が様々であることも副次的に示されたため，その点についての教師認識の差異がもたらす影響も注意せねばならない。質問項目そのものは，先行研究を参照し，教育委員会担当者との協議を経て設定されたものであるが，設問文言の検討・項目数の増加等，一層のブラッシュアップが肝要となる。今後の調査の際には，「対人葛藤」の内実も含め改善をはかっていきたい。

【注釈】

（1）佐古（2011）の理解では，教師が自律性を発揮しながら，それを束ねていくことを志向するのが「協働」。自律性は考慮せず，統合的側面を強調するのが「統制」であるとされている。いずれも学校組織における教育活動の止揚・統合を志向する点では通底する。

（2）「忙しい時に同僚と助け合える環境である」・「自分を理解してくれている同僚がいる環境である」・「同僚と生徒指導の方針について相談しやすい環境である」・「職場の人間関係を理解している」・「概ね勤務時間内に仕事を終えることができる」の5項目。なお，黒須・越（2010）の研究が指すところの「親密な他者」に該当するものとして，本章では調査デザイン上「同質な二者間」すなわち「同僚」と設定している。

（3）分析結果を提示する表中では「コミュニケーション」と記す。

（4）単に「関係性が確認されたとはいえない」というのではなく，「負の関係性」が確認された点を析出された知見として強調したい。

（5）なお，黒須・越（2010）研究での「a.親密な他者」は，「自身のプライベイトや仕事に関連する話題を共有し，相対的に校内で顔を合わせることが多い同僚」という想定をしている。そういった相手を想定した場合の対人葛藤は，看過しがたい相当な

ものであると考えられ，そうであるならば第三者へコミュニケーションの方向を変更させるというのは首肯できる。

第12章　管理職段階をめぐる課題

露口健司

1．研究課題

　学校職員を対象とする心理的ストレス研究の主たる対象は教師（教諭・養護教諭など）である（落合, 2003；高木, 2001, 2003；田上ら, 2004など）。この分野では実践的・学術的関心が大変高く，国内だけでも相当量の研究が蓄積されている。一方，学校管理職の心理的ストレスを対象とした研究は国内外を含めても稀少である（例えば，Friedman, 1997；淵上, 2005；今津・田川, 2003；Whitaker, 1995など）。学校管理職は教師の心理的ストレスを抑制するマネジメント主体（支援する側）として捉えられることが多く，学校管理職本人の症状に対する関心は決して高くはない。心理的ストレスに圧倒されずに踏み留まることが有能な管理職の特性であるとする一般的な管理職イメージも，管理職本人のストレス症状を軽視してしまう原因の一つである（田尾, 2005）。

　精神性疾患を理由とする休職者の出現率データを見ても，学校管理職の数値は教諭等と比べて高くはない。教諭等の0.66%（5,036/764,703名）に対して，学校管理職は，校長0.09%（33/35,679名），副校長等0.26%（101/39,521名），主幹教諭等0.34%（54/16,044名）となっている（文部科学省, 2010）[1]。しかしながら，学校管理職の心理的ストレスの悪化は，都市部を中心として，希望降任者数の増加や管理職採用試験倍率の低下[2]という形で顕在化しつつある。また，休職や希望降任に至らないまでも，アカウンタビリティ政策の強化（Fink & Brayman, 2006），保護者対応の困難化（照井・増田, 1999），職員との対立葛藤や統制感の欠如（淵上, 2005），不十分な経営資源（露口, 2008b）などの環境は，今日の学校管理職のバーンアウト傾向[3]を強めていると予測できる。

　それでは，どのようなプロセスを経て，学校管理職のバーンアウト傾向は強化されるのであろうか。確かに，保護者対応の困難化や職員との対立葛藤等は，重要な説明要因である。しかし，これらの要因のみで説明できるほど，バーン

アウト・プロセスは単純ではないであろう。現象を的確に説明する理論が求められる。そこで，本章では，個人的特性と環境的特性との適合／不適合をバーンアウトや心理的ストレスの決定要因として捉える適合理論アプローチによって，この研究課題の解明を試みる。教師のバーンアウトや心理的ストレスを適合理論アプローチによって解明している研究としては，高木ら（2006），高木ら（2008），露口（2004），露口（2008a）などがすでに報告されている。これらの先行研究の知見を踏まえると，学校管理職のバーンアウトを決定する適合次元として次の4点を仮定することができる。

　すなわち，第一は，個人 - 環境適合（Person - Environment Fit；P-E適合）である。「環境」の意味は多様であるが，この場合の「環境」とは，学校管理職が勤務する組織外部の環境として捉える。第二は，個人 - 組織適合（Person - Organization Fit；P-O適合）である。組織外部環境との不適合が認知されたとしても，学校管理職の価値観が職員に浸透しており，対立葛藤が少なく，同僚性が高い組織では，バーンアウトは抑制されると考えられる。第三は，個人 - 職務適合（Person - Job Fit；P-J適合）である。組織との不適合が認知されたとしても，組織内において，自分の職能に見合った職務を的確にこなし，職務にやりがいを見出し，職務要求のズレに関する対立葛藤をそれほど経験しなければ，バーンアウトは抑制できると推測できる。第四は，個人 - 職業適合（Person - Vocation Fit；P-V適合）である。学校管理職は，管理職志向の職業キャリアをすでに選択している。学校管理職に就任したからには，校長などのイメージに自己を適合させる必要がある。そこで，重要となるのが，「キャリア適応」である。キャリア適応とは，職業人が自らの能力や適性にあわせて職業上の希望を持ち，職業や職場から要請される様々な内容を受けつつ自律的な能力開発を行うことで，様々な葛藤を改善することである。キャリア適応の促進によって，バーンアウトのリスク抑制や職務能率の向上が期待できる。

　学校管理職がバーンアウトに陥ることによる組織的被害は甚大である。学校管理職のメンタルヘルスの実践的方法を提示することは，学校経営／学校改善研究の使命でもある。本研究は，そのための前提作業として，学校管理職がバーンアウトに至る原因プロセスを解明しようとするものである。

2. 方　　法

（1）調査対象と手続き

　調査対象者は，Ａ・Ｂ・Ｃ県の学校管理職（校長・副校長・教頭[4]）で，平成22年6〜7月に株式会社カイテックの「教職員ストレスチェッカー」に参加した1,204名である。性別は，男性866名（71.9%），女性338名（28.1%）である。平均年齢は54.2歳（標準偏差3.24）である。職位は，校長558名（46.3%），副校長・教頭646名（53.7%）である。学校段階は小学校636名（52.8%），中学校302名（25.1%），高等学校132名（11.0%），特別支援学校他134名（11.1%）である。

（2）調査項目

　バーンアウト：田尾・久保（1996）の3因子論を参考とした作成した高木（2003）と同様の17項目を使用した。尺度構成は，情緒的消耗（8項目），達成感の後退（6項目），脱人格化（3項目）であり，尺度は，"とても当てはまる（4）"〜"まったく当てはまらない（1）"の4件法（以下同様，調査項目については露口・高木（2012）参照）である。

　個人−環境適合（P-E適合）：主として学校組織の外部環境から発生する適合／不適合要因として，行政要因（4項目），保護者要因（3項目），家庭要因（4項目）を設定した。行政要因とは，教育委員会との関係において困難さや負担感を認知する不適合状況を示す。保護者要因とは，保護者やPTAとの関係において困難さや負担感を認知する不適合状況を示す。家庭要因とは，家庭生活において困難さや負担感を認知する不適合状況を示す。

　個人−組織適合（P-O適合）：個人の職場に関連して発生する適合／不適合要因として，職場の対人関係（6項目），組織マネジメントの機能不全（5項目），評価懸念（3項目），経営資源の不足（3項目）の4要因を設定した。職場の対人関係とは，学校の部下・同僚等と対人関係における葛藤を認知することで生じる不適合状況を示す。組織マネジメントの機能不全とは，学校における目標・計画・役割等の不明確さや非効率性を認知することで生じる不適合状況を

198　第12章　管理職段階をめぐる課題

示す。評価懸念とは，自分の職務が評価されることで不利益を被るかもしれない。とする不安を認知することで生じる不適合状況を示す。経営資源の不足とは，職場における人的・物的・情報資源の欠如や支援の欠如を認知することで生じる不適合状況を示す。

　個人－職務適合（P-J適合）：個人の職務に関連して発生する適合／不適合要因として，職務の過剰要求（5項目），役割曖昧職務の負担感（4項目），職務遂行上の葛藤（4項目）の3要因を設定した。職務の過剰要求とは，同僚・上司・保護者等からの要求を自分の職能を超えるものとして認知することで生じる不適合状況を示す。役割曖昧職務の負担感とは，学校管理職の役割と考えにくい職務への従事において困難さや負担感を認知することで生じる不適合状況を示す。職務遂行上の葛藤とは，職務遂行において周囲との間に発生する価値観や要求の葛藤を認知することで生じる不適合状況を示す。

　個人－職業適合（P-V適合）：個人の職業キャリアの形成に関連して発生する適合／不適合要因として，キャリア適応（5項目）とキャリア停滞（4項目）を設定した。キャリア適応とは，職業人が自らの能力や適性にあわせて職業上の希望を持ち，職業や職場から要請される様々な内容を受けつつ自律的な能力開発を実践できている状況を示す。キャリア停滞とは，職業キャリアの発展の見込みが薄いと感じ，自律的な職能開発活動に向かうエネルギーが弱まる状況を示す。

（3）分析モデル

　学校管理職のバーンアウト・プロセスを適合理論の視点から説明するために，本研究では，次のような分析モデルを設定する。被説明変数は，バーンアウトの3次元（情緒的消耗感・達成感の後退・脱人格化）である。直接影響要因を検証するために，属性要因，P-E適合，P-O適合，P-J適合，P-V適合の5次元を同時に投入した回帰分析を実施する。また，「プロセス」を確認するために，各説明変数の媒介効果についても検証する。媒介変数は階層的な重回帰分析において，各層ごとの分析結果を記述していくことで特定できる。例えば，変数aと変数bとの間に有意な関係が認められており，さらに変数cを投入することで，a→bの影響関係が消失し，c→bの関係が有意となる場合に，変数cを変

数a→bの媒介変数として扱う。

　階層的重回帰分析において重要となるのが，投入順である。本研究では，これまで述べてきた順序，すなわち，P-E適合（外部環境），P-O適合（組織），P-J適合（職務），P-V適合（態度）の順序で投入する。環境・組織・職務・態度というマクロ－ミクロ順序を経てバーンアウト（心理）に至ると仮定している。

　なお，バーンアウト・プロセスの分析においては，共分散構造分析の方が望ましいのかもしれない。しかし，この方法によって得られる構成概念間の因果関係推定は抽象度が高く，相当量の情報を排除してしまう。また，変数が多く，複数の属性要因のコントロールを意図する本研究では，適合度の高いモデルを示すことが困難である。本研究では，やや冗長な分析結果となるが，バーンアウト・プロセスをより丁寧かつ緻密に説明することができる階層的重回帰分析の方法を選択している。

3．分析結果

（1）記述統計量

　本研究では，合計24の変数を使用している。各変数の記述統計量については表12-1に示すとおりである。各変数について確証的因子分析（1因子構造仮定，主因子法，プロマックス回転）を実施した結果，因子負荷量.30以上で構成されていること，α係数は.70を超えていることが確認された[5]。

　表12-2は，バーンアウト変数および適合変数についての，教頭と校長の平均値（M）・標準偏差（SD）・t検定結果（t値）である。いずれのバーンアウト変数においても，教頭の方が有意に高い数値を示している。また，8個の適合変数において，教頭の方が有意に高い数値を示している。唯一キャリア適応だけは，校長の方が高い数値を示している。

（2）バーンアウト・プロセス—情緒的消耗感—

　表12-3は，管理職バーンアウトの「情緒的消耗感」次元を被説明変数，属性要因・P-E適合・P-O適合・P-J適合・P-V適合を説明変数として順次投入

200　第12章　管理職段階をめぐる課題

表12-1　記述統計量

	平均値	標準偏差	範囲	α係数	因子負荷量
バーンアウト					
情緒的消耗感	1.65	.55	1.00〜4.00	.90	.51〜.92
達成感の後退	2.34	.53	1.00〜4.00	.74	.44〜.78
脱人格化	2.74	.62	1.00〜4.00	.86	.58〜.81
属性要因					
性別ダミー	.72	.45	.00〜1.00	―	―
年齢	54.17	3.24	36.00〜60.00	―	―
単身生活ダミー	.03	.18	.00〜1.00	―	―
同居人数	2.66	1.37	.00〜7.00	―	―
未婚ダミー	.05	.22	.00〜1.00	―	―
職位ダミー	.46	.50	.00〜1.00	―	―
小学校勤務ダミー	.53	.50	.00〜1.00	―	―
中学校勤務ダミー	.25	.43	.00〜1.00	―	―
高等学校勤務ダミー	.11	.31	.00〜1.00	―	―
P-E適合					
行政要因	2.19	.56	1.00〜4.00	.78	.40〜.89
保護者要因	2.32	.63	1.00〜4.00	.71	.49〜.82
家庭要因	1.87	.59	1.00〜4.00	.72	.60〜.69
P-O適合					
対人関係	1.80	.51	1.00〜3.83	.85	.44〜.85
組織マネジメント	2.00	.50	1.00〜4.00	.79	.59〜.72
評価懸念	1.92	.49	1.00〜3.67	.73	.51〜.80
経営資源の不足	2.39	.57	1.00〜4.00	.62	.30〜.73
P-J適合					
職務の過剰要求	2.19	.49	1.00〜3.80	.77	.34〜.74
役割曖昧職務の負担感	2.37	.61	1.00〜4.00	.73	.40〜.86
職務遂行上の葛藤	2.04	.48	1.00〜3.50	.77	.37〜.77
P-V適合					
キャリア適応	2.81	.48	1.20〜4.00	.71	.48〜.68
キャリア停滞	2.19	.53	1.00〜4.00	.70	.47〜.68

Note. $N = 1204$.

する階層的重回帰分析の結果を職位ごとに示したものである。なお，属性要因については，今回はこれを統制変数とみなし，解釈の対象から除外している。

　教頭の情緒的消耗感を直接決定する要因（β）は，対人関係（.19），組織マネジメント（.13），職務遂行上の葛藤（.13），キャリア適応（-.18），キャリア停滞（.32）であった。職務および職場内人間関係における葛藤の経験，中核的職務である組織マネジメントの機能不全，自律的な職能成長の停滞といっ

3. 分析結果　201

表12-2　教頭と校長の記述統計量比較

	教頭		校長		t値
	平均値	標準偏差	平均値	標準偏差	
バーンアウト					
情緒的消耗感	1.73	.58	1.55	.51	5.57**
達成感の後退	2.41	.54	2.24	.50	5.58**
脱人格化	2.86	.59	2.60	.63	7.36**
P-E適合					
行政要因	2.23	.53	2.14	.58	2.82**
保護者要因	2.37	.62	2.25	.63	3.19**
家庭要因	1.89	.57	1.84	.61	1.52
P-O適合					
対人関係	1.88	.52	1.72	.48	5.66**
組織マネジメント	2.10	.51	1.89	.45	7.35**
評価懸念	1.98	.50	1.86	.48	4.27**
経営資源の不足	2.41	.56	2.36	.59	1.52
P-J適合					
職務の過剰要求	2.21	.49	2.16	.50	1.67
役割曖昧職務の負担感	2.44	.61	2.28	.61	4.45**
職務遂行上の葛藤	2.09	.47	1.98	.48	3.92**
P-V適合					
キャリア適応	2.71	.47	2.93	.45	-8.40**
キャリア停滞	2.26	.54	2.11	.52	4.95**

Note. **$p < .01$. N=教頭646，校長558.

た要因が，教頭の情緒的消耗感に対して直接影響を及ぼしていた。

　また，教頭の場合，3つの媒介変数を経由したパスが認められている（表の下線部参照，以下同様）。すなわち，「行政要因→キャリア適応・停滞」「評価懸念→キャリア適応・停滞」「保護者要因→対人関係・組織マネジメント」である。教頭の場合，教育委員会との関係作りの困難さや負担感は，それ自体が情緒的消耗感につながるものではない。職業キャリアの発展の見込みが薄いと感じ，自律的な職能開発活動に向かうエネルギーが弱化することで，情緒的消耗感に繋がってしまう。評価懸念についても，同様のことがいえる。また，保護者やPTAとの関係における困難さや負担感についても，それは直接的に情緒的消耗感につながるものではない。組織マネジメントや職場内の人間関係が機能していないことによって，保護者要因が情緒的消耗感につながってしまうのである。

202　第 12 章　管理職段階をめぐる課題

表12 - 3　「情緒的消耗感」の決定・調整要因

	教　頭					校　長				
	Ⅰ	Ⅱ	Ⅲ	Ⅳ	Ⅴ	Ⅰ	Ⅱ	Ⅲ	Ⅳ	Ⅴ
STEP 1：属性要因										
性別	.09**	.10*	.09**	.09*	.08**	.05	.08	.09*	.08*	.09*
年齢	.12**	.11**	.12**	.12**	.09**	-.03	.01	.05	.03	.05
単身生活	-.06	-.04	-.02	-.02	-.03	-.04	.04	.04	.04	.03
同居人数	-.05	-.04	-.04	-.05	-.04	-.07	-.03	-.02	-.02	-.01
未婚	.14**	.11**	.08*	.08*	.07*	.02	.03	.01	.01	.02
小学校勤務	.00	.03	.06	.04	.01	-.04	.11	.09	.08	.06
中学校勤務	-.05	-.03	.03	.02	-.02	-.01	.09	.05	.05	.02
高等学校勤務	-.03	.00	.01	.01	-.02	-.04	.07	.06	.05	.03
STEP 2：P-E適合										
行政要因		.35**	.17**	.12**	<u>.00</u>		.38**	.17**	.11*	<u>.02</u>
保護者要因		.14**	<u>.04</u>	-.02	-.04		.20**	.09*	<u>.01</u>	.01
家庭要因		.10*	.06	.06	.06		.12**	<u>.07</u>	.05	.04
STEP 3：P-O適合										
対人関係			.17**	.09	.19**			.07	.00	.07
組織マネジメント			.22**	.20**	.13**			.16**	.14**	.10*
評価懸念			.18**	.18**	<u>.01</u>			.28**	.28**	.15**
経営資源の不足			.00	-.03	-.07			.07	.04	.02
STEP 4：P-J適合										
職務の過剰要求				-.02	—				.01	-.01
役割曖昧職務の負担感				.09	.07				.09	.05
職務遂行上の葛藤				.17**	.13*				.15*	.13*
STEP 5：P-V適合										
キャリア適応					-.18**					-.08*
キャリア停滞					.32**					.29**
Adj.　ΔR²										
属性要因	.03**	.03**	.03**	.03**	.03**	.00	.00	.00	.00	.00
P-E適合		.21**	.21**	.21**	.21**		.29**	.29**	.29**	.29**
P-O適合			.16**	.16**	.16**			.13**	.13**	.13**
P-J適合				.02**	.02**				.01**	.01**
P-V適合					.09**					.05**
Total Adj. R²	.03**	.24**	.39**	.41**	.50**	.00	.29**	.42**	.43**	.48**

Note.　**$p<.01$.　*$p<.05$.　「-」は相関係数と標準偏回帰係数の符号が一致しなかったため分析から除外したものを示す。

　一方，校長の情緒的消耗感を決定する要因（β）は，組織マネジメント（.10），評価懸念（.15），職務遂行上の葛藤（.13），キャリア適応（-.08），キャリア停滞（.29）である。教頭と類似性の高い決定要因となっている。

3. 分析結果　203

　また，3つの媒介変数が認められている。すなわち，「行政要因→キャリア
適応・キャリア停滞」「保護者要因→職務遂行上の葛藤」「家庭要因→組織マネ
ジメント・評価懸念」の3経路である。校長の場合も，教頭と同様に，外部環
境要因の直接効果は認められていない。P-O適合（組織）・P-J適合（職務）・
P-V適合（態度）要因といった組織内部過程が，情緒的消耗感の直接的な決定
要因となっている。

（3）バーンアウト・プロセス―達成感の後退―

　表12-4は，達成感の後退を被説明変数とする階層的重回帰分析の結果であ
る。

　教頭の達成感の後退を決定する要因（β）は，組織マネジメント（.25），キャ
リア適応（-.29），キャリア停滞（.35）の3変数であった。教頭の仕事に対す
るやる気を収奪するものは，組織マネジメントの機能不全とキャリアの不適応・
停滞である。対人関係や職務遂行上に発生する葛藤は，情緒的消耗感に対する
影響力は有していたが，達成感の後退に対しては有意な影響を及ぼしていない。

　媒介変数を含むパスとしては，「行政要因→キャリア適応・停滞」「評価懸念
→キャリア適応・停滞」の2つが認められている。教育委員会との関係作りの
困難さや負担感，上司（教育長・校長）からの評価に対する不安感は，教頭の
自律的な職能成長に対して望ましい影響を及ぼさない。教育委員会・教育長・
校長との関係保持に相当のエネルギーを消費することで，本務に対する意欲が
減退していると解釈できる。

　一方，校長の達成感の後退を決定する要因（β）は，組織マネジメント（.23），
経営資源の不足（.09），キャリア適応（-.21），キャリア停滞（.26）の4変数
であった。経営資源の不足を除くと，教頭とほぼ同様の結果である。経営資源
の不足は，校長のやる気の低下につながっているとする結果は大変興味深い。
媒介変数を含むパスとしては，「保護者要因→組織マネジメント・評価懸念・
経営資源の不足」「評価懸念→職務の過剰要求」「行政要因→キャリア適応・停
滞」「職務の過剰要求→キャリア適応・停滞」の4つが認められている。第一に，
保護者やPTAとの関係における困難さや負担感は，情緒的消耗感と同様，そ
れらが直接的に達成感の後退を引き起こすわけではない。組織マネジメントを

表12-4 「達成感の後退」の決定・調整要因

	教頭					校長				
	I	II	III	IV	V	I	II	III	IV	V
STEP 1：属性要因										
性別	.10*	.09*	.09*	.08**	.07*	.10*	.11*	.12**	.12**	.12**
年齢	.07	.05	.09**	.08**	.05	-.10*	-.07	-.03	-.02	-.02
単身生活	-.06	-.06	-.05	-.05	-.06	.02	.08	.07	.08	.08*
同居人数	-.07	-.05	-.05	-.05	-.05	-.09	-.05	-.04	-.04	-.02
未婚	.09*	.07	.05	.05	.04	.01	.01	-.01	-.01	.00
小学校勤務	-.01	.01	.04	.03	-.01	-.14*	-.01	-.02	-.02	-.04
中学校勤務	-.01	.00	.04	.04	-.02	-.03	.05	.03	.02	.00
高等学校勤務	.01	.02	.03	.03	.00	-.03	.06	.04	.04	.03
STEP 2：P-E適合										
行政要因		.33**	.15**	.13**	<u>-.02</u>		.29**	.12*	.13*	<u>.01</u>
保護者要因		.08	-.01	-.05	-.04		.18**	<u>.08</u>	.05	.08
家庭要因		-.01	-.02	-.01	-.01		.02	.01	.01	.00
STEP 3：P-O適合										
対人関係			-.10	－	－			－	－	-.11
組織マネジメント			.38**	.36**	.25**			.28**	.29**	.23**
評価懸念			.23**	.14**	<u>.01</u>			.12*	<u>.09</u>	.06
経営資源の不足			.01	-.02	-.03			.12*	.10*	.09*
STEP 4：P-J適合										
職務の過剰要求				.01	-.08				.12*	<u>.08</u>
役割曖昧職務の負担感				.04	.03				-.02	-.03
職務遂行上の葛藤				.07	.09				-.07	-.02
STEP 5：P-V適合										
キャリア適応					-.29**					-.21**
キャリア停滞					.35**					.26**
Adj. ΔR^2										
属性要因	.01*	.01*	.01*	.01*	.01*	.02*	.02*	.02*	.02*	.02*
P-E適合		.14**	.14**	.14**	.14**		.17**	.17**	.17**	.17**
P-O適合			.15**	.15**	.15**			.12**	.12**	.12**
P-J適合				.00	.00				.00	.00
P-V適合					.15**					.07**
Total Adj. R^2	.01*	.15*	.30**	.30**	.45**	.02*	.19**	.31**	.31**	.38**

Note. **p<.01, *p<.05.「－」は相関係数と標準偏回帰係数の符号が一致しなかったため分析から除外したものを示す。

はじめとするP-O適合要因が機能していないことが，保護者要因を達成感の後退につなげてしまう。第二に，教育長からの評価の不安感は，職務の過剰要求認知につながりやすく，それが達成感の後退を招いている。ただし，職務の過剰要求の認知と達成感の後退の間には，キャリア適応・停滞が媒介することも確認されている。教育長からの評価の不安感についても，それがモチベーションの低下につながるかどうかは，自律的な職能開発の実施状況によって，最終的には左右される。第三に，教頭のケースと同様に，教育委員会との関係づくりの困難さや負担感が，キャリア不適応・停滞を媒介して，達成感の後退につながっている。

（4）バーンアウト・プロセス―脱人格化―

　表12-5は，脱人格化を被説明変数とする階層的重回帰分析の結果である。
　教頭の脱人格化を決定する要因（β）は，家庭要因（.10），経営資源の不足（.14），役割曖昧職務の負担感（.19），キャリア停滞（.27）の4変数であった。これらの決定要因は，情緒的消耗感や達成感の後退とは，傾向が異なる。情緒的消耗感や達成感の後退に対して影響を及ぼしていたキャリア適応が，脱人格化に対しては影響を及ぼしていない点も，特徴的である。教頭の脱人格化は，時間的多忙の増大による身体的・肉体的な疲労によってもたらされると解釈できる。家庭生活における困難の生起に伴い，それを処理するための労力が必要となる。また，経営資源が不足している場合は，教頭が様々な職務のフォローにまわらねばならず，職務量は増加する。さらに，役割が曖昧な職務を引き受けざるを得ない教頭職は，必然と勤務時間も長くなる。そして，自律的な職能開発活動に向かうエネルギーが弱化している状況では，職務を効率的・能率的に遂行する技術の習得が困難であり，そのため要領を得ない方法で職務を遂行し，結果として長時間勤務に陥っていると解釈できる。

　媒介変数を含むパスとしては，「保護者要因→経営資源の不足」「評価懸念→役割曖昧職務の負担感」が認められている。保護者との関係における困難さや負担感は，校内の人的資源をはじめとする経営資源が不足している状況下において，脱人格化につながっている。また，自分の職務が評価されることで不利益を被るかもしれないとする不安感は，自分の職務が曖昧で拡散している状況

表12-5 「脱人格化」の決定・調整要因

	教頭					校長				
	I	II	III	IV	V	I	II	III	IV	V
STEP 1：属性要因										
性別	-.05	-.05	-.06	-.06	-.05	-.11*	-.10*	-.08	-.09*	-.06
年齢	-.04	-.02	.00	.01	-.01	-.01	.01	.04	.02	.04
単身生活	.01	.04	.05	.05	.05	-.03	.03	.03	.03	.03
同居人数	-.01	-.01	-.01	-.01	-.01	-.06	-.02	-.01	-.01	.00
未婚	.07	.04	.02	.01	.01	.00	.00	.00	-.01	.00
小学校勤務	-.04	-.01	-.01	-.07	-.08	-.22**	-.08	-.08	-.11*	-.11
中学校勤務	.00	.02	.03	-.01	-.04	-.17*	-.09	-.09	-.11*	-.10
高等学校勤務	-.09	-.04	-.04	-.07	-.08	-.16**	-.05	-.05	-.07	-.07
STEP 2：P-E適合										
行政要因		.12**	.04	.00	-.06		.21**	.06	-.01	-.02
保護者要因		.31**	.24**	.11*	.10		.38**	.31**	.20**	.18**
家庭要因		.14**	.12**	.11**	.10**		.07	.05	.03	.02
STEP 3：P-O適合										
対人関係			-.05	-.07	-.01			-.11	—	-.13
組織マネジメント			.06	.07	.03			.05	.03	.04
評価懸念			.11	.12*	.03			.21**	.11*	.14**
経営資源の不足			.18**	.16**	.14**			.21**	.18**	.17*
STEP 4：P-J適合										
職務の過剰要求				.06	.02				.05	.02
役割曖昧職務の負担感				.21**	.19**				.16**	.13**
職務遂行上の葛藤				-.03	-.06				.05	.07
STEP 5：P-V適合										
キャリア適応					-.03					.08*
キャリア停滞					.27**					.22**
Adj. ΔR^2										
属性要因	.01	.01	.01	.01	.01	.05**	.05**	.05**	.05**	.05**
P-E適合		.19**	.19**	.19**	.19**		.28**	.28**	.28**	.28**
P-O適合			.04**	.04**	.04**			.05**	.05**	.05**
P-J適合				.01**	.01**				.02**	.02**
P-V適合					.04**					.02**
Total Adj. R^2	.01	.20**	.24**	.25**	.29**	.05**	.33**	.38**	.40**	.42**

Note. **p<.01. *p<.05. 「-」は相関係数と標準偏回帰係数の符号が一致しなかったため分析から除外したものを示す。

下において，脱人格化につながっている。

　一方，校長の脱人格化を決定する要因（β）は，保護者要因（.18），評価懸念（.14），経営資源の不足（.17），役割曖昧職務の負担感（.13），キャリア適応（.08），キャリア停滞（.22）の6変数であった。教頭と類似の傾向が認められており，身体的・肉体的な疲労につながる要因が複数確認されている。

　なお，媒介変数を含むパスとしては，「行政要因→評価懸念・経営資源の不足」が認められている。教育委員会との関係において困難さを感じること自体は脱人格化には直接つながらない。評価への懸念や経営資源の不足を感じることで，脱人格化は引き起こされている。

4．総括的考察

　本章の目的は，学校管理職のバーンアウトに至るプロセスを解明することであった。バーンアウト要因として情緒的消耗感・達成感の後退・脱人格化を設定し，各職位ごとに適合理論アプローチの視点からプロセスの探索的分析を試みた。

　まず最初に，我々は，バーンアウト要因およびストレッサー要因の得点について，教頭と校長の比較を行った。分析の結果，バーンアウトの3要因については，いずれも，教頭の方が有意に高い水準にあることが確認された。また，多くのストレッサー要因についても，教頭の方が高い数値を示していた。教頭の方が校長に比べて，様々な不適合状況を経験しやすいポストであることが示されている。

　教頭と校長のこうしたバーンアウトおよびストレッサー得点の違いに着目し，バーンアウト・プロセスについても，職位を分けて分析を行った。しかし，バーンアウト・プロセスについては，教頭・校長間でのいくつか差異[6]は認められているが，全体としては，類似したプロセスであった。バーンアウト・プロセスの詳細については，前章において記述したとおりである。ここでは各バーンアウト要因ごとのプロセスの特徴について若干の考察および知見の整理を行う。

　情緒的消耗感　　学校管理職の情緒的消耗感は，教育委員会・保護者・家庭

生活といった外部環境要因によって直接引き起こされるものではない。それは，学校管理職にとっての中核業務である組織マネジメントが機能しているかどうか，職場内の人間関係が良好であるかどうか，自律的職能成長が進んでいるかどうかなどの学校組織の内部要因によって直接引き起こされている。この分析結果からは，バーンアウトを引き起こしやすい学校管理職のイメージを提示することができる。すなわち，組織マネジメントのノウハウを持たない学校管理職（組織マネジメント），学校組織にチームワークを形成できない学校管理職（対人関係・職務遂行上の葛藤），学校経営について主体的・積極的に学ぶことができていない学校管理職（キャリア停滞）である。

達成感の後退　学校管理職の達成感の後退は，情緒的消耗感とはやや異なったプロセスで発生する。情緒的消耗感の決定要因として特徴的であった，対人関係や職務遂行上の葛藤は，学校管理職の心理的疲弊を招いたとしても，やる気の後退にはつながっていない。学校管理職のやる気は，組織マネジメントの機能不全とキャリアの不適応・停滞によってもたらされる。学校管理職の中核業務がうまく機能しない場合，学校経営について学ぼうとしていない（事情があって学べない）場合，やる気は後退している。また，校長の場合は，経営資源の不足が，やる気の後退を直接的に生起させる重要となっていた。

脱人格化　脱人格化は，情緒的消耗感および達成感の後退とは，異なるプロセスによって発生していた。家庭要因，保護者要因，経営資源の不足，役割曖昧職務の負担感等，時間的多忙とそれに伴う身体的・肉体的疲労を感じやすい要因が，脱人格化の決定要因であった。これらは，学校管理職がコントロールしにくい要因という点で共通している。ただし，キャリア適応は，脱人格化の抑制にも機能している。学ぶ意欲を持った学校管理職の強みがここでも認められている。

　学校組織のリーダーである学校管理職のバーンアウトは，組織に対して甚大な被害をもたらす。自律的職能開発に熱心に取り組む学校管理職，すなわち，学校経営について積極的に学ぶ姿勢を持った学校管理職は，情緒的消耗感・達成感の後退・脱人格化の全てのバーンアウト要因を抑制していた。また，組織マネジメントを機能させている学校管理職は，情緒的消耗感と達成感の後退を抑制していた。さらに，対立を調整しチームワークを形成することのできる管

理職は情緒的消耗感を抑制していた。こうした態度・行動を備えた学校管理職がいる学校組織では，リーダー層のバーンアウトに伴う組織の瓦解を経験する確率は低い。組織マネジメント能力，チームワーク形成能力，キャリア適応力を備えた者を積極的に学校管理職に登用すべきことが本研究より示唆される。これらの能力が乏しくとも，学校管理職は務まるかもしれない。しかし，外部環境が変動すると，そうした学校管理職は，もろく崩れる可能性が高いことを忘れてはならない。

　なお，本研究では，学校管理職の外部ネットワークが分析に含まれていない点（分析モデルの精緻化），地域レベルの影響を分析に取り入れていない点（マルチレベル分析の実施），観察やインタビュー等によるバーンアウト・プロセスの記述分析の実施（研究方法の改善），そして，学校管理職のメンタルヘルスの実践的方法の提示が今後の課題である。

【注釈】

（1）同調査において，職位ごとの数値が示されるようになったのは平成20年度間調査からである。したがって，同調査データからは，学校管理職に限定した「精神性疾患を理由とする休職者数」増加傾向は確認が困難である。

（2）希望降任者は各自治体での制度整備と相まって，平成16年度81名から平成21年度223名（校長9名，副校長等90名，主幹教諭121名，その他3名）へと増加している（文部科学省，2010）。一方，管理職試験については全国動向の確認できないが，東京都における低倍率の状況が報道されている（日本経済新聞2010年2月22日付・読売新聞2011年9月3日付・朝日新聞2011年10月25日付）。

（3）本研究では，学校管理職の心理的ストレス反応として「バーンアウト」に着目する。学校管理職のメンタルヘルスの実態を理解する上で，バーンアウト（田尾・久保，1996）の概念は大変有用である。バーンアウト（尺度）とは，心理的問題である「情緒的消耗感」，士気の低下などからなる「達成感の後退」，同僚やクライアントへの人間関係の不全化などからなる「脱人格化」によって構成される。バーンアウトは，心理的ストレス反応の高さだけでなく，サービスの質的・量的低下自体も把握できるという利点を有しており，職業人の心理的ストレス反応の測定に適している。

（4）調査対象県には，主幹教諭は配置されてるいるが，サンプル数が少ないため，今回の調査対象からは除外している。

（5）経営資源の不足は α 係数が.70を下回っているが，これは極めて重要な変数であるため，分析において使用することとした。

210   第12章　管理職段階をめぐる課題

（6）例えば，教頭の場合，部下・同僚との対人関係が情緒的消耗感の直接的・間接的な決定要因となっているが，校長にはこの効果は認められていない。また，校長の場合，経営資源の不足が達成感の後退の直接的な決定要因となっているが，教頭にはこの効果は認められていない。さらに，脱人格化については，ワーク・ライフ・バランスの不適合（家庭要因）の影響が教頭においてのみ認められている。一方，保護者対応の負担感（保護者要因）が校長の脱人格化の直接的な決定要因となっている。教頭は様々な事象の「調整」が，校長はトップとして意思決定を行う「責任」が，それぞれバーンアウト・プロセスの根底にあると解釈できる。

第13章　まとめにかえて
―本質的な意味での「メンタルヘルス＝キャリア」への提言―

増田健太郎・露口健司・高木　亮

1．問題と目的―教育の光と影―

　第2章では戦後史の視点から日本の学校と教師の役割と実態の変化を確認した。それよりさらに以前から，少なくとも明治以来，日本の学校教育は日本の科学と産業の発展を支え，着実に日本を豊かにし日本人を懸命に優しくしてきた。この大きな原動力の一つに「献身的な教師像」とまでいわれる日本の教師達の勤勉さと，学習指導だけではなく生活指導も含めて，子供の成長・発達を包括的に関わってきた姿勢を挙げても間違いではなかろう。日本の近代公教育には3つの教育改革が存在するが，度重なる制度の変化や教育課程の刷新は子供観・教育観の変化の中で学校教育は概ね満足すべき成果をあげてきたといえる。現在も第3章で見たような第三の教育改革が課題を持って進行中である。これに加えてICT教育や消費者教育，英語教育，キャリア教育など新しい教育内容が社会から要請されている。明治以来の新しい教育の要請があるたびに教師たちは様々な場で学び，新しい知識や技術を取り入れながら社会の期待に応えようとしてきた。筆者らはこれからの教育改革と教師の活躍に敢えて楽観的な視点を持ち提示していきたいと感じる。

　しかし，このような“光”がある一方で，“影”も存在する。教員のストレスはこの影の部分であり，光の部分がこの教育活動の充実であり教師のキャリアである。第1章の趣旨はこの光としてのメンタルヘルスが影としてのストレスや不健康と混同されているという指摘であった。本書はこの影だけにとらわれるのではなく，影の部分も光の部分も解明し，健康と教師の充実そしてそれによって得られる教育活動の充実，ありていにいえば学校の輝きを確保したいと議論を進めてきた。当然，この影から学ぶべき点も多い。例えば，丸谷・久場川（1987）は80年代に社会問題となった非行・登校拒否（現在の「不登校」

とほほ同義）などの児童生徒の病理現象との関係で教師のうつ病や自殺の増加を指摘し，教員養成機関である大学と教員採用試験の改めるべき課題，さらに学校をめぐる管理構造の見直しを指摘している。第2章で見たとおり生徒指導が現在と同じ定義の問題として定着した直後，今から四半世紀前にすでに本書が目指した課題は指摘がなされていたのである。本章ではこの課題意識に本書のまとめとしてできるだけ具体的で建設的な提案をまとめていきたい。

前『学習指導要領』（1998年改訂）では児童生徒の「生きる力」を目指す「新学力観」が示され，学校も「開かれた学校」と再定義された。現行『学習指導要領』（2008年改訂）もこれを受け継いでいる。俗に呼ばれる「ゆとり教育」批判や，学校週5日制の導入，様々な学校組織の制度的な変革は学校現場の多忙感と混乱の原因となったことは否めない。また，副校長や主幹教諭，指導教諭という法定のミドルリーダーの制定は学校組織のピラミッド構造の形成を意図していることは間違いない。学校と教師は以前より日常的に子供や保護者から見られる存在であったが，学校評価等をめぐる諸制度はさらに学校と教師を評価される客体にまで進めつつある。このような変革の最中に，教師の健康と職業上の幸福，さらにこれを支えるあり方を考えることは有意義なことであろう。臨床心理学的視点と学校組織の改善に関する視点，さらに教師論の視点それぞれから教師個人自身であり，学校，教育行政への提言をまとめたい。

（増田健太郎）

2．教師の「メンタルヘルス＝キャリア」を支える学校組織

（1）学校組織の改善に着目する意義

　教師のストレス反応は個人レベルの問題であるとともに，組織レベルの問題でもある。ある学校ではやりがいを持って，活き活きと働いていた教師が別の学校では多忙感にさいなまれてしまうような状況などはよく見られる。また，"前の学校では充実感を持って勤務できたが，今度の学校では……" という状況もよく聞かれる。教師のストレス反応は学校や学級での教育活動の状況とともに，学校組織の要因によって説明される面が少なくない。学区の状況や児童生徒・保護者の生活状況等はすぐに改善されるものではない。そこで改善が期

待できる学校組織の改善課題と学校組織を悪化させない2つの視点で考えてみよう。

　ある米国の研究では，教師のストレスレベルが高い学校を「有毒文化」におかされた学校と記述している（Deal & Peterson, 2002）。有毒文化に侵された学校では，例えば，絶望について語られることが多い。そのような学校では"どうやってもムダだ……"といった冷笑が見られるのである。とにかくそこでは負担についての会話や疲労感について語られることが多い。"何からやればいいのか"，"どうすればよいのか"などの混乱も認められやすい。"こんなに努力しているのに……"との恨み節もそんな状況ではよく聞かれる。下方向の同調圧力が機能し，頑張っている人の足を引っ張る。絶対的な"正しさ"を唱える集団もそこでは形成されやすくなる。教師のストレスでありキャリアのリスクは個人に留まらず，組織内に浸透し，連鎖していくものであることをこの研究は教えてくれる。

　当然，逆に望ましい影響を与える組織文化も存在する。これら望ましい学校組織作りは筆者の今までのリーダーシップに関する研究成果（露口，2008a）や学校が児童生徒・保護者，地域住民に対する信頼確保を成しうるかの研究（露口，2012）を参照いただくこととして，本節では"組織の望ましくない文化を抑える"という視点に立って考えてみたい。何故なら，前者が長い経験と努力，才能を要するのに対して，後者は内省と一定の我慢，常識により確保できるからである。

（2）教師ストレスを高める学校組織文化

　どのような組織文化が教師のストレスを高め，キャリアや働く充実感のリスクとなるのであろうか。望ましい学校のあり方を目指した露口（2008a）は，学校組織文化を5つの次元において捉えている。第一は創造性である。創造性の高い学校とは，環境に適応した新たな実践を志向しており，専門性・職能成長・目標達成・変革等の価値が浸透した学校を示す。第二は職務環境性である。これは，私生活への配慮や会議の効率化，時間的ゆとりなどの働きやすさに関する価値が浸透した学校である。第三は自律性である。これは周囲からの圧迫感が少なく，自由裁量の価値が認められている学校を示す。第四は同僚性であ

214 第13章 まとめにかえて

る。これは同僚相互のコミュニケーションや相互支援の価値が浸透している学校を示す。第五は規律性である。これは，服務規律や提出物期限に関する厳格さの価値が浸透している学校を示す。学校をめぐる社会環境は戦後一貫して学校の変化を要求してきたことは本書第3，4章を見れば分かるが，現在にもこの文化が必要であることは容易に理解いただけよう。

露口（2008a）はこれらの組織文化のうち，教師ストレスを抑制する効果を有しているものとして職務環境性と同僚性の効果を明らかにしている。言い換えれば，職務環境性つまり働きやすさと同僚性つまり支えあいの価値が浸透していない学校では，教師のストレスが高まってしまうのである。このような文化を破壊しないこと，そして文化を少しずつでも育てていくことが本書の課題に応える方向性であるといえよう。

（3）教師のストレスを高める「左うちわ校長」

それでは "働きにくく，支えあいに欠ける学校" はどのように生成されるのであろうか。一時期注目された変革型リーダーが，仕事を増やし，教師のストレスを高めているのであろうか。答えは「否」である。変革型リーダーのいる学校（小学校）では効率化が進むため，逆に働きやすさはアップするのである。変革型リーダーの対極に位置する「左うちわ型校長」の学校において注意が必要である（表13-1）。

例えば，変革型校長は，明確かつ簡素な関係者が達成したいと思う魅力的なビジョンを自らが打ち出す。左うちわ校長はビジョンをミドルリーダーに提案させる。この学校をどうすべきかについて，ミドルが一番よく知っている。

変革型校長は学校で生じた事象や数値に対して責任を負う姿勢を示す。これに続き，職員も事象や数値に対して責任を負う姿勢を示す。職員は意欲的に新たな実践に挑戦し，安心して働くことができる。左うちわ校長は責任問題が発生しそうなこと，また，いい逃れしづらい数値が出るようなことを阻止しようとする。何よりもこのような人物は自己の安泰が一番である。

変革型校長はネットワーク（人脈）を教育・経営課題の解決のために適切に活用する。左うちわ校長は，校長会などの主要ポストを獲得するためにネットワークを活用する。彼はエネルギーの向かう先が学校以外の場所にあるのであ

2. 教師の「メンタルヘルス＝キャリア」を支える学校組織　215

表13-1　変革型校長と左うちわ校長の対比

変革型校長	左うちわ校長
【ビジョンを描く】 明確かつ簡潔な，関係者が達成したいと思うグランドデザインを描き，人々に伝える。	【ビジョンを描かせる】 グランドデザインは，ミドルが起案する。この学校をどうすべきかについては，ミドルが一番よく知っている。
【責任の引き受け】 学校で生じた事象，数値に対して責任を負う。	【責任の回避】 責任問題が発生しそうな数値が出ることを阻止しようとする。
【問題解決ネットワーク】 学校における教育・経営課題解決のためにネットワークを活用する。	【政治ネットワーク】 公聴会等の主要ポストを獲得するためにネットワークをフル活用する。
【積極的経営姿勢】 見たくないものを見ようとする。リスクをとって前進することに意欲的。	【現状維持の経営姿勢】 見たくないものは見ない。しかし，些細な事項の危機管理にはものすごく意欲的。
【成果への配慮】 職員集団としての成果に最も配慮している。	【負担への配慮】 「職員の負担に配慮」と言いつつ，実は自分の負担に最も配慮している。

る。

　変革型校長は困難な現実を直視し，見たくないものを見ようとする。リスクをとって前進することに意欲的である。左うちわ校長は見たくないものは見ない。しかし，監督責任を問われるような危機管理事項（例えば，取るに足りないような個人情報の保護など）については大変意欲的である。

　変革型校長は職員団全体の"成果"に関心を示す。成果を上げるにはどうすればよいか日々思考している。左うちわ校長は"職員の負担に配慮"といいつつ，実は自己の負担に最も配慮している。

　左うちわ校長の学校では，ミドル層を中心に職員が疲弊し文化が混乱していく。ビジョンがないからみんなが忙しい。優先順位がつけられない。そして，後手を踏むから忙しい。ミドルが優秀であれば，成果は高まるかもしれないが，そうでない場合は悲惨である。

（4）周りを巻き込むデビルリーダーシップ

　「デビルリーダー」とは管理職の権限をうまく使いこなせず，地位に取り憑かれてしまい，不可解かつ非生産的な行動を繰り返し，組織あるいはメンバーに害を与えてしまうリーダーを示す（露口，2011）。「デビル」は，校長だけ

216　第13章　まとめにかえて

でなく副校長・教頭にも当てはまる。教諭の時代はよい先生だったが，管理職の地位に就くやいなやポスト（悪魔）に取り憑かれ，学校の機能を破壊していく。デビルリーダーは「サーバントリーダー」（池田・金井，2006）すなわち，奉仕貢献型リーダーの反対のタイプと考えることができる。これを表13-2を基に整理して考えてみよう。

　サーバントリーダーは子供・保護者・職員の利益を常に本人の利益よりも優先し，行動する。デビルリーダーは自分の利益を常に最優先する。無謬意識が強く，失敗は他人のせいにする。

　サーバントリーダーは職員らの精神的不安を未然に取り除き，また，相談に対するコメントが示唆的である。組織に安心感を醸し出す。人がしたくない仕事を進んで引き受けることもある。デビルリーダーはリーダーの存在が職員らのストレッサーとなり，学校にストレスや不安感を充満させる。自分がしたくない仕事は部下にさせる。

　サーバントリーダーは実現したくなるビジョンを示し，説得力豊かに人々を納得させる。道徳的権威で人々を動かす。デビルリーダーは自分の意志を権限

表13-2　サーバントリーダーとデビルリーダーの対比

サーバントリーダー	デビルリーダー
【愛他的使命】 子供・保護者・職員の利益を，常に本人の利益よりも優先している。	【利己主義】 自分の利益を常に最優先する。無謬意識が強く，失敗を他人のせいにする。
【情緒的安定／癒し】 職員らの精神的不安を未然に取り除き，また，相談に対するコメントが示唆的。組織に安心感を醸し出す。人がしたくない仕事を引き受ける。	【情緒不安定】 リーダーの存在が職員らのストレッサーとなり，学校にストレスや不安感を充満させる。自分がしたくない仕事は部下にさせる。
【賢明さ】 現実を対極的に把握し，多様な危機に対して油断なく配慮している。有言実行。	【硬直性】 些細な出来事に関心を持ち，それにこだわる。思考が硬直的で部下の話に耳を傾けない。言葉と行為の乖離。
【説得力】 実現したくなるビジョンを示し，説得力豊かに人々を納得させる。	【強制】 自分の意志を，権限や権力によって実現しようとする。
【組織的貢献】 学校・教師が社会に貢献する可能性を示す。学校に希望と可能性をもたらす。	【組織私物化】 学校は自分のステップアップのための道具。学校に絶望感をもたらす。

や権力によって実現しようとする。ポジションパワーに依存して人を動かそうとする。

サーバントリーダーは学校・教師が社会に貢献する可能性を示し語る。学校に希望と可能性をもたらす。デビルリーダーは学校に絶望感をもたらす。"この校長のいる間は何をしてもダメだ……"と職員はつぶやいている。

（5）「左うちわ」と「デビル」は何故誕生するのか

学校管理職のリーダー行動は教師のストレッサーの一部であり，望ましい可能性の少ない性質のものをもたらすとすれば，「左うちわ」や「デビル」の誕生を抑制したり，行動を変容させることが本書の目指す，本質的な意味でのメンタルヘルスであり，教師のキャリアにとって重要である。

「左うちわ校長」がうちわを右手に持ち替えて全力であおぐようになるには，どうすればよいのか。「デビル」の呪いをとくにはどうすればよいのだろうか。しかし，これらのテーマに明快な答えは見つかっていない。ネガティブリーダーを対象とする調査研究の実施が極めて困難なのである。なぜなら，研究者を寄せ付けないからだ。ライフヒストリーの記述などを通して，今後の調査研究によって明らかにしていきたい。

（露口健司）

3．教師の「メンタルヘルス＝キャリア」を前向きにするために

（1）教師のメンタルヘルスと不健康

朝日新聞の全都道府県政令市の教育委員会対象の調査によって，公立学校での中途退職教師は全国で毎年12,000人を超え（2009年度の全本務者に対する退職率は1.51%），在職中の死亡者が年間約600人であることが明らかにされた。文部科学省が毎年公表している教員の精神疾患による病気休職者数も増加が止まらないことは本書でもすでに取り上げているところである。平成2年度には全休職者における精神疾患の比率は3割未満であったが，平成18年度から6割を超えるまでになった。つまり，教師のメンタルヘルスの毀損という状況は年々悪化し，これは職を早期に去るリスクとも連動しているのである。

218　第13章　まとめにかえて

　筆者らは平成18年度に「教職課程履修学生と初任者教員，公立小中学校教員対象ストレス反応調査」を行った[1]。ここからストレス反応が「高い」と「やや高い」を合計すると履修学生が34.9%，初任者が30.4%，教諭が24.7%であった。むしろ，教職課程受講者のストレスの高さなども目立つ。この結果から「求められる教師像」そのものといえる性格特性つまり生真面目さや誠実さ，一生懸命さなどが宿命的にストレス性精神疾患自体のリスクであることも推察できる。つまり，求められる教師像という理想に近づけば近づくほどストレッサーを感じやすい人生やキャリアを担うことになり，健康リスクが高まるのである。ほぼ同様のことが対人援助職のバーンアウト研究でも指摘されているが，教師と教職志望学生が持つ適性自体が宿命的な健康のリスクであることは押さえておきたい。

（2）教師のストレスの原因とその対策

　一般企業と教師のストレッサーを比較した研究[2]では「とても疲れる」と「やや疲れる」の合計は一般企業の職業人が72.2%であるのに対して，教師は92.5%であった。また，600名の教師を対象とした面談調査によるとストレッサーの特徴は仕事の量つまり多忙・多忙感が30.8%，保護者との関係が20.1%，生徒との関係が15.5%と上位を占めた。

　仕事上のストレッサーがあるとみなが病気・疾病になるわけではない。ストレッサーには家族の悩みや個人的な悩みなど，仕事以外の要因もある。これらの様々なストレッサーは，それを感じる性格や生活状態等の個人的要因の影響を受ける。その結果として，不安やイライラ，頭痛などのストレス反応が引き起こされ，そのストレス反応が深刻化したものが病気・疾病である。

　第3章で論じられているように，ストレッサーを感じても，ストレス緩衝要因によってストレス反応も疾病も予防できたり緩和することができる。教師にとっての緩衝要因としては学校内での管理職のサポートやアドバイス，同僚のサポート，協働性のある学校組織文化，家族や友人などの学校外の人的サポートなどがある。加えて，前述した教師が持つ特性というリスク自体をみながそれぞれ理解しつつ，教員としての専門性スキル向上のための研修が確保できれば緩衝要因になると期待できる。

第1章で論じられたとおり，現在「メンタルヘルス」といえば精神衛生つまり疾患の治療と予防にそのニュアンスの主軸を置いている。教師の真の意味でのメンタルヘルスつまり疾患の治療と予防に加えて，充実感や幸福の確保，未来を目指すことは，現状では教師特有の精神的特性とともに，学校教育の制度的・構造的・慢性的要因からくる多忙感とストレスなどの様々な要因を乗り越える枠組みつまり「望ましいストレスの循環（ユー・ストレス・プロセス）」（宗像，1995）を考えることが有効であろう。本節では学校組織で対応できる2つの対策（ミクロな変革）と教育行政単位で行い得る2つの対策（マクロな変革）を次に提案し議論したい。

ミクロな変革の提案1　　まずは，コミュニケーションを促す場と時間作りの仕掛けを考えてみたい。教職員の研修も職員室の雰囲気も以前はレクレーション的で親睦的な雰囲気があった。しかし，社会の目が厳しくなったことや，教師に時間的・精神的ゆとりがなくなったことで，関係作りを促進する場がなくなりつつある印象がある。「職員室で会話をすることがなくなってきた」であったり「他の先生が何を考えているのか，何に困っているのか，わからないことがよくある」，「事務的な打ち合わせや生徒指導上のことは話すが，日常的な雑談や教育論議はほとんどない」ということを現職の教師はよく訴える。近年はマスコミの「ゆとり教育」批判により「ゆとり」という言葉自体が諸悪の根源のようなニュアンスを付加されてしまった。

　日常生活の雑談も含めて，教員同士のコミュニケーションの時間的保障はメンタルヘルスの観点でも重要である。授業方法や評価方法，会議のあり方や「効率的・効果的」な教育の方法を一緒にゆっくりとお茶を飲みながら考えるコミュニケーションの時間を作りだすことが重要である。その会話の中に，指導の小技やネタ，指導のポイントが織り込まれ，教師の専門性が伝承され，学校の発展とキャリアの充実の種となるのである。また，専門性が高まり，学校がうまく動くようになればストレス自体はより積極的な意義のあるものに質を変えていくことになろう。

ミクロな変革の提案2　　2点目は学校と学年の"チーム力"の創造の課題である。日本の学校は運動会や合唱コンクール，修学旅行といった学校・学年行事によって，児童生徒が成長する他国に比べて素晴らしい機会を保障してい

る。しかし，行事の消化に追われ，行事が終わった後にマイナスの面ばかりの反省に追われるようになっていないだろうか。

　子供と同様に，教師も他者から認められ，褒められて初めて充実感と達成感を感じることができる。行事に取り組む最中でも終わった後でも"先生のクラスのあの子，光っていたね"，"あのダンスは最高によかったね"など，具体的に言葉で褒めていくことが有効である。

　また，生徒指導のことで家庭訪問や保護者と会う時や児童・生徒を指導する時は同僚と力をあわせて，複数で対応することも勧めたい。その日の出来事はその日のうちに誰か同僚と一緒に話すことが，健康の確保と今している仕事の意義を確認しキャリアをより明るくしていくことに重要である。

　また，家庭訪問の後，職員室の机の上に，付箋で"お疲れ様。明日，話を聴くからね"の一言があるだけで，疲れた心は救われるものである。これらの繰り返しが多忙感を充実感に替え，やる気を生み出し，学校・学年それぞれの"チーム力"を醸成する土台になるのである。時間はかかるが，これは本章ですでに示した学校文化を豊かにする。特殊なストレッサーを除き，職業上のストレッサーは健康リスクではあるが有益なキャリア展望のきっかけになるものでもある。ストレッサーであっても，有益な未来にエネルギーを変換してくれる可能性を持つ仕組みとしての文化の創造に注目してもらいたい。

マクロな変革の提案1　　春季休業の長期化の提案をしたい。教師には教育活動を評価し，新たな課題を考えたり，授業を創造的に作っていく時間が必要である。健康確保のための休みやゆとりというだけでなく，キャリアのために投資する時間としてイメージしてもらいたい。そのために必要な時間の確保を考えたい。そこでの一案が春季休業の長期化を提案である。年度末と年度はじめは卒業式や学校・学年・学級経営の総括，教材・教具の整理，教室の整備，各種文書作成，指導要録の記入，学級編成，入学式・始業式など休日返上で職務に追われることになる。これらに加え，学校評価と教員評価が近年加わった。さらに，人事異動が伴うと荷物に文書の整理，引継ぎを経てあわただしく新しい学校で担任や文章を担うことになる。第3章で見たように，これらはストレッサーでありながら適応しないわけにはいかない課題群である。

　新年度の4月から新鮮な気持ちで新しい子供たちと出会い，しっかりと職務

を担い，学校改善と自らの教育活動を向上させるためには，３月末から４月はじめの春季休業を少しでも長期化することが有効であると提案したい。授業時間の確保には夏季休業を減らしたり，近年本格化しつつある土曜日の半日授業の復活などでも対応できよう。教育委員会の『学校管理規則』の変更に関わるような改善案である。検討課題なども多いと思われるが，年度末に心身の区切りをつけて，新年度を迎える心の準備と授業・行事の準備時間は是非とも期待したい変革である。これは児童生徒に対する教育成果にもすぐよい影響を与えることが期待できる。

マクロな変革の提案２　　研修システムの改善について考えたい。教員の「メンタルヘルス」（というよりは正確には精神衛生であり健康リスク）の危機は知られながらも，その具体的対策はあまり行われていないのが現状であろう。そこで，教員養成から教師個々人の今までや年齢といったキャリア発達の課題を考慮して体系的で専門的な能力向上といった，真の意味でのメンタルヘルスとキャリアの理解を研修システムに導入することを提案したい。教師には養成から採用，研修（初任者研修，５年経験者研修，10年経験者研修，20年経験者研修，管理職研修，校内研修，教員免許更新講習）など多様な研修の機会がシステムとして構築されている。研修とはそもそも，地方公務員法において「研修と修養」とされたものをあわせた単語である。つまり，自らの持ち味を研き，究めつつ，職業上基本として踏まえておくべき事柄を修め，その専門職としての身を養うことである。教師の多忙とともに研修の仕組みを作る教育行政にあまり人員や時間などの余裕がないことと，さらに修養すべき知識や技能，態度が次々と増えていくことは踏まえた上で，それでも教師の年齢や性別といった属性，今までの経験（出身校や勤務校の履歴など）などをできるだけグループ化したり，個に応じる対応を組み込んでいくと有益であろう。

　いずれについても指摘できることであるが，教師の健康リスクを抑えつつ，将来に向けて前向きな職業生活を続けてもらうような決意をしてもらう，そのような真の意味でのメンタルヘルスには本人と同僚という枠組みに加え，学校のリーダーである校長，制度・システムと資源を管理する教育行政をあわせて，いずれもが貢献できる枠組みが必要である。　　　　　　　　　　（増田健太郎）

4．治療・予防・開発に分けた役割分担

(1) 治療・予防・開発（メンタルヘルス）と学校改善・職業充実（キャリア）の役割分担

　第1章では精神疾患とメンタルヘルスのもともとの定義を抑えつつ，そこに健康を損なった病的状況の対応である治療的課題と，健康を損なうリスクの高い状況である予防的課題，さらに病的な状況のリスクを離れて，充実した，幸せな，将来に見通しを持った状況を目指すという開発的課題のそれぞれがあることを考えた。現在の研究の課題は第1章に示したとおりであるが，現場に向けた改善の課題として研究者から提言を行いたい。そこで本書の目的であるメンタルヘルスとキャリアについて今までの議論を経て作成したのが図13-1である。ここではストレスを少し相対化して考えてみたい。

　すでに見てきたように教師にとって職務や職場環境，個人的なストレッサーは日常的に広いさまざまなものがある。そのように多様なストレッサーの蓄積の結果としての心理的健康状態の全体像が図13-1である。左に行けばいくほどストレス反応が深刻な状態で，右に行くほどストレス反応が落ち着くだけで

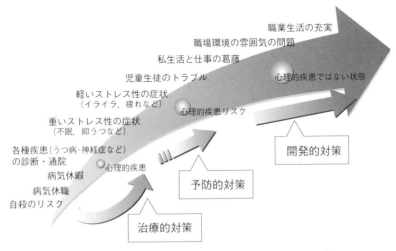

図13-1　治療・予防・能力開発による「真のメンタルヘルス」

なく，生活が充実した状態となる。すでに第1章で見たように，以前には精神衛生と呼ばれた概念は疾患の状態からの治療的対策と疾患に陥るリスクが高い状態のリスク低減を指した。これは図13-1の治療から予防の対策課題までを範囲とする。

　メンタルヘルスとはこの治療・予防的な課題も含めて，当面の疾患のリスクが少なくともより充実・幸福や能力を未来に向けて志向していく開発的な対策を含んでいる。治療において問題になる疾患等については心因性の心身の疾患・不調（例えば，うつ病や神経症，心因性の頭痛，不眠など）が挙げられる。予防的な対策とはこのリスクの高い状態に早くに気がつき，治療的状態から落ち着きかけた状態をフォローするまでを指す。開発的な対策とはストレスの耐性や職業上の能力の開発，そして充実した職業生活を通して幸福を実感することまでを目指している。本来の意味でのメンタルヘルスとは，例えば病的な状態であろうとも将来を見据えて前向きな方向性を持つ（図13-1の治療的対策の矢印）ことや，疾患リスクを少しでも低減させていくこと（図13-1の予防的対策の矢印）も含めつつ,健康だけでなく充実・幸福，能力開発を見据えていく未来を志向していくこと全般（図13-1の右向きの矢印）を目指すといえる。現状が仮に"健康"とはいえなくとも，充実を目指す意思を力強く持てば，これは"健全であろう"とすることである。様々な条件や運まで含めた結果としての健康よりも，意志や態度・行動といった結果を変えようと試みる健全により意義がある。

　近年は精神科医でもある産業医が，現在のストレッサーを未来とあわせて理解することが疾患の予防にとって前提的な意味を持つことを指摘している（吉野，2013）。つまり，病気の治療と予防さらに開発は概念としてそれぞれ独立の単語であっても不可分なのである。このような本来の意味でのメンタルヘルスの意味が，今の学校や日本社会の余裕のなさから以前の精神衛生の定義と同じ内容に戻ってしまっているのが現状である。このような未来を志向するという意味で敢えていい直さなければならなくなった「真のメンタルヘルス」を短期・中期的に探していくことが，中長期的に教師のキャリアを適切に形作っていくことになろう。

（2）教師個人の責任

教育に無意味なストレスはないとの自覚　筆者も含めて大学教員や専門家とは問題や事件を過剰に提示する傾向がある。その意味でマスコミと変わらず，"世間の不幸を飯の種"にしている部分がある。そのため，必要以上に状況を大騒ぎをしてしまう部分がある。非難と批判，課題を曖昧にした教育をめぐる「研究」や「報道」の存在が教師にとってストレッサーをもたらしている部分がある。確かに現在の学校生活・生徒指導の諸問題や学力，教育課程をめぐる課題は少なくない。しかし，先進国の中で平均して明らかに低い日本の犯罪率や災害時も安定している公共性，労働力の質の高さは日本の特徴である。また，それを少なくとも戦後支えてきた存在の一つとして日本の学校と教師はもう少し誇りを持っていいように感じる。この日本を支えてきた「対価」の一つが教師のストレスなのである。

　第2章と第3章で見たように，日本の教師の素晴らしさは自らの多忙や多忙感を積極的に増やしてまで学校改善や自らの能力開発の課題を新しく担おうとする点である。児童生徒に対する授業や学級経営，生徒指導，それらに不満や難しさや疑問を感じることはあっても，それらは決して未来のために無意味なストレッサーではないことを是非自覚してもらいたい。"一見ムダのように感じる努力"と"ムダな努力"はイコールではない。生徒指導や特別支援は成果が見えにくいため"一見ムダのように感じる努力"が多いことを理解することは職務ストレッサー改善の第一歩である。その上で，ストレッサーが多くとも，またこれから予期しない職業上の新たなニーズが次々に生じても健康に未来の学校と教職の充実を目指して乗り越えてもらいたい。ここで終わればただの精神論で終わってしまう。努力を継続し，その成果を感じられる学校や行政などの環境づくりが科学の手で必要である。これらの課題を研究者や大学教員は科学的根拠のもとに対応しつつ，敢えての楽観的な未来を現職教師と未来の教師になる教職履修学生に夢をもって語る必要があろう。

キャリアの適応への努力　キャリアとは職業人にとっては発達と変化を続ける自分自身と社会環境の折り合いをつけ続けることである。そのため，変化に折り合いをつける作業つまり適応は最初は不適応というストレッサーとして乗り越える（適応する）ことを要求する。同じストレッサーでも無意味であっ

たり間違った要求とは乗り越えるのではなく距離を置くことと，過大な不適応の課題は適応可能なペースでこの折り合いをつけていく作業がキャリアである。

　教職を志したころや，職に就いたばかりのころから時間がたち，自分の私生活が変化し，仕事にも今までとは違うニーズや課題が生じるが，それらに楽観的で妥協的ながら前向きに適応していく能力を身に付けることが教師にとって大きなストレス耐性になることが確認されている。これはキャリア適応力（教師については高木ら，2006；高木ら，2008；興儀ら，2011など）やキャリアトランジッション（森本，2014など）と呼ばれるものがある。具体的には将来の自分の職業に希望を持ち，将来を現実的に考え，可能な範囲で将来への努力を投資していく意識・態度・行動からなる。これは，むしろ職業上のストレッサーが高い状況が原動力になることも明らかにされている。これを積み重ねていけば職能成長が進み，仕事が児童生徒にも自分にも充実したものにつながるし，健全な心身の状態に近づくことが期待される。"多忙"で"苦しく""将来を考えるゆとりがない"と思う状況でこそ，将来の自らのために展望といえるような夢を持ち投資する努力を大切にしてもらいたい。

　予防や治療が必要な際の気づき　　ストレスの危険な蓄積に気づくために，産業医は「けちのみや」の原則を指摘している（鈴木，2005）。つまり，普段そのような傾向のない人物が急に，「け」欠勤が目立つ，「ち」遅刻をする，「な」泣き言をいう，「の」能率が下がる，「み」ミスが増える，「や」辞めたいという，などの労働者の病的行動特性のポイントである。自らも同僚もこのような状況になったら一定の休みをとり（予防的な年次有給休暇取得），気になる症状があれば病院に行くことを職場は強要してでも促す必要があろう。特に，一般職業人において精神疾患による病気休暇取得以上の状況になれば管理職や周囲の同僚のストレッサーは3割から5割増加すると見積もられており，ストレスの負の連鎖が生じるといわれている（川端，2007）。

　次いで，第1章で見たような「病休」に関する基礎知識を有することも教師全般，さらにいえば教員養成における基礎知識として組み込む価値のある重要知識であるといえる。自殺のリスクが極端に高かったり，教職を通して将来に充実や幸福を追求する見通しがまったく持てないような状況であれば，離職も

226 第13章 まとめにかえて

意義のある選択肢である（岡東・鈴木，1997）。加えて，21世紀になって急激に高まった有権者への説明責任として「当人に問題のある『病休』取得ではないこと」を提示することは「病休」の状況であっても公共性の高い職に就く者にとって重要な義務でもある。また，代替要員等の兼ね合いもあるが，「病休」において給与や期間，制度的意味などの側面から病気休暇と病気休職の違いを把握し，より自分にも周囲にも負荷の少ない復帰の見通しを考えることも重要である。この理解の上に教師と学校にはストレッサーを恐れず，できれば疾患を未然に防ぎ，疾患となったり「病休」が必要となれば可能な限り早く，確実に復帰することを考えてもらいたい。

（3）学校経営の責任

学校経営資源の獲得　　経営資源とは，人材や物資，予算，情報などからなる。時間についてはこれら資源に対する制約として機能することになろう。組織としての仕事量に対して"武器"となる経営資源が確保できれば学校の教育成果は充実し，資源の確保ができなければそれに応じて成果はあがらず，場合によっては悲惨な状況に追い込まれストレスとなることもあろう。

　今までの学校教育は，その教育目標や仕事の範囲の設定に対し現有の資源を度外視する傾向があった。例えば，学校が家庭や地域の教育力低下の受け皿となるのであれば，相応の経営資源の獲得が必要である。これは教育行政と学校においてはミドルリーダー以上の責任を有する立場の課題である。喩えれば"B29を竹やりで落そうとする"ような資源の不足と現実的な感覚の乖離が起きないように合理的に目標・評価と必要資源の兼ね合いを考え，現実的な目標設定と資源確保の努力をお願いしたい。その上で，どのような学校組織の改善が必要かは露口（2008）が詳しく，保護者や地域住民にどのように信頼を勝ち取ることができるかについては露口（2011）を参照されたい。資源の確保と本章第2節の露口氏の言う，ビジョンが魅力的であれば，苦労の中の"一見感じるムダ"との疑いを希薄化できよう。

選択と集中　　現実的に達成できる範囲の目標自体を考える必要もある。日本の社会も教師も「子育て・教育に手間をかけること自体が重要である」という認識や文化を持っている（北神，2001）。このことは非常に理に適った美し

い文化であるが，行き過ぎて"全てにおいて完璧で当たり前"という目標設定に陥りやすい。これが先の喩えの"竹やりでB29で……"的な不合理の原因となりやすい。教育において児童生徒の将来に関わる要望と可能性は無限にある。また，第3章で見たようにこれからは有権者に対するニーズや説明責任も学校と教師の課題である。一方でストレスという犠牲から分かるように時間という制約下において学校の人員は有限である。物資も予算も情報も，つまり資源全般は有限で時間という制限もある。目標や要望を"全て満たそう"とすることは不可能で，漫然と"完璧を目指す"目標設定は責任の放棄ですらある。

　"今ある資源でどこまでできるか？"を冷静に考えるために"本校は具体的に今，何をなすのか"を議論し目標を共有することが有効であろう。その上で，時間という制約の範囲の資源を選択と集中により成果を上げ，達成感確保を目指すことが健康上重要である。この際に最も難しい課題は，優先順位を設定し，後位にあたる課題の妥協やスリム化を決断することであろう。限りなく存在する教育の要望や可能性，目標に区切りをつけるという難しい役割をマネジメントと呼ぶ。選択され集中する目的や目標に"ムダな努力"はありえない。このような役割を学校には管理職のリーダーシップに，教育行政には教育長のリーダーシップに期待したい。

　治療・予防支援としての「事例性」への着目　　学校は当然ながら医療機関ではない。そのため，教職員に対し"○○症である"という判断や"治療的に対応する"ということ自体はできないが，近年の職場のメンタルヘルス論はこれを無理に強要している観があるとされる（大西，2008）。こういった対応は「疾病性」と呼ばれ，診断や治療については医療機関にまかせ，学校現場は職場としてできる範囲のことに注力する必要がある。学校や職場でのできる範囲の課題は「事例性」と呼ばれ，本人にとっても児童生徒にとっても安定した教育活動を日常的に送り，それのフォローができているかどうかまでが責任の範囲である。

　教職だけでなく全ての職において精神疾患の休職や復職，職務継続か離職かの判断は温情的配慮がかえって危険である。職場つまり学校は，あくまで"勤務に耐えられるか"と"勤務に支障がないか"までを責任とすべきである。これを超える部分については教育行政の医療機関等のコーディネートを通した責

228 第13章 まとめにかえて

任であるといえよう。

（4）教育行政の責任

教師に対するキャリア支援　近年，個々の教職員のニーズにあわせた研修の選択肢が拡大し，例えば個々人の個性的な能力開発を確認する「研修カルテ」を作成している教育センターなどもある。この発想を進め，異動や昇進，校務分掌等の経験と個々人の能力に一定の診断的分析を行いつつ，今後の能力開発や異動，分掌の最適化を提案するような仕組み作りを提案したい（詳しくは，八尾坂，2005を参照）。

　欧米のキャリアカウンセリングでは個々人によって異なる漠然とした職業への不安や不満（ストレッサー）を整理し，具体的な課題意識と努力のエネルギーに転換する相談や助言，能力開発などの人事全般の改善を重視している[3]。これは人事行政と教職員個人の心理やキャリアを接続する支援になるといえよう。従来の疾患や離職予防という観点でのメンタルヘルスを超え，ストレッサーであっても将来の職業生活の充実・幸福につながる議論には，是非ともこのような視点が有効であろう。

説明責任の重視　教師のストレスの原因に保護者のクレームやトラブル，場合によっては極端な問題行動が存在する。その際に，当事者となる保護者や学校・教職員の仲介役の役割を教育行政が果たしている。また，第3章で論じたようにこのような状況に第三者としての有権者の関心が高まりつつあることが「モンスターペアレント」と呼ばれる有権者の保護者観の顕在化であるとも考えられる。クレームやトラブルなどの対応や仲介の公共機関の最も重要な視点は，大多数の有権者と共有できる「常識的な判断」の表明と遂行であろう。

　このような状況では“供給者（教育行政・学校・教師）と消費者（児童生徒というよりはその背景の保護者）のどちらを優先するか？”というような判断ではない。国民の三大義務の一つである「保護する子女に教育を受けさせる義務」（日本国憲法第26条2項）ということで学校教育への負担に甘んじている有権者が，その納税等の負担に納得できるロジックを踏まえることと，それを明確にしておくこと（説明責任の確保）が重要である。第2章の戦後の学校をめぐる訴訟に関する経緯でも見たように，実務的には“いい”“わるい”を判

断するまでの客観的な議論と，判断の明示，遂行，さらにそれらを透明化した形で記録しておくこと，つまり説明責任を果たす多忙への前向きさも必要である。

　現在の教育行政や学校，教職員がある程度このような説明責任を果たしているからこそ，単なる「学校批判」だけでなく，「モンスターペアレント」のような新たな保護者観が登場したといえる。そこには学校に対するある程度の理解や共感，同情が国民に一定程度確保できているようになっているともいえる。第2章で見たように，事件や事故は結果として経済原則である賠償をめぐる訴訟につながらざるを得ない。ここには手数料や「画期的な判例」を狙って事故や事件の犠牲者に過剰な要求の訴訟をたきつける法律家も中にはいるであろうし，経済原則で騒ぎ立てるマスコミュニケーションも一部ならず存在する。学校の教育活動と納税者の常識的判断を損なわないようにするために，有事の際は葛藤を恐れず，説明責任の手間を果たすような覚悟を教育行政には是非お願いしたい。

　「病休」対策のコーディネート　　すでに触れたように教職員の心因性の精神疾患や「病休」の対応という治療的課題において，学校は「事例性」までしか責任を担い得ない。教職員の精神疾患の治療と「病休」としての病気休暇の取得，その深刻化後に生じる病気休職の発令，そのような休暇や休職からの復職の判断と対応，さらにこの全期間を通じて医療機関と連携しつついかに教職員や学校を支援するかという「疾病性」の対応環境整備（コーディネート）は教育行政の責任とならざるを得ない。

　しかし，全国の対応状況を見れば第1章で見たように「病休」の判断や復職に関わる諸状況は管理職への役割・責任として，過剰な負担と負荷を与えている自治体が多い印象である。これは学校の日々の教育活動の混乱であるし，学校に勤める他の教職員の健康リスクであるとともにキャリアの阻害要因になるといえる。教職に関する理解の深い精神科医である故中島一憲氏[4]の指摘通りに「病休」の復職だけでなく，入り方や過ごし方そして復職の見通しも含めて本人と主治医さらに学校や教育行政の納得するもう一方の専門家としての産業医との調整の仕組み作りが必要である（中島，2007）。混乱しやすい関係性の当事者間のコーディネートの課題であるが，これは説明責任の観点からも是

230　第13章　まとめにかえて

非必要となろう。

病気休暇への重点的対応　すでに第1章より触れたように「病休」には最大3～6か月程度の労働者の権利として取得される病気休暇と最大2～3年に及ぶ分限処分つまり「致し方ない」人事命令としての病気休職が存在する。後者は文部科学省が統計で取りまとめ毎年末に公表されている。しかし，前者は手続きとして軽く扱われがちであり，統計もハッキリしない。特に大きな予算が関わる代替要員確保の根拠が「頼りない」と感じられる病気休暇を無理に病気休職と扱う傾向や，初期の年次有給休暇または病気休暇取得の状況で適切な対応がなされず数年に及ぶ病気休職に至っているのではないかという指摘は以前よりなされている（中島，2005a）。そのため，より早い病気休暇の状況に適切な把握と対応の在り方を考慮することが教育行政には有益な対策の方向性であろう。

　早期に教師のメンタルヘルスにおける治療的・予防的対策として対応可能な区切りとして病気休暇の期間は大きな区切りとなろう。当該教師個人や勤務する学校現場に目に見える支援を行い，病気休職というより深刻な治療的対応にステージが移行しないような未然の予防的取組を期待したい。個々人の教師のプライバシーもあろうが，これらの手続きについての透明化は説明責任として有権者の理解に大きな効果を持とう。

5．総合考察

　教師のストレスに関する研究的議論は本書で見たように科学的な知見も多数蓄積がなされつつある。このようなメカニズムが把握できつつある一方で，教師のメンタルヘルスに関する治療や予防，開発の仕組みづくりつまり，"どのように対処するか？"はこれからの課題である。

　今後の議論と具体的な体系化については本書の筆者らが研究者として提案し，教員養成大学教員として未来の教師や現職教師を知的に支えていきたい。一方でひとたび精神疾患や「病休」等に至ると自らのキャリアや家族への影響だけでなく，児童生徒や同僚にも大きな負担を与え，教育行政はほぼ年収に匹敵する対策費用を税金から支払う。これは国民にとっての損失でもある。現場

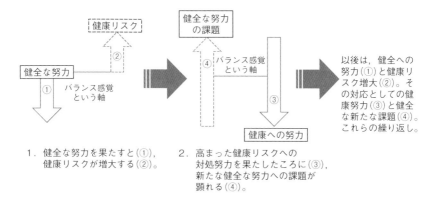

図13-2 「真のメンタルヘルス」の自転車操業モデル

の先生方には極力，未然の予防と，ストレスを未来に価値あるユーストレスのプロセスに転換するような自らの可能性と能力の開発（キャリア開発）を踏まえ自己防衛を計っていただきたい。また，不幸にも「病休」に至った場合は，将来それを「糧にできたと」感じられるような復職などの着地点を探していただきたい。

その上で最後にこれからの学校と教師という職を考える上で研究者・大学教員と実務家である教師といっしょに考える必要のある方向性について考察してみたい。

（1）目標は健康と健全（真のメンタルヘルス）

本書全般で見てきたように教師のストレスは労働者の健康であり精神衛生そして今普及している「メンタルヘルス」という言葉にとってリスクではある。しかし，将来の成長への可能性であり，学校教育という児童生徒の未来に関わる事業を支え発展させるための代価でもある。教師が自らのキャリアを犠牲にするという文脈ではなく，ストレスをきっかけとして未来の職業の充実と幸福追求の兼ね合いを探ることの重要性を指摘した。また，健康を重視しすぎるあまり，仕事の負荷を緩和することばかりを強調することも不適切であろう。健康と同時に追求すべき点は必要な教育の課題にはストレスを恐れず，未来の職業生活のことを考え，そのために必要な投資を進めていく健全な自らの職務や

232 第13章 まとめにかえて

キャリアへの姿勢であるといえよう。あまりにキャリアは多様で個別的である
ため，一言で理想を示さず，時代の変化や地域，個人の状況にあわせて議論し，
考え，展望するプロセスが大切であろう。本章では様々な形であるべき姿とし
て真のメンタルヘルスを議論したが，これには労働者の健康と同時に労働者と
しての健全性を含んだ概念であるとまとめることができる。つまり，健康への
配慮と同じぐらい，職業人として仕事に貢献し，職業人として未来の成長を模
索するいずれも大切にするバランス感覚が求められる。「自転車操業」という
喩えがあるが，不況で過酷な21世紀の労働市場においても相応にストレスの
高い職業と言われる教職には健康と健全2つの矛盾するペダルを漕ぎながら未
来の学校の充実と職業人個人としての幸せに向けて前へ進んでいかなければな
らないのだと感じる（図13-2）。

　つまり，健全な教師という職業への努力を果たせば（図13-2の①），その
まま健康のリスクが上る（図13-2の②）。その際にバランス感覚をもって，
次の課題は健康リスクを低減するための健康配慮の努力である（図13-2の
③）。従来の精神衛生であり，現在普及している「メンタルヘルス」ではこの
健康配慮の努力に踏みこむことしか考え得なかったが，これだけでは学校も教
職も未来への進展が止まってしまう。そこで，バランス感覚をもって新たに上
昇した健全な努力の課題（図13-2の④）に気づき，再度，健全な努力を行う（図
13-2の①）。このように短期的には健康と健全という矛盾する2つの力にバ
ランス感覚をもって折り合いをつけていくことがメンタルヘルスで，前に進ん
でいこうという目標設定が今，教師に求められているキャリアなのだといえよ
う。

　キャリア適応力に関する諸成果（例えば，高木ら，2008や森本，2014など）
を見れば，ストレッサーが多く，重くとも未来に期待や希望を持ってそれらを
理解できればストレス反応という健康リスクはある程度抑えることができる。
つまり，キャリアへの前向きさは図13-2の健康と健全を調整するバランス感
覚であると喩えることができよう。労働者の健全とはこのような希望に対して
今までの経験との一貫性を持ちながら，苦痛に意味を探し，困難の原因とメカ
ニズムを分析し，「なんとか乗り越えることができる」という自信を持つこと（吉
野，2013）などから構成されよう。健康と健全の両立の繰り返しに飽きずに

これを楽しんで繰り返すことが続けば，長期的な意味でキャリアの道筋は進んでいくこととなろう。

　キャリアはいつか自分が背負わなければならない未来を見据えるものであるので夢想や妄想や信仰ではないようにする必要がある。キャリアとそれ以外を分けるのは“現実的な夢と未来の見方”という現実感覚であるといえる。そこには実証的研究成果が必ず参考資料になるはずである。学校や教職の未来は教師だけでなく児童生徒や保護者，社会情勢も配慮する必要がある。個々人の多様なバランス感覚を持った教師たちと，その場を支える教育行政，未来を現実的に考える技術やデザインの提案をする教員・研究者の協力が有益であろう。

（2）目的は充実した学校と人生（キャリア）

　先に見た自転車操業のような健康と健全の両立の努力は，実は自然に多くの教師であり労働者は良心的に進めているものであろう。働く人はこのような繰り返しで日々を過ごしていく。一方で“現在，忙しくて将来のことを考える余裕がない”というのは労働者全般が実感しやすいことでもある。

　しかしながら，人間は宿命的に年を取り身体的に衰退していく存在である。社会的には身軽な独身から結婚や出産・育児などの課題が増し，両親の介護から死去した後への対応を重ね自らの健康不安も年々重くなる。また，職に就いて年を重ねれば当人は希望せずとも周囲からより重い役割を期待され，教職を志した当初は想定もしなかった児童生徒を間接的に支える職位（例えば，指導主事など教育行政勤務の教師）や分掌（例えば，担任を持たない教務主任など主任・主事としてのミドルリーダー）に配置され，管理職やリーダーとしての役割を求められることにもなる。先述のデビルリーダーのようにもともと“なりたくなかった自分”に何かに取り憑かれたようになってしまうこともありえる。つまり，経験は増すものの，身体的には衰退しつつ，社会は変わり，社会的には責任が増し，自分すら思いもよらない状況になっていく存在なのである。“ギリギリ限界まで今，忙しく仕事をしている”ことは美しいことではあるが，その先には充分な計画が無ければリスクばかりが想定される。

　では，教師という職業に就いた人物の職業人としての一生はどのようなものなのだろうか。キャリアは毎日の健康と健全の自転車操業の無限の繰り返しの

第13章 まとめにかえて

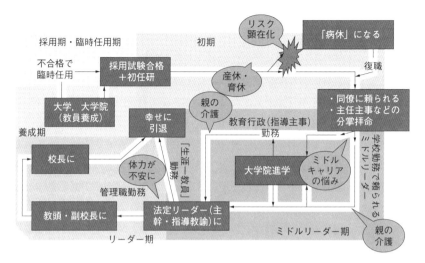

図13-3　典型例としての教職キャリア

　一方で，分岐点もあれば，ライフイベントとして喜びも悲しみも存在する。スタートはとりあえず大学の教職課程の履修からとなろう。実習期間は様々な苦労やストレス，やりがいがあることは近年研究でも詳細に示されているが，それらを経て教員採用試験や大学卒業，大学院修了までが存在する（中央教育審議会答申『教職生活の全体を通じた教員の資質能力の総合的な向上方策について（答申）』の「養成段階」）。教員採用試験は第3章で見たように2010年前後現在，採用倍率としては大きく下がっているが，それでも不採用になり臨時任用を経ることもあれば，採用され初任研を受けたりリアリティショックを感じたりもする。このあたりの不適応の課題はすでに本書で触れたとおりである（中央教育審議会答申『教職生活の全体を通じた教員の資質能力の総合的な向上方策について（答申）』の「採用段階」）。

　中央教育審議会答申『教職生活の全体を通じた教員の資質能力の総合的な向上方策について（答申）』の「現職段階」と大きな枠組みで示されてはいるが，教職について適応と能力形成が課題になる初期段階とミドルリーダーとして期待される時期のそれぞれの課題はすでに本書第2部で見たところである。その間に結婚や出産・育児という負担も生じれば，親の加齢による介護の負担も生

じやすくなる。本書でも現在の教師研究が明らかにし切れていないワークライフバランスの課題である。当然そのような現職段階では「病休」と復職へのチャレンジが必要となる可能性も今では珍しくないし，教職を志した当初は想定もしなかった対教師や保護者といった大人の対応を専従的な職務とする校務分掌（教務主任など）や職位転換の人事異動（指導主事など）に就く可能性もあろう。教職大学院の制度化からも分かるように，その間に現場のニーズに応える，本格的なOff-JTとしての大学院進学も珍しくない選択肢となっている。

　当然その後は管理職に就く，就かないに限らず学校を環境整備面で支えるリーダーとしての時期を多くの教師が経ることになるであろう。ゴールとまではいえないが，幸せな引退は労働者なら誰しも目的としたいものであろう。しかし，リーダーと呼ばれる時期になり身体面では衰退が進み，一般的に健康リスクは高まり，身体に無理が効きにくく適応力も少なくなることも不都合ながら人間にとっては真実であり，現実である。その中でもやはり，幸せな引退を目指すことを目標として充実や職能，未来を模索することは健康であり健全であろう。

　上に示したような典型的ともいえるライフイベントとしてのリスクやキャリアの分岐ですら，まとめてみれば図13-3のように複雑になるし，現在の教師研究はこの個々においては詳しく整理を行えていないものも多い（高木・波多江，2014）。学校や教師にとっての社会環境や時代背景は大きく変わっていくものであるが，人間が生身の存在である以上，経験の積み方や年の取り方（想定するライフイベントの発生率の変動や身体的衰退の進行など）は個人差はあれ大きくは変わらないものをモデルにすることになろう。

　すごろくのような図13-3を見据えながら，社会環境・時代の変化を見据える大学教員・研究者として筆者らは養成・採用段階を主に担い，現職・管理職段階にも可能な助言と提案を行っていきたいと考える。現場の教師や教育行政を担う立場には日常のメンタルヘルスの自転車操業に努力をしていきながら，自らのキャリアを充実させ，学校を改善し，労働者としての長期的な視点に立った幸福を追求してもらいたい。このキャリアの充実と幸福の追求が長期的な働くことの目的として共有されていくことができれば，21世紀の学校教育と日本社会はより良いものになるであろう。

（高木　亮）

【注釈】

（1）「初任者教員のストレスに関する研究」『平成17・19年度科学研究費補助金交付萌芽研究報告書』による。調査は平成18年2月A県初任者教員460名のうち392名の有効回答（85.4％）の他にA県小学校教諭6校144名，A県中学校教諭5校105名，A県の9大学3・4年の教職課程受講者881名を対象とした。

（2）社団法人東京都教職員互助会三楽病院とウエルリンク株式会社の共同研究「教員のメンタルヘルス対策および効果測定」（文部科学省委託事業）による（東京都教職員互助会，ウエルリンク，2008）。調査は2006年11月から2007年3月に行われ，教育委員会対象473部（有効回答25.7％），小中学校教師対象1285部（有効回答79.9％）であった。ここでは教員と一般企業の労働者とを比較するため厚生労働省『労働者健康状況調査（2002年）』との比較を行っている。詳しくは『内外教育』5867号（2008年11月14日号）でも検討を行っている。

（3）詳しくはこのようなキャリアカウンセリングの草創期の中心人物であるD. E. スーパーの伝記（National Career Development Association, 邦訳2013）を参照されたい。論文集の特集が書籍化したものであるが，章の構成をみても"仕事観"，"自己概念"，"キャリアパターン"，現状と将来にあわせた"キャリア発達"，"進路選択のレディネス"，"役割特徴"，"多重役割"，"文化的文脈"および"キャリアの適応"など多面的に労働者のキャリアを検討して，それを学会をあげて再検討を受けている巨人である。特に，働くことの未来と幸せ，そしてそれらは努力で変えられることを強調している点が彼から強く感じる魅力である。ストレスも含めた本書構成の下敷きは基本的にスーパーの一連の議論や思想を参考にしている。

（4）故中島一憲氏は日本最大の教職職域病院である三楽病院の精神科部長を務め90年代から2007年の死去の直前まで教師の精神疾患について臨床を支え，科学的議論と啓発的議論を続けた人物である。故中島氏の一連の研究のレビューは高木（2012）を参照されたい。

おわりに

　2007年春ごろ，博士号をとっても就職先のなかった私（高木）は恩師北神正行先生に論文指導で珍しく厳しく叱られました。本書第2章の基となった戦後教育史のレビュー論文を執筆するのに，当時の一次資料や文献を集める誠意と読む上での敬意が欠けていたことがお叱りを受けた主旨でした。学内紀要の寄稿を3ヶ月遅らせて，図書館通いと古本の大人買いを行うことにしました。当時は不満たらたらでしたが，今では輝くような幸せな時間だったと思い出します。

　その時，インターネットで古本の大人買いをした際の一冊，昭和40年刊行のある古本は今でも宝物です。内容もさることながら，元の持ち主である若い女性の鉛筆での書き込みが随所になされていました。整理してみると元の持ち主は，"短大を卒業して働き始めて間もない"，"寝る前の少しの時間にコツコツ読み進めて，書き込んでいる"，"将来を約束した（婚約はその書き込みの時点ではできていない様子）男性が学校の先生"さらに"持ち主の名前も居住県も不明ながら，お付き合いしている方はちょうど僕の尊敬する兄貴分の名前と同じ"などが分かります。社会人となったばかりの若い女性の日常と恋人とともに一緒に過ごす未来のことなどに思いをいたして書いたのでしょう。本文には随所に線が引かれており，男性の名前に"クン"がついたり"さん"がついたり，呼び捨てになったり，頁の空白に埋書かれた字が不思議な私小説を読んでいるようでした。今で言うならリンクを貼ったブログやTwitter[®]の感覚でしょうか。

　特に印象的だったのは小学校の先生の僻地校勤務が極めて大変で，医療もまともに整っていない僻地の学校に勤務した先生の奥さんが流産し，その後の単身赴任と「離婚も有り得る」と結ばれているインタビューの箇所です。他の箇所では大人しい字の書き込みが，この箇所だけは荒れた文字で取り乱したようなことが書かれていました。当時，ぼんやりと考えていた結婚や社会人の責任，

238 おわりに

ワークライフバランス，看病・介護などといった人生の様々な側面を知識としてではなく，とても生々しいものとして見たような気分になりました。当時の私よりだいぶ若い人（実年齢は大原麗子さんぐらいでしょうか？）のブログを読んでいるようで，それでいて自分の生まれる以前の戦後日本史といえる話です。時代は変わっても人間は変わらないことに安心したりもします。

　仮に刊行直後に元の持ち主が手に入れたのであれば，私が手に入れた時点で40年以上昔の物語になります。元持ち主も今では70歳に近いお年になるのでしょうか。お二人は結ばれたのかどうかも分かりませんし，こんな几帳面な字を書く女性がこの本を古本屋などに手放したことがとても奇異に感じ，今もお元気でいてもらえたらと感じます。お付き合いなさっていた男性も無事に退職まで教職を勤め上げたのでしょうか。そんな古本との出会いも今では一昔です。私自身も中年にさしかかる年で，本に書き込まれた2人と世代の変わらない学生に教師・保育者の道やキャリアなどを偉そうに説いていたりいたします。

　本書は2000年代後半より日本教育経営学会において知り合った研究者有志によって積み上げてきた研究成果です。それぞれの研究者が助成を受けてきた科学研究費補助金等の成果物を本書表題の意図ではほぼ書き直した原稿で各章を構成しています。編集を担当した私は科学研究費補助金において研究成果報告書作成が義務であった時代を知りませんが，まさに10年分の様々な科学研究費補助金による成果の集大成の一つが本書であることを報告しておきたいとおもいます。まさに10年ひと昔ながら「あっ」という間でした。あわせて，この時間的ブランクに対応できていない点は主要筆者であり，調整者である高木の不手際でもあります。

　若い女性がお付き合いをしている男性の職業理解のために本書を手にとってくれる状況はあまり想像できません。が，編者も寄稿してくれた研究者も皆，研究者でありながらも，教員養成に関わる大学の教員をしています。過労死一歩手前の教育活動（教員採用試験の願書指導や模擬面接などまでしています）の合間をぬって研究と執筆を行ってここまで来ました。教職にとって職業理解の一端となる書籍になってもらいたいと思います。こうやって時間が過ぎて次の10年や，いつの間にか40年たって教職の変化に多くの方々のキャリアが適応できていけば，その努力の数億分の一でもお手伝いになる貢献を私たちがし

ていけば（40年といえば私はもうこの世に居ないかもしれませんが……），そ
れはそれで幸せなことだと思います。

　なにより，21世紀になっての15年間，本書のような研究を恩師北神正行先
生ならびにずっと目標としてきた露口健司先生とご一緒できて幸せでした。ま
た研究者であり教育者であり，カウンセラーでもある増田健太郎先生のご多忙
の中でのご協力心よりお礼申し上げます。あわせて，「あっ」という間に私な
どを追い抜いた新進気鋭の若手研究者波多江俊介先生（ある著名な研究者が波
多江先生を指し「まるで石原裕次郎を見ているようだ」とまで称賛されたこと
をここに付記します）のご寄献も素晴らしい内容でした。最後に，私のワーク
ライフバランスの問題ゆえに極めて過酷な編集スケジュールに誠意を持って対
応して下さったナカニシヤ出版山本あかね様にお礼とお詫びを申し上げます。

　本書が40年ほど後に古本屋で転がっている……そんな時代には人口減少が
進み，第三の教育改革も完了し，大量採用時代に採用された編者や寄稿者たち
の後輩や教え子もぼちぼち定年や人生の締めくくりを考えていることでしょ
う。いろいろ課題はありましょうが，敢えて楽観します。その時期までに全国
の各世代合計で数百万を超える学校園の先生方が数万の学校園を支え，その学
校教育の充実が我が国の21世紀前半を支えてくれるものと思います。また，
皆さんの教職キャリアが少しでも充実したものになりますようお祈りします。

北神正行先生の弟子にして

露口健司先生の弟分

高木　亮

付　記

　本書の出版にあたっては独立行政法人日本学術振興会より平成27年度科学
研究費助成事業（科学研究費補助金）（研究成果公開促進費，課題番号，
15HP5192）の助成を受けている。補助金は国民の税金により賄われており，
執筆者一同，日本国民と調査研究等にお忙しい中にもかかわらず参加していた
だいた教職員の皆様に心よりお礼申し上げます。

引用文献

Adkins, C. L., Russell, C., & Werbel, J. 1994 Judgements of fit in the selection process: The role work value congruence. *Personnel Psychology*, **47**, 605-623.

相川勝代 1997「教師のストレス」『長崎大学教育学部教育科学研究報告』**52**, 1-13.

秋山健二郎 1965a「教師の学歴・派閥・階級」教師の会（編）『教師という名の職業』三一書房, pp.37-76.

秋山健二郎 1965b「教師稼業の収支計算」教師の会（編）『教師という名の職業』三一書房, pp.77-124.

秋山健二郎 1965c「職業人としての教師」教師の会（編）『教師という名の職業』三一書房, pp.195-234.

天笠 茂・牛渡 淳・北神正行・小松郁夫（編著）2013『東日本大震災と学校』学事出版

安藤知子 2000「教師のモラールとモチベーション」大塚学校経営研究会（編）『現代学校経営論』, pp.28-35.

青木栄一 2009「教員の勤務時間はどう変わってきたか」『子どもと向き合う時間の確保と教師の職務の効率化』教育開発研究所, pp.18-21.

青木栄一・小入羽秀敬・山中秀幸 2012「時系列データを用いた教育財政制度の実態分析」『東北大学大学院教育学研究科年報』**60**（2）, 13-38.

青木朋江 2002「教育実践の現場から」大塚学校経営研究会（編）『学校経営研究』**27**, 41-50.

有馬秀晃 2010「職場復帰をいかに支えるか」『日本労働研究雑誌』**601**, 74-85.

朝日新聞 2010年7月20日朝刊

朝日新聞教育チーム 2011『いま, 先生は』岩波書店

Bretz. R. B. & Judge, T.A. 1994 Person-organization fit and theory of work adjustment : Implication for satisfaction, tenure and career success. *Journal of Vocational Behavior*, **44**, 32-54.

Cable, D. M. & Judge. T. A. 1996 Person-organization fit, job choice decisions, and organizational entry. *Organizational Behavior and Human Decision Process*, **67**（3）, 294-311.

Chattman, J. A. 1991 Matching people and organization: Selection and socialization in public accounting firms. *Administrative Science Quarterly*, **36**, 459-484.

Cherniss, C. 1980 *Professional burnout in human service organization*. NewYork: Praeger.

中央公論・中井浩一 2001『論争・学力崩壊』中央公論新社

Cinamon, R. G. & Rich, Y. 2005 Work-family conflict among female teachers. *Teaching and Teacher Education*, **21**, 365-378.

Deal, S. E. & Peterson, D.（中留武昭・加治佐哲也・八尾坂修訳 2002『学校文化を創るスクールリーダー』風間書房）

遠藤 覚 2003「教職員のメンタルヘルスのために」『月刊生徒指導』**33**（12）, 24-29.

242 引用文献

江澤和雄 2013「教職員のメンタルヘルスの現状と課題」『レファレンス』2013年1月号，
　3-28.

淵上克義 1992『学校組織の人間関係』ナカニシヤ出版

淵上克義 2005『学校組織の心理学』日本文化科学社

淵上克義・太田弘子 2004「学校組織における教師の対人葛藤の認知構造に関する実証的研究」
　『岡山大学教育学部研究集録』125, 89-100.

Fink, D. & Brayman, C. 2006 School leadership succession and the challenges of change.
　Educational Administration Quarterly, **42**（1）, 62-89.

Friedman, I. A. 1997 *High and low-burnout principals: What makes the difference ?*（ERIC
　ED 410685）

Frone, M. R., Yardlley, J. K., & Marken, S. M. 1997 Developing and testing an integrative
　model of the work-family interface. *Journal of Vocational Behavior*, **50**, 145-167.

藤井和久 2005『これからの職場のメンタルヘルス』創元社

藤田英典・油布佐和子・酒井　朗・秋葉昌樹 1996「教師の仕事と教師文化に関するエスノグ
　ラフィー的研究」『東京大学大学院教育学研究科紀要』38, 29-64.

藤原文雄 1998「教師間の知識共有・創造としての『協働』成立のプロセスについての一考察」
　『東京大学大学院教育学科研究科教育行政研究室紀要』17, 2-21.

藤原文雄 2011『学校事務職員という仕事・生き方』学事書房

藤原正光 2004「教師志望動機と高校・大学生活」文教大学教育学部（編）『教育学部紀要』
　38, 75-81.

福水保郎 1994「教職員のメンタルヘルス―その現況と対策・警告をかねて―」『心と社会』
　75, 56-65.

古野博明 1975「教育課程編成の権限分配と指導助言」『北海道大學教育學部紀要』24, 43-
　69.

Glasser, E. L., Laibson. D., & Sacerdote. B., 2002 An economic approach to social capital. *The
　Economic Journal*, **112**, 437-458.

Grzymacz, J. G. & Marks, N. F. 2000 Re-conceptualizing the work-family interface: An
　ecological perspective on the correlates of positive and negative spillover between
　work and family. *Journal of Occupational Health Psychology*, **5**, 111-126.

原田光隆 2012「道州制をめぐる議論」『調査と情報』754, 1-14.

原　聡介 2005「『ゆとり教育』の行方―効率社会・競争社会の中で」『児童心理』2005年10月，
　108-112.

橋口幽美 2003『本当の30人学級を考える』自治体研究社

橋本　剛 2005『ストレスと対人関係』ナカニシヤ出版

秦　政春 1984「現代の非行・問題行動と学校教育病理」『教育学研究』39, 59-76.

秦　政春 1991「教師のストレス『教育ストレス』に関する調査研究（1）」『福岡教育大学紀要』
　40（4）, 79-146.

秦　政春 2003「苦悩する教師」『月刊生徒指導』33(12), 14-18.

秦　政春・片山悠樹・西田亜希子 2004「現代高校生にとっての『高校』」『大阪大学大学院人
　間科学研究科紀要』30, 114-142.

秦　政春・NHK教育プロジェクト 1992『公立中学校はこれでいいのか』日本放送出版会

秦　政春・鳥越ゆい子 2003「現代教師の日常性（Ⅰ）」『大阪大学教育学年報』8, 135-
　1168.

波多江俊介・川上泰彦 2013「人口減少社会における教育経営課題とその研究動向」日本教育

経営学会（編）『日本教育経営学会紀要』**55**, 196-205.

波多江俊介・川上泰彦・高木　亮 2013「教員の異動に伴うメンタルヘルスに関する調査研究」九州教育経営学会（編）『九州教育経営学会研究紀要』**19**, 67-74.

波多江俊介・坂巻文彩・藤原直子・門　悟 2013「教員の学校規模に関する課題認識の考察」九州大学大学院人間環境学府（教育学部門）教育経営学研究室・教育法制論研究室『教育経営学研究紀要』**16**, 51-59.

波多江俊介・高木　亮・川上泰彦 2012「教員のメンタルヘルスに関する調査研究―自由記述データの分析を通して―」九州教育経営学会第83回定例会（於：九州大学教育学部）口頭発表配布資料

葉養正明 1999「あらためて『学校の役割』とは」葉養正明（編）『学校と地域のきずな―地域教育を開く―』教育出版, pp. 3-24.

葉養正明・西村吉弘 2009「就学人口減少地域における小規模小学校の持続条件と統合条件―東北地方2地域の事例研究を通して」『国立教育政策研究所紀要』**138**, 109-124

Hepburn, A. & Brown, S. D. 2001 Teacher stress and the management of accountability. *Human Relations*, **54**, 691-715.

東谷勝司 1968「宿日直廃止をかちとるまでの10年」『教育評論』**224**, 26-28.

樋口晴彦 2006『組織行動の「まずい!!」学―どうして失敗が繰り返されるか―』祥伝社

日野純一 2014「教員採用選考試験の現状と課題」『京都産業大学教職研究紀要』**9**, 1-16.

平井明代 2012『教育・心理系研究のためのデータ分析入門―理論と実践から学ぶSPSS活用法―』東京図書

平山亜佐子 2009『明治大正昭和　不良少女伝』河出書房新社

広田照幸 1999「家族と学校の関係史」渡辺秀樹（編）『変容する家族と子ども』教育出版 pp.24-25

菱村幸彦 1994「特別権力関係」菱村幸彦・下村哲夫（編）『教育法規大辞典』エムティ出版, p.762.

堀尾輝久 1989『教育入門』岩波書店

保坂　亨 2009『"学校を休む"児童生徒の欠席と教員の休職』学事出版

保坂　亨 2010「教員のメンタルヘルス問題を構造的にとらえる」『日本教育経営学会紀要』**52**, 129-133.

兵藤啓子 1992「小学校教師のストレスとカウンセリング」『カウンセリング研究』**25**（2）, 72-84.

市川伸一 2002『学力低下論争』筑摩書房

伊上達郎 1965「先生はカッコいい職業か」教師の会（編）『教師という名の職業』三一書房, pp. 7-36.

五十嵐良雄 2007「メンタルクリニックにおける治療プラン」『こころの科学』**135**, 56-60.

池田守男・金井壽宏 2006『サーバント・リーダーシップ入門』かんき出版

池本しおり 2004「教師間のピア・サポートをめざした校内研修会」『ピア・サポート研究』, **2**, 25-37.

今津孝次郎・田川隆博 2003「校長・教頭職のリーダーシップとストレス―協働のマネジメントをめぐって―」『名古屋大学大学院教育発達科学研究科紀要（教育科学）』**50**（1）, 163-177.

稲富　健 2007「職場で起こる対人葛藤―その原因と影響」山口裕幸・金井篤子（編）『よくわかる産業・組織心理学』（やわらかアカデミズム・＜わかるシリーズ＞）ミネルヴァ書房, pp. 116-117.

石田美清 2005「学校における生徒指導と問題行動対策」『上越教育大学研究紀要』**25**（1）,

255-269.

石堂　豊　1973『教師の疲労とモラール』黎明書房

石渡嶺司・山内太地　2012『アホ大学のバカ学生―グローバル人材と就職迷子のあいだ―』光文社新書

石塚謙二（編著）2009『特別支援学校×キャリア教育』東洋館出版社

伊藤和衛　1963『学校経営の近代化入門』明治図書

伊藤和衛　1974『教師の専門職性と行政参加』明治図書

伊藤美奈子　2000「教師のバーンアウト傾向を規定する諸要因の研究」『教育心理学研究』48（1），12-20.

岩間夏樹　2005『新卒ゼロ社会』角川書店

岩田康之　2009「教師教育・教員養成研究の課題と展望」『東京学芸大学教員養成カリキュラム開発研究センター研究年報』8，64-71.

岩谷泰志　2007「パーソナリティの未熟に起因するうつと職場復帰」『こころの科学』135，67-72.

Judge, T. A. & Cable, D. M. 1997 Applicant personality, organizational culture, and organizational attraction. *Personnel Psychology*, 50, 359-394.

徐　恩之　2012「職能横断的なコミュニケーションにおけるコンフリクトのトランスファーの影響」『組織科学』45（3），22-34.

門脇厚司　2004『東京教員生活史研究』学文社

角山　剛・松井賚夫・都築幸恵　2001「個人の価値観と組織の価値観の一致：職務態度の予測変数およびパーソナリティー―職務業績関係の調整変数としての効果」『産業・組織心理学』14（2），25-34.

柿沼昌芳・永野恒雄・田久保清志　1996『高校紛争』批評社

梶田叡一　2015「ブルーム理論の日本への導入と実践化」『教育フォーラム』56，139-156.

鎌田季好　1965「へき地の教師たち」教師の会（編）『教師という名の職業』三一書房，pp.147-178.

金井篤子　2000『キャリア・ストレスに関する研究』風間書房

神林寿幸　2015a「周辺的な職務への従事が日本の教員の多忙に与える影響の再検討」『東北大学大学院教育学研究科年報』63（2），24-42.

神林寿幸　2015b「課外活動の量的拡大にみる教員の多忙化」『教育學研究』82（1），25-35.

神林寿幸　2015c「周辺的な職務が公立小・中学校教諭の多忙感・負担感に与える影響」『日本教育経営学会紀要』57，79-93.

金子勘栄・針田愛子　1993「小・中学校教師の職場ストレスに関する分析」『金沢大学教育学部紀要；教育科学論』42，1-10.

管賀江留郎　2007『戦前の少年犯罪』築地書館

加野芳正　2010「新自由主義＝市場化の進行と教職の変容」『教育社会学研究』86，5-20.

刈谷剛彦　1995『大衆教育社会のゆくえ』中央公論社

柏熊岬二・所　一彦・能重真作・槇山四郎・福島　章・兼頭書市　1979「少年非行―七〇年代から八〇年代へ―」家庭裁判所現代非行問題研究会（編）『日本の少年非行―80年代少年非行の展望―』大成出版社，pp.341-373.

春日武彦　2007「教師が心を病んだとき」『児童心理』61（9），169-174.

加藤　誠　1975「教師の精神障害」『心と社会』6（2），179-189.

川端　裕　2007『メンタルヘルスに手を出すな』同友館

河上婦志子　2006「ジェンダーでみる日教組の30年」『神奈川大学心理・教育研究論集』25，

5-22.

川上泰彦 2005「教員人事行政における都道府県教育委員会の機能とその規定要因」『日本教育行政学会年報』31, 115-132.

川上泰彦 2011「教育経営における『人事』の制度的機能」『日本教育経営学会紀要』52, 60-74.

川上泰彦 2012「『改革』は制度運用に何をもたらしたか―教員人事行政を例に」日本教育行政学会研究推進委員会（編）『地方政治と教育行財政改革』福村出版, pp.121-141

川上泰彦 2013『公立学校の教員人事システム（学術叢書）』学術出版会

川上泰彦・妹尾 渉 2011「教員の異動・研修が能力開発に及ぼす直接的・間接的経路に関する考察」『佐賀大学文化教育学部』16（1）, 1-20.

川上泰彦・妹尾 渉・波多江俊介・高木 亮 2012「教職キャリアと人事の関係―キャリアの『危機』に着目して―」日本教育経営学会第52回大会（於：香川大学教育学部）口頭発表要旨

川口俊明 2009「マルチレベルモデルを用いた『学校の効果』分析：『効果的な学校』に社会的不平等の救済は期待できるのか」『教育社会学研究』84, 165-184.

河村茂雄 2001「教師の職業生活自己分析尺度の作成」『学校メンタルヘルス』4, 55-63.

河村茂雄 2002『教師のためのソーシャルスキル』誠信書房

河村茂雄（編著）2005『学級担任の特別支援教育―個別支援と一斉指導を一体化する学級経営―』図書文化

河村茂雄 2007『教師のための失敗しない保護者対応の鉄則』学陽書房

菊地史彦 2013『「幸せ」の戦後史』トランスビュー

菊地史彦 2015『「若者」の時代』トランスビュー

木岡一明 2000「学校選択・学校参加と学校経営の自律性」大塚学校経営研究会（編）『学校経営研究』25, 14-22.

鬼頭 宏 2011『2100年, 人口三分の一の日本』メディアファクトリー

北神正行 2001『現代学校経営改革論』教育開発研究所

北神正行・高木 亮・田中宏二 2001「中学校教師の職務『必要』性・『不必要』性認識に関する研究」『岡山大学教育学部研究集録』115, 149-158.

北神正行・高木 亮 2007「教師の多忙と多忙感を規定する諸要因の検討」『岡山大学教育学部研究集録』134, 1-10.

小橋繁男 2013「小中学校教師のストレスとバーンアウト離職意思との関係」『日本保健科学学会誌』15（4）, 240-259.

小林 宏 1994「うつ状態で休職している教師について」『精神医学』36（3）, 297-300.

小林哲夫 2012『高校紛争1969-1970』中央公論新社

小林雅之 2008『進学格差』筑摩書房

小島秀夫・中村朋子・篠原清夫 2002「教師の全国調査の計画と実施」『茨城大学教育学部紀要（教育科学）』51, 189-199.

小島弘道 1996「戦後教育と教育経営」『日本教育経営学会紀要』38, 2-20.

国分一太郎 1956『教師―その仕事―』岩波書店

河本敏浩 2009『名ばかり大学生』光文社

河野稠果 2007『人口学への招待―少子・高齢化はどこまで解明されたか―』中央公論新社

Kramer, M. 1974 *Reality Shock.* Mosby.

Kristof, A. L. 1996 Person-organization fit: An integrative review of its conceptualizations, measurement, and implications. *Personnel Psychology,* 49, 1-49.

Kristof-Brown, A. 2000 Perceived applicant fit: Distinguishing between recruiters' perceptions of person-job and person-organization fit. *Personnel Psychology*, **53**, 643-671.

久保田真功 2013「保護者や子どもの問題行動の増加は教師バーンアウトにどのような影響を及ぼしているのか?」『日本教育経営学会紀要』**55**, 82-97.

久冨善之(編著) 1994『日本の教員文化』多賀出版

久冨善之 2010「新採用教員たちが直面する『困難』と管理職・同僚との関係」『季刊教育法』**167**, 12-18.

久冨善之・長谷川裕・山崎鎮親(編著) 2010『図説教育の論点』旬報社

久冨善之・佐藤 博 2010『新採用教師はなぜおいつめられたのか』高文研

久根口美智子 1977「PTA行事と自己責任」学校事故研究会(編)『学校事故全書② 学校事故の事例と裁判』総合労働研究所, pp.115-124.

紅林伸幸 2007「協働の同僚性としての『チーム』」日本教育学会『教育学研究』**74**(2), 36-50.

黒川雅之 2009「キャリア適応力と職業個人スキルの関係」『カウンセリング研究』**43**, 134-144.

黒須あゆみ・越 良子 2010「教師間の協働的関係構築における日常的コミュニケーションの有用性」日本学校教育学会『学校教育研究』**25**, 82-94.

楠木 新 2011『人事部は見ている』 日本経済新聞社

桑田耕太郎・田尾雅夫 1998『組織論』有斐閣

教職員のメンタルヘルス対策検討会議 2013『教職員のメンタルヘルス対策について(最終まとめ)』〈http://www.mext.go.jp/component/b_menu/shingi/toushin/__icsFiles/afieldfile/2013/03/29/1331 332655_03.pdf(2013.9.27)〉.

Lau, P. S., Yuen, M. T., & Chan, R. T. 2005 Do demographic characteristics make a difference to burnout among Hong Kong secondary school teachers? *Social Indicators Research*, **71**, 491-516.

Lazarus, R. S. & Folkman, S. 1984 *Stress, appraisal, and coping*. New York: Spri nger.(本間 寛・春木 豊・織田正美監訳 1991『ストレスの心理学―認知的評価と対処の研究―』実務教育出版)

Liu, E. & Johnson, S. M. 2006 New teachers' experiences of hiring: Late, rushed, and information-poor. *Educational Adminiostration Quarterly*, **42**(3), 324-360.

Locke, E. A. 1976 The nature and causes of job satisfaction. In M. D. Dunnette (Ed.), *Handbook of industrial and organizational psychology*. Chicago: Rand McNally.

丸谷眞智子・久場川哲二 1987「教師と精神障害」『精神科Mook 18 教師と家庭の精神衛生』pp. 196-203.

町村信孝 2005『保守の論理』PHP研究所

前川喜平 1997「教師の待遇改善」牧 昌見(編)『教育「大変な時代」』(第5巻)教育開発研究所, pp.140-148.

舞田敏彦 2012「首都圏の市区町村別就学援助の受給率」(2014年4月27日閲覧)〈http://tmaita77.blogspot.jp/2012/09/blog-post_6.html〉

Makela, K. & Suutari, V. 2009 Global career: A social capital paradox. *International Journal of Human Resource Management*, **20**(5), 992-1008.

牧 昌見 1999『改訂学校経営診断マニュアル』教育開発研究所

丸谷真智子・久場川哲二 1987「教師と精神障害」『家庭と学校の精神障害』**18**, 196-203.

益田　勉 2002「キャリア選択行動に対するキャリア志向性の影響」『経営行動科学』16（2），117-129.

増田寛也・日本創生会議 2014「提言　ストップ『人口急減社会』」『中央公論』2014年6月号，18-43.

増田健太郎 2008『初任者教員のストレスに関する研究』（平成18-19年度科学研究費補助金研究成果報告書）

増田健太郎・露口健司・高木　亮 2011「教師のメンタルヘルス」『教育と医学』695，56-87.

Maslach, C., & Jackson, S. E. 1981 The measurement of experienced burnout. *Journal of Occupational Behavior*, **2**, 99-113.

Maslach, C., Jackson, S. E., & Leiter, M. P. 1996 *Maslach burnout inventry manual*（3rd ed.）．Palo Alto, CA: Consulting Psychologists Press.

松田　惺・鈴木眞雄 1997「教師の自己効力感に関する基礎的研究」『愛知教育大学研究紀要』**46**（教育科学編），57-65.

松本良夫・河上婦志子 1986「中学校教員の職務パターンと不適応」『東京学芸大学紀要第一部門』**37**，135-148.

松本良夫・河上婦志子 1994『逆風の中の教師たち』東洋館出版社

松浦善満 1997「私たちの求める教育改革—多忙化の克服と学校改革の課題—」『教育』47，45-52.

松浦善満 1998「疲弊する教師たち」油布佐和子（編）『教師の現在・教職の未来』教育出版，pp.16-30.

松崎一葉 2007「職場復帰の理論とソリューション」『心の科学』135，34-40.

松崎　厳 1972「中学校」山内太郎（編）『学校制度—戦後日本の教育改革5—』東京大学出版会，pp.219-316.

Meglino, B. M., & Ravlin, E. C. 1998 Individual values in organizations: Concepts, controversies, and research. *Journal of Management*, **24**（3），351-389.

Meglino, B. M., Ravlin, E. C., & Adkins, C. L. 1989 A work values approach to cooperate culture: A field test of the value comparison process and its relations hip to individual outcomes. *Journal of Applied Psychology*, **74**, 424-432.

三沢元彦 2013『教師復活のメンタルヘルス向上法』学事出版

宮岡　等・清水　茜 2007「"うつかなまけか"が問題となる人」『心の科学』135，29-33.

水本徳明 2009「教職員の健康・学校組織の健康」（日本教育経営学会第49回大会シンポジウム当日配付資料）

水本徳明 2010「教職員の健康・学校組織の健康：研究者の立場から」『日本教育経営学会紀要』**52**，138-142.

水野　考・藤井宣彰・田中春彦・山崎博敏 2005「学校規模に隠れた学級規模の効果—公立小・中学校の全国校長調査を中心に」『広島大学大学院教育学研究科紀要．第三部，教育人間科学関連領域』**54**，11-18.

望月耕太・山﨑準二・菅野文彦 2011「若い教師の力量形成に関する調査研究（3）」『静岡大学教育研究』7，7-26.

望月宗明・矢倉久泰 1979『教師という職業』三一書房

Mowday, R. T., Steers, R. M., & Prter, L. W. 1979 The measurement of organizational commitment. *Journal of Vocational Behavior*, **14**, 224-247.

文部科学省 2010『平成21年度教員職員に係る懲戒処分等の状況について』〈http://www.mext.go.jp/a_menu/shotou/jinji/1300256.htm〉最終確認2011.4.26.

248 　引用文献

文部科学省2011『平成21年度教育職員に係る懲戒処分等の状況について』の「表1　懲戒処分等の状況一覧」
文部科学省 2012「平成23年度公立学校教職員の人事行政状況調査について」〈http://www.mext.go.jp/component/a_menu/education/detail/__icsFiles/afieldfile/2012/12/26/1329088_01.pdf.（2013.9.27）〉.
文部科学省法規研究会 2003「三位一体の改革と義務教育費国庫負担金について」『週刊教育資料』811, 16-18.
文部省教育助成局 1985「仮題規模校分離の促進」『教育と施設』11, 62.
森部英生 2007「休暇・休職となった場合の法的対応」『児童心理』61（9）, 72-77.
森上敏夫・高木　亮 2012「岡山県における職場体験の定着経緯と今後の課題」『中国学園紀要』11, 189-196.
森上敏夫・高木　亮 2013「歴史教科書問題に関する一考察」『中国学園紀要』12, 46-56.
森口　朗 2010『日教組』新潮社
森本兼嚢 1998『ストレス危機の予防医学』日本放送出版協会
森本康太朗 2014「教師のキャリア発達プロセスと教職アイデンティティに関する一考察」『立命館人間科学研究』30, 65-76.
諸富祥彦 2007『モンスターペアレント!?』アスペクト
宗像恒次・稲同文昭・高橋　徹・川野雅資 1988『燃え尽き症候群—医師・看護婦・教師のメンタルヘルス—』多賀出版
宗像誠也 1954『教育行政学序説』有斐閣
村田俊明 2009「一部自治体・教育委員会による『教師塾』の開設と教員養成改革」『摂南大学教育学研究』5, 65-82.
村澤昌崇 2006「高等教育研究における計量分析手法の応用（その1）—マルチレベル分析—」『広島大学高等教育研究開発センター大学論集』37, 309-327.
永井道雄（編著）1957『教師—この現実—』三一書房
中川剛太・小谷英文・西村　馨・井上直子・西川昌弘・能　幸夫 2000「教師の対人ストレス方略の臨床心理学的研究（1）—実態調査にもとづく基礎研究—」『教育研究 国際基督教大学学報』42, 101-123.
中井浩一 2003『論争・学力崩壊2003』中央公論新社
中井浩一 2007『大学入試の戦後史』中公新書
中島一憲 1994「教師の精神障害」『現代のエスプリ』323, 73-84.
中島一憲 1995「教師の精神障害」『臨床精神医学』24（11）, 1433-1438.
中島一憲 1998a「教師の心の病から」『学校メンタルヘルス』1, 47-50.
中島一憲 1998b「教師の「登校拒否」はなぜ増えているのか」『児童心理』52（18）, 118-123.
中島一憲 2000『教師のストレス総チェック』ぎょうせい
中島一憲 2003『先生が壊れていく』弘文堂
中島一憲 2004「教師のストレスと精神保健」『こころと社会』115, 98-104.
中島一憲 2005a「特別講演　教師のメンタルヘルス—最新データによる臨床的検討—」『学校メンタルヘルス』8, 35-41.
中島一憲 2005b「精神性疾患の早期発見・対応と支援」『教職研修』2005. 3, 72-75.
中島一憲 2006『教師のメンタルヘルスQ&A』ぎょうせい
中島一憲 2007「教師のメンタルヘルスをどう支えるか（講演記録）」『学校メンタルヘルス』10, 21-33.

中島さおり 2011「『少子化対策』という蜃気楼」田口理穂ほか『お手本の国のウソ』新潮社

中西良文 1998「教師有能感についての探索的研究―尺度構成の検討―」『学校カウンセリング研究』1, 17-26.

中野利子 1986『教師たちの悩み唄』筑摩書房

中田敦子・松岡洋一 2002『教員のメンタルヘルスに及ぼす自律訓練法の効果』岡山大学大学院教育学研究科学校教育臨床専攻修士論文

名越清家 1994「くじける意欲」松本良夫・河上婦志子（編）『逆風のなかの教師たち』東洋館出版社 pp.45-52

National Career Development Association 1994 From vocational guidance to career counseling: Essays to Honor Donald. E. SURER, *Approfesshional journal concerned with research, theory, and Practice in career development, career counseling and career Education,.* **43**（1）(仙﨑　武・下村英雄編訳 2013『D・E・スーパーの理論と生涯』図書文化)

日本教職員組合 1954『教育活動実態調査第一次報告』

日本教職員組合 1976『教職員の意識調査』

日本教職員組合 1977『日教組30年史』

西　信雄 2006「社会経済要因の多重レベル分析」橋本英樹・小林廉毅・川上憲人『社会格差と健康』東京大学出版会, 189-213.

西村　誠 1972『教育行政学序説』有斐閣

西坂百合子 2003「我が国における教師ストレス研究の現状と課題」『学校教育学研究論集』8, 13-24.

信賓洋介 2000『学校管理職の職務上のストレスに関する実証的研究』岡山大学大学院教育学研究科学校教育臨床専攻修士論文

野田哲朗・山田紅美・佐藤俊子・太田義隆・鎌田美恵子・花谷隆志・岩田和彦・夏目　誠・山田冨美雄 1998「学校教師のストレス」『大阪府立こころの健康総合センター紀要』3, 9-14.

布川　淑 2006「教師の多忙と多忙感」『立命館産業社會論集』**42**（3）, 87-108.

布川　淑 2009a「学校教員の勤務時間」『立命館産業社会論集』**45**（2）, 35-59.

布川　淑 2009b「教育活動と勤務時間」『立命館産業社会論集』**45**（3）, 17-41.

小川正人 2010『教育改革のゆくえ―国から地方へ』筑摩書房

小川正人・勝野正章 2012『教育行政と学校経営（放送大学大学院教材）』放送大学教育振興会

尾木直樹 2008『バカ親って言うな！―モンスターペアレントの謎』角川書店

岡邊　健 2005「非行経歴にみる少年非行の現状」『青少年問題』**53**（2）, 28-33.

岡田尊司 2004『パーソナリティ障害』PHP研究所

岡東壽隆・鈴木邦治 1997『教師の勤務構造とメンタルヘルス』多賀出版

岡沢憲美 1991『スウェーデンの「挑戦」』岩波書店

岡山県教職員組合 1976『教育自書』

奥平貴代・砂川洋子・勝　綾子・国吉　緑・桐山雅子・比嘉理恵・真栄城千夏子 2000「沖縄県における中学校教師のライフストレスに関する研究」『学校保健研究』**42**, 271-282.

小野田正利 2008『親はモンスターじゃない』学事出版

小野田正利 2013『普通の教師が"普通"に生きる学校』時事通信社

大久保良次 2014「義務教育費支出の地方間格差に関する実証的研究」『公教育システム研究』**13**, 1-21.

250 　引用文献

大熊由紀子 1990 『「寝たきり老人」のいる国, いない国』ぶどう社

大西　守 2007 「メンタルヘルス活動の個人の限界・職場の限界」『児童心理』61（9）, 26-34.

大西　守 2008 「職場のメンタルヘルス対策Q&A（上）」『労働事情』1144, 19-32.

大西　守 2008 「職場のメンタルヘルス対策Q&A（上）」『労働事情』1155, 19-32.

大西　守 2009 「職場のメンタルヘルス対策Q&A（下）」『労働事情』1156, 5-27.

大西　守・近藤信子 2008 「職域において『やるべきこと』と『できないこと』」『精神科』13（4）, 328-331.

大西　守・黒木宣夫 2004 「職場復帰と診断書をめぐって」『臨床精神医学』33（7）, 895-898.

大阪教育文化センター 1997 『教師の多忙化とバーンアウト』京都法制出版

太田克利 2010 「インターンシップ経験が新人社員のキャリア適応力に及ぼす影響」『日本インターンシップ学会年報』13, 1-7.

大津和子 2008 「複式学級の意義および指導方法」『へき地教育研究』63, 97-117.

大内伸哉・佐野嘉秀・人事担当者3名・労組役員3名 2010 「（座談会）多様な健康状態の労働者と人事管理」『日本労働研究雑誌』601, 56-73.

O'Reilly, C. A., Chattman, J, & Caldwell, D. F. 1991 People and organization culture: A profile comparison approach to assessing person-organization fit. *Acedemy of Management Journal*, **34**, 487-516.

落合美貴子 2003 「教師バーンアウト研究の展望」『教育心理学研究』51（3）, 351-364.

落合貴美子 2009 『バーンアウトのエスノグラフィー』ミネルヴァ書房

朴　玲河 2013 「学校規模適正化事業における対象校の模索」九州大学大学院人間環境学府（教育学部門）教育経営学研究室・教育法制論研究室『教育経営学研究紀要』16, 69-72.

尾崎公子・貞広斎子・肥後耕生 2013 「学校適正規模政策の日韓比較」『日本教育行政学会第48回大会発表要旨集』pp.102-105, および同発表当日配布資料

Pas, E. T., Bradshaw, C. P., & Hershfeldt, P. A. 2012 Teacher- and school-level predictors of teacher efficacy and burnout: Identifying potential areas for support. *Journal of School Psychology*, **50**, 129-145.

Piasentin, K. A. & Chapman, D. S. 2006. Subjective person-organization fit: Bridging the gap between conceptualization and measurement. *Journal of Vocational Behavior*, **69**, 202-221.

Pondy, L. R. 1967 Organizational conflict: Concepts and models. *Administrative Science Quarterly*, **12**, 296-320.

Raudenbush, S. W. & Bryk, A. S. 2002 *Hierarchical linear models: Applications and data analysis methods.* Newbury Park, CA: Sage.

Robinson, T. L., Crino, M. D., & Fredendall, L. D. 2002 An Integrative model of the empowerment process. *Human Resource Management Review*, **12**, 419-443.

貞広斎子（研究代表者）2000 『公立義務教育諸学校の学校配置と学校規模に関する総合的研究』（平成20年度～22年度科学研究費補助金・基盤B研究 課題番号20330158　研究報告書）

貞広斎子 2012 「学校のダウンサイジングと教育財政における再配分原則の検討に向けて―初等中等教育財政の視点から」『日本教育行政学会年報』38, 156-159.

貞広斎子 2013 「韓国における学校適正規模化政策の変遷と実際」日本教育経営学会第53回大会課題研究『人口減少社会における持続可能な学校経営システムの開発（1）』話題提供時配布資料

斉藤　浩 1977「学校事故判例と教師の責任」『学校事故全書②学校事故の事例と裁判』総合労働研究所, pp.165-194.

斎藤　浩 2000「学校規模が中学校教師のストレスに及ぼす影響に関する因果モデル構築の試み」『高知大学教育学部研究報告』60, 299-305

斉藤　環 2007「"こころのカゼ"と操作主義」『こころの科学』135, 79-84.

酒井　朗 1998「指導の文化と教育改革のゆくえ」油布佐和子（編）『教師の現在・教職の未来』教育出版, pp.115-136.

榊原禎宏 2009「『健康な学校』と学校論のリデザイン」『京都教育大学紀要』115, 159-168.

坂本　祐ら 2014「教員の職務の必要性についての教員による捉えに関する調査研究」『岐阜大学教育学部教師教育研究』10, 169-173.

坂本美紀 2006「教職生活における困難と成長に関する現職教員の意識」『兵庫教育大学研究紀要』28, 35-42.

佐古秀一 1986「学校組織に関するルース・カップリング論についての一考察」『大阪大学人間科学部紀要』12, 137-153.

佐古秀一 1990「学校の組織構成次元の抽出とその複合性に関する実証的研究」『鳴門教育大学紀要（教育科学編）』5, 321-337.

佐古秀一 2006「学校組織の個業化が教育活動に及ぼす影響とその変革方略に関する実証的研究―個業化, 協働化, 統制化の比較を通して―」『鳴門教育大学研究紀要』21, 41-54.

佐古秀一 2011「学校の組織特性をふまえた学校組織変革の基本モデル」小島弘道（監修）, 佐古秀一・曽余田浩史・武井敦史（著）『学校づくり組織論』（講座 現代学校教育の高度化12）学文社, pp.131-153.

佐古秀一・久我直人・大河内裕幸・山口哲司 1999「省察と協働を支援する学校改善プログラムの開発的研究」『鳴門教育大学研究紀要教育科学編』14, 53-60.

佐古秀一・葛上秀文・芝山明義 2005「『学級崩壊』に対する小学校の組織的対応に関する事例研究（1）―学校組織における個業性維持の実態とその要因に関する考察―」『鳴門教育大学研究紀要（教育科学編）』20, 37-49.

迫田裕子・大竹晋吾・西山久子・納富恵子・花島秀樹・谷　友雄・森　保之 2011「教師のキャリア形成と意欲的な教師育成をめざす大学・大学院の取組について」『福岡教育大学紀要 第四分冊』60, 203-214.

迫田裕子・田中宏二・淵上克義 2004「教師が認知する校長からのソーシャルサポートに関する研究」『教育心理学研究』52, 448-457.

Saks, A. M. & Ashforth, B. E. 1997 A longitudinal investigation of the relationship between job information, source, applicant perceptions of fit, and work outcomes. *Personnel Psychology*, 50, 395-426.

産経新聞取材班 2009『総括せよ！さらば革命的世代』産経新聞出版社

笹原信一郎 2007「先進的職場復帰制度を考える」『こころの科学』135, 73-78.

佐々木弘記 2009「教職員の職能発達を促す校長による教育的サポートに関する研究」『岡山県総合教育センター研究紀要』21, 08-03.

佐々木　均 2013「消費社会の功罪と医療資源の位置づけ」『医療ジャーナル』49（10）, 23-25.

佐藤郁子 2009「学級経営の在り方を方向付ける潜在的要因としての小学校教師の特質」『日本教育方法学会紀要』34, 85-90.

佐藤郁子・平野朝久 2011「潜在的カリキュラムとしての小学校教師の特質」『東京学芸大学紀要総合教育科学系』62, 71-80.

252 引用文献

沢崎達夫・足立由美子・岡田　謙・塩田有子・清水井一 2007「（座談会）いま，教師のメンタルヘルスのために取り組みたいこと」『児童心理』61（9），44-55.

瀬川松子 2009『亡国の中学受験』光文社

澁谷徹也 2004「教員間協働が内包する諸問題」上越教育経営研（編）『教育経営研究』10，39-49.

澁谷義人 2008「人的資源管理と学校経営」『現代学校経営論』20，93-98.

島津明人 2003『職場不適応と心理的ストレス』風間書房

清水安夫他 2010「座談会　教師のメンタルヘルスを考える」『学校メンタルヘルス』15（1），34-47.

志水宏吉（編著）2009『「力のある学校」の探究』大阪大学出版会

下村哲夫 1997『改訂　新版教育法規を読む』東洋館出版社

篠崎次男 2006『健康自己責任」論と公衆衛生行政の課題』自治体研究社

Skaalvik, E. M. & Skaalvik, S. 2007 Dimensions of teacher self-efficacy and relations with strain factors, perceived collective teacher efficacy, and teacher burnout. *Journal of Educational Psychology*, 99, 611-625.

Skaalvik, E. M. & Skaalvik, S. 2010 Teacher self-efficacy and teacher burnout: A study of relations. *Teaching and Teacher Education*, 26, 1059-1069.

Smith, K. K., v. 1989 The movement of conflict in organizations: The joint dynamics of splitting and triangulation. *Administrative Science Quarterly*, 34, 1-20.

園田雅代・中釜洋子・沢崎俊之 2002『教師のためのアサーション』金子書房

Steinhoff, P.・木村由美子（訳）1991『日本赤軍派　その社会学的問題』河出書房新社

Stockard, J. & Lehman, M. B. 2004 Influences on the satisfaction and retention of 1st-year teachers: The importance of effective school management. *Educational Administration Quarterly*, 49（5），742-771.

杉澤あつ子・中島一憲・古川武彦・杉澤秀博 1996「都市部の公立学校教員の健康とその関連要員」『体力研究』91，167-172.

杉田郁代 2014「女性教師のワークライフバランスとメンタルヘルスについて」日本教育経営学会第54回大会口頭発表および同配布資料

Super, D. E., Thompson, A. S., & Linderman, R. H. 1988 *Adult Career Concerns Inventoty*. Palo Alto, CA: Consultant Psychologists Press.

諏訪英広 2003「教員社会におけるソーシャルサポートに関する研究」『日本教育経営学会第44回大会発表要旨集』p.50.および同配布資料

諏訪英広 2004「教員社会におけるソーシャルサポート研究」『日本教育経営学会紀要』46，78-92.

鈴木安名 2005『人事・総務担当者のためのメンタルヘルス読本』労働科学研究所出版部

鈴木邦治 1993「教師の勤務構造とストレス―ストレッサーの認知的評価を中心に―」『日本教育経営学会紀要』35，69-82.

鈴木邦治・別惣淳二・岡東寿隆 1994「学校経営と　養護教諭の職務（Ⅱ）」『広島大学教育学部紀要第一部門』43，153-163.

鈴木眞雄 1998「中堅教員の自己効力感の形成要因に関する基礎的研究」『愛知教育大学教育実践センター紀要』創刊号，17-21.

鈴木眞雄・松田　惺 1999「中堅教員の自己効力感の構造と形成要因に関する基礎的調査研究」『愛知教育大学研究報告』48，65-71.

鈴木眞雄・松田　惺 2000「中堅教員の自己効力感と燃え尽き」『愛知教育大学研究紀要』49，

65-80.

鈴木雅博 2011「学校における組織的意思決定と教師の自律性との関係性―教師が語る言説の機能に着目して―」『日本教育行政学会年報』**37**, 100-117.

鈴木伸一・嶋田洋徳・三浦正江・片柳弘司・右馬埜力也・坂野雄二 1997「新しい心理的ストレス反応尺度（SRS-18）の開発と信頼性・妥当性の検討」『行動医学研究』**4**, 22-29.

就実大学・就実短期大学アクティブラーニングワーキンググループ 2014「就実大学・就実短期大学におけるアクティブラーニングワーキンググループの取組報告」『就実論叢』

田上不二夫・山本淳子・田中輝美 2004「教師のメンタルヘルスに関する研究とその課題」『教育心理学年報』**43**, 135-144.

田島美幸・中村聡美・秋山　剛・大野　裕 2007「職場復帰のための認知行動療法」『こころの科学』**135**, 61-66.

高木　亮 2001「教師の職務ストレッサーから見た学校改善に関する研究」『日本教育経営学会研究紀要』**43**, 66-78.

高木　亮 2003「教師のストレス過程メカニズムに関する比較研究」『日本教育経営学会紀要』**45**, 50-62.

高木　亮 2009「都道府県ごとの教師の精神疾患を原因とした病気休職『発生率』のデータ報告」『中国学園紀要』**8**, 109-115.

高木　亮 2010「都道府県ごとの教師の精神疾患を原因とした病気休職『発生率』のデータ報告Ⅱ」『中国学園紀要』**9**, 73-80.

高木　亮 2012a「指導主事のキャリアとストレス」日本教育経営学会第52回大会（於：香川大学教育学部）口頭発表要旨

高木　亮 2012b「教師のメンタルヘルスの実践および研究の歴史」『学校メンタルヘルス』**159**, 29-33.

高木　亮 2013「教職キャリアにおけるソーシャルキャピタル」露口健司（編）『学校組織のソーシャルキャピタル』（オンライン公開）

高木　亮・淵上克義・田中宏二 2008「教師の職務葛藤とキャリア適応力が教師のストレス反応に与える影響の検討―年代ごとの影響の比較を中心に―」『教育心理学研究』**56**（2）, 230-242.

高木　亮・川上泰彦 2013「保育者の教職キャリアに関する検討」『佐賀大学文化教育学部研究紀要』**18**（1）, 45-60.

高木　亮・波多江俊介 2014「教育センターにおける研修体系の検討」『日本教育経営学会第54回大会発表要旨集』および当日配布資料

高木　亮・川上泰彦・波多江俊介・妹尾　渉 2012「人事・労務管理上の課題としての教職キャリア危機とその対策」日本教育行政学会第47回大会（於：早稲田大学）口頭発表要旨

高木　亮・田中宏二 2003「教師の職業ストレッサーに関する研究」『教育心理学研究』, **51**（2）, 165-174.

高木　亮・田中宏二・淵上克義・北神正行 2006「教師の職業ストレスを抑制する方法の探索」『日本教育経営学会紀要』**48**, 100-114.

高橋伸夫 2002『できる社員は「やり過ごす」』日本経済新聞社

高橋伸夫 2004『虚妄の成果主義―日本型年功制復活のススメ―』日経BP社

高橋伸夫 2005『〈育てる経営〉の戦略』講談社

高旗正人・北神正行・平井安久 1992「教師の『多忙』に関する調査研究」岡山大学教育学部附属教育実習センター（編）『教育実習研究年報』**3**, 1-29.

高野良子・明石要一 1992「女性校長のキャリア形成の分析」『千葉大学教育学部研究紀要第

一部』**40**, 139-156.

竹内　洋 1991 『立身苦学出世―受験生の社会史―』講談社

竹内　洋 2003 『教養主義の没落』中央公論新社

竹内常一 2007 「『ゆとりと充実』のなかの教師と子供」『労働の科学』**62**（6）, 21-24.

瀧井宏臣 2008 『「教育七五三」の現場から』祥伝社

田村修一・石隈利紀 2001 「指導・援助サービス上の悩みにおける中学校教師の被援助志向性
　　に関する研究」『教育心理学研究』**49**, 438-448.

田村修一・石隈利紀 2002 「中学校教師の被援助志向性と自尊感情の関係」『教育心理学研究』
　　50, 291-300.

田村修一・石隈利紀 2006 「中学校教師の被援助志 向性に関する研究」『教育心理学研究』**54**,
　　75-89.

田中宏二・高木　亮 2007 『個人内スキル活用と教師のキャリア発達教師のエンパワーメント
　　向上のための社会的資源に関する総合研究（科研報告書）』pp. 1 -62.

谷口弘一・田中宏二 2011 「教師におけるサポートの互恵性と自己効力感およびバーンアウト
　　との関連」『長崎大学教育学部紀要―教育科学―』**75**, 45-52.

田尾雅夫 1991 『組織の心理学』有斐閣

田尾雅夫 2005 「管理職の役割変化とストレス」『日本労働研究雑誌』**545**, 29-39.

田尾雅夫・久保真人 1996 『バーンアウトの理論と実際―心理学的アプローチ―』誠信書房

田中輝美・杉江　征・勝倉　孝 2003 「教師用ストレッサー尺度の開発」『筑波大学心理学研究』
　　24, 141-148.

立花　隆 1983a 『中核VS核マル（上）』講談社

立花　隆 1983b 『中核VS核マル（下）』講談社

照井康幸・増田真也 1999 「保護者を要因とする教師のストレスに関する研究」『茨城大学教
　　育実践研究』**18**, 29-41.

Tillman, L. C. 2005 Mentoring new teachers: Implications for leadership practice in an
　　urban school. *Educational Administration Quarterly*, **41**（4）, 609-629.

飛田　操・高良美樹 1996 「中学校教諭の多忙さについての組織心理学的研究」『福島大学教
　　育実践研究紀要』**30**, 77-84.

東京都教職員互助会・ウエルリンク 2008 『教員のメンタルヘルス対策および効果測定』

富家正則・宮前淳子 2011 「教師にとっての"職場の楽しさ"の規定要因に関する研究」『香
　　川大学教育実践総合研究』**22**, 149-157.

伴仲謙欣 2000 「少子化とその影響―教育現場において」『教育学科研究年報』**26**, 1 - 8 .

「トライやる・ウィーク」評価検証委員会 2003 『トライやる・ウイーク 5 年目の検証』〈http://
　　www.hyogo-c.ed.jp/~gimu-bo/tryyaru/tryyaru 1 .htm〉

「トライやる・ウイーク」評価検証委員会・兵庫県教育委員会 2007 『地域に学ぶ「トライやる・
　　ウイーク」10年目の検証から』〈http://www.hyogo-c.ed.jp/~gimubo/tryyaru/tryyaru 1 .
　　htm〉

東京大学 2007 『教職員勤務実態調査（小中学校）報告書（平成18年度文部科学省委託調査研
　　究報告書）』

東京大学 2008 『教員の業務の多様化・複雑化に対応した業務量計測手法の開発と教職員配置
　　制度の設計（平成19年度文部科学省教育システム開発プログラム報告書）』

Travers C. J. & Cooper C. L. 1996 *Teachers under pressure: Stress in the teaching profession.*
　　London: Routledge.

露口健司 2000 「校長のリーダーシップが児童の教育パフォーマンスに与える影響―最適モデ

ルの検出を中心に―」『日本教育行政学会年報』**26**，123-136．

露口健司 2011「学校組織特性と教師ストレス」『教育と医学』**695**（2011年5月号），70-75．

露口健司 2008『学校組織のリーダーシップ』大学教育出版

露口健司 2012『学校組織の信頼』大学教育出版

露口健司 2004「学校組織における価値適合の規定要因と適合効果」『教育経営学研究紀要』**7**，1-16．

露口健司 2008a「初任者教員のキャリア適合と職務満足・心理的ストレス」増田健太郎『初任者教員のストレスに関する研究』（平成18-19年度科学研究費補助金・研究成果報告書），pp.29-71．

露口健司 2008b『学校組織のリーダーシップ』大学教育出版

露口健司 2010『学校組織の信頼』大学教育出版

露口健司 2011『校長職の新たな課題』教育開発研究所

露口健司 2012『学校組織の信頼』大学教育出版

露口健司 2013「専門的な学習共同体（PLC）が教師の授業力に及ぼす影響のマルチレベル分析」『日本教育経営学会紀要』**55**，66-81．

露口健司・佐古秀一 2004「校長のリーダーシップと自律的学校経営」河野和清（編）『地方分権下における自律的学校経営の構築に関する総合的研究』多賀出版，pp.175-203．

露口健司・高木　亮 2012「学校管理職のバーンアウト・プロセス―適合理論アプローチによる影響過程の探索的分析―」『九州教育経営学会研究紀要』**18**，63-72．

上原尚子・田中理絵 2012「教師の語りから見たキャリア変遷」『山口大学教育学部研究論叢　第三部』**61**，253-262．

上井長久 1977a「学校事故に関する裁判の動向と問題点―その損害賠償責任について―」『学校事故研究会編学校事故全書②学校事故の事例と裁判』総合労働研究所，pp.127-143．

上井長久 1977b「責任能力のある生徒の不法行為と教師の責任」学校事故研究会（編）『学校事故全書②学校事故の事例と裁判』総合労働研究所，pp.234-245．

上井長久 1977c「学校開放下の児童の転落負傷事故の責任―判例研究・大和小学校事件―」学校事故研究会（編）『学校事故全書②学校事故の事例と裁判』総合労働研究所，pp.260-271．

上井長久 1977d「資料・学校事故関係判例一覧」学校事故研究会（編）『学校事故全書②学校事故の事例と裁判』総合労働研究所，pp.454-496．

牛島定信 2007「うつ病のタイプと職場復帰」『こころの科学』**135**，22-28．

宇都慎一郎・今林俊一 2006a「初任教師の心理的発達に関する研究」『鹿児島大学教育学部研究紀要 教育科学編』**57**，97-123．

宇都慎一郎・今林俊一 2006b「初任教師の心理的発達に関する研究（2）」『鹿児島大学教育学部教育実践研究紀要』**16**，79-90．

宇都慎一朗・今林俊一 2007「初任者教師の心理的発達に関する研究（3）」『鹿児島大学教育学部研究紀要教育科学編』**58**，27-44．

宇都慎一郎・今林俊一 2008「初任教師の心理的発達に関する研究（4）」『鹿児島大学教育学部研究紀要 教育科学編』**59**，77-101．

Vancouver, J. B. & Schmitt, N. W. 1991 An exploratory examination of person-organization fit: Organizational goal congruence. *Personnel Psychology*, **44**, 333-352.

Van Vianen, A. E. M. 2000 Person-organization fit: The match between newcomers' and recruiters' preferences for organizational cultures. *Personnel Psychology*, **53**, 113-149.

256　引用文献

Verquer, M. L., Beerhr, T. A., & Wagner, S. H. 2002 A meta-analysis of relations between person-organization fit and work attitudes. *Journal of Vocational Behavior*, **63**, 473-489.

若林明雄 2000「対処スタイルと日常生活および職務上のストレス対処方略の関係」『教育心理学研究』**48**, 128-137.

若井彌一 1989「資料」『解説新教育職員免許法と教員養成研修（教職研修別冊）』教育開発研究所, pp.238-245.

若井彌一 1997「消費者優位と子どもの権利要求」市川昭午（編）『学校管理職"大変な時代"』教育開発研究所, pp.25-37.

若井彌一 2000「レスポンシビリティとアカウンタビリティ」『月刊教職研修』2000年9月号. 138-141.

渡部　蓊 2007『臨時教育審議会』学術出版

渡辺三枝子・E. L. ハー（E. L. Herr）2001『キャリアカウンセリング入門』ナカニシヤ出版

Whitaker, K. S. 1995 Principal burnout: Implications for professional development. *Journal of Personnel Evaluation in Education*, **9**, 287-296.

八木英二 2005「教師の人権と教職の役割変化」『部落問題研究』**171**, 40-97.

山口　剛 1999「学校ストレスの臨床」河野友信・山口昌之（編）『ストレスの臨床』至文堂, pp.185-197.

山登敬之 2007「当世うつ病事情」『こころの科学』**135**, 16-21.

山下晃一 2010「総括 課題研究報告II 学校の学区再編・統合と学校経営の課題」『日本教育経営学会紀要』**52**, 186-190.

山本龍生 1999『文学に描かれた教師たち』新風舎

山本隆太・町田敦敬 2012「昭和22年度学習指導要領（試案）教科"自由研究"から見る探究活動の課題について」『愛知教育大学研究報告. 教育科学編』**61**, 1-8.

山内久美・小林芳郎 2000「小・中・高校教員の教職に対する自己認識―教師に対する有効なコンサルテーションのために―」『大阪教育大学紀要第IV部門』**48**, 215-232.

山内太郎（編著）1972『学校制度―戦後日本の教育改革5―』東京大学出版会

山崎準二 1992「教師のライフコース研究」『静岡大学教育学部研究報告　人文・社会科学編』**43**, 177-192.

山崎準二・紅林伸幸 1995「教師のライフコース研究　モノグラム女性教師の場合」『静岡大学教育学部研究報告』**45**, 143-160.

山崎準二・紅林信幸 1996「教師の力量形成に関する調査研究II」『静岡大学教育学部研究報告』**46**, 159-187.

山崎準二 1998「教師の力量形成に関する調査研究III」『静岡大学教育学部研究報告』**49**, 259-290.

山崎準二 2000「教師のライフコース研究」『静岡大学教育学部研究報告』**50**, 201-228.

山崎準二・紅林伸幸 2001「教師の力量形成に関する調査研究IV」『静岡大学教育学部研究報告』**51**, 1-32.

山崎準二 2006a「教師の力量形成に関する調査研究V」『静岡大学教育学部研究報告』**56**, 173-202.

山崎準二 2006b「教師の力量形成に関する調査研究V-2」『静岡大学教育学実践総合センター紀要』**12**, 149-164.

山崎準二 2007「教師の力量形成に関する調査研究V-3」『静岡大学教育学部研究報告』**57**, 209-230.

山崎準二 2012「教師教育改革の現状と展望」『教育學研究』**79**（2），182-194.

山崎準二・小森麻知子・紅林伸幸・河村利和 1991「教師の力量形成に関わる調査研究」『静岡大学教育学部研究報告．人文・社会科学篇』**41**，223-252.

山崎準二・望月耕太・菅野文彦 2010「若い教師の力量形成に関する調査研究（2）」『東洋大学文学部紀要』**36**，79-93.

山崎準二・望月耕太・菅野文彦 2011「若い教師の力量形成に関する調査研究（1）」『静岡大学教育実践総合センター紀要』**19**，209-222.

山崎洋介 2010『本当の30人学級は実現したのか？』自治体研究社

山住正己 1986『日本教育小史―近・現代―』岩波書店

柳原富雄・制度研 2009『教育としての学校事務』大月書店

八尾坂　修 2005「指導力不足教員をめぐる現状と支援策」『教員人事評価と職能開発』風間書房，pp.315-340.

安田隆子 2011「学校統廃合」『教育と情報』**640**，1-12.

安田裕子・サトウタツヤ 2012『TEMでわかる人生経路』誠信書房

八並光俊・新井　肇 2001「教師バーンアウトの規定要因と軽減方法に関する研究」『カウンセリング研究』**34**（3），1-12.

興儀幸朝・小林　稔・金城　昇・上間達也・具志堅太一 2011「中学校保健体育科における授業力尺度作成の試み」『琉球大学教育学部紀要』**79**，279-289.

吉田安規良・呉我実春 2008「変則的な複式学級での授業実践に必要なものとは何か」『琉球大学教育学部紀要』**73**，51-70.

吉田美穂 2005「教員文化の内部構造の分析」日本教育社会学会（編）『教育社会学研究』**77**，47-65.

吉川　徹 2006『学歴格差・不平等』東京大学出版会

吉野　聡 2007「都庁における職場復帰」『こころの科学』**135**，41-46.

吉野　聡 2013『「現代型うつ」はサボリなのか』平凡社

楊　暁興 2013「大・小規模校の課題に対する管理職の認識に関する考察」九州大学大学院人間環境学府（教育学部門）教育経営学研究室・教育法制論研究室『教育経営学研究紀要』**16**，61-67.

Young, P. 2007 How elementary principals' beliefs and actions influence new teachers' experiences. *Educational Administration Quarterly*, **43**（1），101-137.

油布佐和子 1995「教師の多忙化の一考察」『福岡教育大学紀要』**44**（4），197-210.

油布佐和子 1998「教師は何を期待されてきたか」油布佐和子（編）『教師の現在・教職の未来』教育出版，pp.138-157.

油布佐和子 2010「教職の病理現象にどう向き合うか」『教育社会学研究』**86**，23-37.

油布佐和子 2003「教師集団」苅谷剛彦・志水宏吉（編著）『学校臨床社会学』放送大学教育振興会，pp.136-151.

結城　忠 1999「校則と生徒規範（2）」『月刊教職研修』1999年9月号，136-139.

結城　忠 2000a「『学校の役割・権利と責任に関する調査』から（1）」『月刊教職研修』2000年6月号．

結城　忠 2000b「『学校の役割・権利と責任に関する調査』から（3）」『月刊教職研修』2000年8月号．

人名索引

A

Adkins, C. L.　161
相川勝代　11
明石要一　94, 98
秋山健二郎　20-22, 24
天笠　茂　65
安藤知子　100
青木栄一　33, 70, 72, 73
青木朋江　23
新井　肇　131
有馬秀晃　7
Ashforth, B. E.　157,
　159-161

B

別惣淳二　82
Brayman, C.　195
Bretz, R. B.　157, 160
Broun, S. D.　130
Bryk, A. S.　131

C

Cable, D. M.　157, 159,
　161
Caldwell, D. F.　157
Chapman, D. S.　165
Chattman, J. A.　157,
　159-162
Cherniss, C.　101
Cinamon, R. G.　158
Cooper C. L.　11, 89

D

Deal, S. E.　213
Dewey, J.　19

E

遠藤　覚　6
江澤和雄　iii

F

Fink, D.　15
Friedman, I. A.　195
Frone, M. R.　88
淵上克義　184, 187, 195
藤井和久　3 , 12
藤田英典　17, 33
藤原文雄　118, 183
藤原正光　94
福水保郎　11, 12
古野博明　19

G

Glasesser, E. L.　115
呉我実春　73
Grzymacs, J. G.　80, 88

H

原田光隆　68
針田愛子　80
橋口幽美　53, 55
橋本　剛　90
秦　政春　11, 24, 39,
　51, 83
波多江俊介　117, 118,
　143, 152
葉養正明　15, 143
Hepburn, A.　130
Herr, E. L.　ii , 130
東谷勝司　26
日野純一　54

I

市川伸一　62, 72
池田勇人　16
池田守男　216
池本しおり　89
今林俊一　95
今津孝次郎　195
稲富　健　184
伊上達郎　21, 22, 33, 34
石田美清　36
石堂　豊　35, 79, 82, 83
石隅利紀　82, 86, 90,
　130
石渡嶺司　72
伊藤和衛　28, 29
伊藤美奈子　79-81, 83,
　87, 130, 158
岩瀬正哉　33
岩田康之　71
岩谷泰司　5

J

Jackson, S. E.　128
徐　恩之　185, 186
Johnson, S. M.　161,
　182

Judge, T. A.　157,
　159-161

K
門脇厚司　17, 19
角山　剛　167
梶田叡一　30
柿沼昌芳　50
鎌田季好　22
金井篤子　77, 158
金井壽隆　216
神林寿幸　14, 33, 73
金子勍栄　80
管賀江留郎　35, 48
刈谷剛彦　51
柏熊岬二　48, 49
片柳弘司　173
加藤　誠　12
川端　裕　iii, 6, 8,
　225
川口俊明　140
河上婦志子　25, 26, 80,
　85, 108, 157
川上泰彦　35, 70, 104,
　107, 118, 143, 144
河村茂雄　57, 89
菊池史彦　39, 40, 64
木岡一明　29
北神正行　14, 33, 46,
　48, 58, 59, 81, 82, 86,
　108, 226
鬼頭　宏　66
小橋繁男　128
小林　宏　6
小林雅之　72
小林哲夫　35, 43
小林芳郎　157
小島秀夫　16, 126
国分一太郎　19, 20, 28,
　42
近藤信子　7
越　良子　185, 191, 193

河本敏浩　57, 72
河野稠果　143
高良美樹　143
Kramer, M.　81
Kristof, A. L.　166, 167
Kristof-Brown, A.　161
久場川哲二　10, 12, 211
久保真人　132, 197, 209
久保田真功
久根口美智子　27
紅林伸幸　90, 183
黒川雅之　79
黒木宣夫　8
黒須あゆみ　185, 191,
　193
楠木　新　114, 115
桑田耕太郎　184

L
Lau, P. S.　130
Lehman, M. B.　160
Liu, E.　161, 182
Locke, E. A.　182

M
町村信孝　23
前川善平　24, 25, 34
舞田敏彦　125
Makela, K.　105
牧　昌見　87
Malsus, T. M.　73
Marks, N. F.　80, 88
丸谷真智子　10, 12, 211
Maslach, C.　128, 129
増田寛也　66
増田健太郎　60, 73, 81,
　99, 120, 130
増田真也　157, 195
益田　勉　158, 168
松田　惺　93, 94, 99
松本良夫　80, 85, 157
松岡洋一　89

松浦善満　14, 45, 86,
　157
松崎　厳　19, 28
Meglino, B. M.　157,
　160, 167
三沢元彦　14
三浦正江　173
宮前淳子　93, 95, 99
宮岡　等　3
宮沢賢治　33
水本徳明　iii
水野　孝　143
望月宗明　24, 34, 42,
　49, 91
森　有礼　15
森部英生　2
森口　朗　108
森本兼囊　80
森本康太郎　225, 232
森上敏夫　49, 55
諸富祥彦　5, 6, 13, 57
Mowday, R. T.　182
宗像誠也　28, 29
宗像恒次　39, 79, 81,
　83, 86, 87, 88, 100
村澤昌崇　140
村田俊明　71

N
永井道雄　21, 24, 33, 42
名越清家　118
中釜洋子　89
中川剛太　157
中井浩一　62, 72
中島一憲　3 - 8, 10, 12,
　96, 229, 230, 236
中島さおり　73
中西良文　94
中野正夫　49
中野利子　41, 42
中田敦子　89
楡井浩一　73

西 信雄　131
西村 誠　20, 28
西村吉弘　143
西坂百合子　11
信賓洋介　82

O

落合美貴子　11, 76, 129, 139, 195
尾木直樹　57
大久保良次　72
大熊由紀子　73
大西 守　7, 12, 227
太田弘子　187
太田克利　79
大津和子　73
大内伸哉　3, 6-8, 13
岡田尊司　5
岡東壽隆　14, 80-82, 87, 89, 130, 138, 157, 168, 226
岡沢憲美　73
奥平貴代　120
小野田正利　57
O'Reilly, C. A.　157, 159, 160, 167
押井 守　50
尾崎公子　73

P

朴 玲河　152
Pas, E. T.　130, 131, 140
Peterson, D.　213
Piasentin, K. A.　165
Piketty, T.　73
Pondy, L. R.　185

R

Raudenbuch, S. W.　131
Ravlin, E. C.　167
Rich, Y.　158

Robinson, T. L.　71

S

貞広斎子　73, 143
斉藤 浩　28, 143
齊藤 環　12
齊藤悦則　73
酒井 朗　40, 42
堺屋太一　34
榊原禎宏　iii
坂本美紀　95
坂本 祐　14, 33
坂野雄二　173
佐古秀一　87, 147, 151, 183, 186, 192, 193
迫田裕子　93
Saks, A. M.　157, 159-161
佐々淳行　34
佐々木弘記　93
佐々木 均　58
佐藤郁子　33
サトウタツヤ　92
沢崎達夫　2, 7, 12
沢崎俊之　89
Schmitt, N. W.　157
瀬川松子　57, 72
澁谷徹也　93, 98
澁谷義人　96
島田洋徳　173
島津明人　158
清水 茜　3
志水宏吉　143
清水安夫　32
下村哲夫　15
篠崎次男　97
Skaalvik, E. M.　128, 130
Skaalvik, S.　128, 130
Smith, K. K. V.　185
園田雅代　89
Steinhoff, P.　40, 49

Stockard, J.　160
杉澤あつ子　120
杉田郁代　100
Super, D. E.　78, 236
Suutari, V.　105
諏訪英広　90, 105, 120, 130, 138, 162, 183
鈴木邦治　14, 80-82, 87, 89, 130, 138, 157, 168, 226
鈴木邦男　49
鈴木雅博　191
鈴木眞雄　83, 93, 94, 99
鈴木伸一　173
鈴木安名　225

T

田上不二夫　11, 76, 158, 195
田川隆博　195
田島美幸　7
高木 亮　5, 6, 35, 43, 49, 55, 76, 81-88, 97, 98, 100, 104, 108, 120-122, 126, 129, 130, 132-134, 138, 141, 158, 159, 182, 195-197, 225, 232, 236
高橋伸夫　77, 78, 84, 100
高旗正人　14, 85
高野良子　94, 98
竹下 登　33
竹内 洋　26, 38, 51
田村修一　83, 86, 90, 130
田中輝美　86
田中宏二　81, 86-88, 97, 100, 129, 132-134, 138, 141, 183
田中理絵　93
谷口弘一　183

田尾雅夫　77, 78, 84, 132, 184, 195, 197, 209
照井康幸　157, 195
Tilman, L. C.　162
飛田　操　143
富家正則　93, 95, 98, 99
鳥越ゆい子　24
Travers, C. J.　11, 89
露口健司　87, 118, 127, 143, 157, 159-162, 166-168, 171, 172, 183, 192, 195-197, 213-215, 226

U
上原尚子　93
上井長久　27, 28, 44
右馬埜力也　173
牛島定信　5
宇都慎一郎　95

V
Van Vianen, A. E. M.　157, 166
Vancouver, J. B.　157
Verquer, M. L.　160

W
若林昭雄　89
若井彌一　17, 18, 44
渡部　蓊　39, 51, 70
渡辺三枝子　ii, 130
Whitaker, K. S.　195

Y
八木英二　10, 11, 26, 34
矢倉久泰　24, 34, 42, 49
山形浩生　73
山口　剛　3
山崎準二　76, 92, 94, 99, 100, 112
山崎洋介　53, 54
山下晃一　143
山登敬之　7
山内久美　157
山内太地　72
山住正己　16
柳原富雄　118
八尾坂　修　12
安田隆子　67
安田裕子　92
八並光俊　131
與儀幸朝　225
吉田安規良　73
吉田美穂　183
吉川　徹　21
吉野　聡　3, 223, 232
楊　暁興　152
Young, P.　159
油布佐和子　14, 23, 26, 28, 33, 38, 40, 65, 183
結城　忠　15, 44

事項索引

あ

ICC　137

ICT　54

アカウンタビリティ　195

アクティブラーニング　72

新しい時代の義務教育を創造する　15

新たな未来を築くための大学教育の質的転換に向けて（平成24年8月28日）　71

依願退職　11

生きる力　52, 64

OECD生徒学習到達度調査（PISA）　57

か

階層的重回帰分析　175, 199

学テ闘争　25

学力向上　177

「学力低下」論争　52

学校運営　143, 144, 151

学校管理職　143

学校規模　143-145, 149, 151, 152

学校基本調査　120

学校経営　143, 144, 152

学校組織　143, 144, 151, 183-186, 188, 191, 192

学校評議会　58

家庭環境　132

管理職　144, 147, 149, 152, 187, 189-192

希望降格　11

キャリア停滞　198, 200

キャリア適応　198, 199

──力　130

キャリア適合　157

給食費未納　57

教育行政　119, 121, 122

教育職員に係る懲戒処分等状況一覧　7

教育職員に係る懲戒処分等の状況について　12

教育の情報化に関する手引　55

教職員ストレスチェッカー　131, 197

教職活動の全体を通じた教員の資質能力の総合的な向上方策について（答申）（平成24年8月28日）　i

教職キャリア　i

教職生活の全体を通じた教員の資質能力の総合的な向上方策について（答申）（平成24年8月28日）　59

勤評闘争　25

経営資源　197

「けちなのみや」の原則　225

交互作用法　166

公正型リーダーシップ　161

公務員の「病休」　2

公立学校教員採用選考試験の実施状況について　156

公立学校教職員の人事行政の状況調査について　156

個業　145, 147, 151, 183, 186, 188, 192

心の健康問題により休業した労働者の職場復帰支援プログラム　9

個人―環境適合　157, 196

個人―職業適合　196

個人―職務適合　196

個人―組織適合　196

コミュニケーション　183-189, 190-192

コミュニティスクール（学校運営協議会制度）　59

今後の学校におけるキャリア教育・職業教育の在り方について（2011年，中央教育審議会）　52

今後の社会の動向に対応した生涯学習の振興方策について（平成4年8月3日）　64

今後の地方教育行政の在り方について（1998年9月21日）　53

さ

差異スコア法　165
財政力　122, 125
三者間　185
三層立体構造法　166
三位一体の改革　53
CAI　55
CMI　55
七五三問題　39
自治体　120, 122, 125,
　126
疾病性　7 , 227
指導が不適切な教員の人事
　管理に関する取組等につ
　いて　10, 61
指導の困難さ　129
順位相関スコア法　167
小規模（校）　144, 145,
　147, 149, 151, 152
情緒的消耗感　198
職業適合　158
職能適合　158
職場適合　157
職務葛藤　129
職務継続　227
職務遂行上の葛藤　198
職務ストレッサー　129
職務適合　157
職務の過剰要求　198
職務の成果　78
職務負担感　129
職務満足感　78, 160
事例性　7 , 227
心因性精神疾患　12
人格障害　12
新学力観　57
新型うつ病　5
人口減少　66
人事心理学　157
心理学主義的誤謬　131
ストレス　120, 123,
　143, 144

――流出理論　88
精神疾患　119-122, 125,
　126
精神性疾患を理由とする病
　気休職者　131
生徒指導提要　52
生徒指導の手引　22, 52
全国学力・学習状況調査
　181
相当免許状　68
ソーシャルキャピタル
　105
ソーシャルサポート
　130, 162
属性　184, 186, 190-192
組織コミットメント
　160
組織文化　172, 214
組織マネジメント　197

た

第一次ベビーブーム世代
　25
大規模（校）　143-145,
　147, 149, 151
第三の教育改革　30, 51
対人葛藤　184-193
脱人格化　205
達成感の後退　203
地域性　120
チームワーク　208
地方公共団体の勤務条件等
　に関する調査結果
　13
中堅　184, 192
直接測定法　165
通常の学級に在籍する発達
　障害の可能性のある特別
　な教育的支援を必要とす
　る児童生徒に関する調査
　結果について　62
適正　143, 144

統廃合　67
同僚　184, 186, 188-193
　――信頼　133
　――性　93
特別支援教育を推進するた
　めの制度の在り方につい
　て（2005年，中央教育審
　議会答申）　52

な

内因性精神疾患　12
ならし出勤　13
ノーマイライゼーション
　52, 63

は

バーンアウト　129, 195
評価懸念　197
病気休暇　2
病気休職　2 , 119-122,
　125, 126
開かれた学校　57, 64
復職試行期間制度　13
分限処分　119, 120
平成の大合併　53
保護者信頼　133

ま

マルチレベルモデル
　131
ミドルリーダー　115
メリトクラシー　32
メンタルヘルス　120,
　123, 126
モンスターペアレント
　57, 58
文部科学省　119-121

や

役割曖昧職務の負担感
　198
やりがいのない多忙感

44

ユーストレス過程（ユー・
　ストレス・プロセス）
　79, 219

ゆとり　39

ユネスコ・ILOの勧告
　23

幼稚園，小学校，中学校，
　高等学校及び特別支援学
　校の学習指導要領等の改

善について（2008年，中
　央教育審議会答申）
　52

要保護　122, 125

四六答申　30, 51

ら

ライフコース研究　90

リアリティ・ショック
　81

離職　227

リハビリ出勤　7

リワークプログラム
　7, 9

わ

ワークライフバランス
　82

著者紹介（*は編者）

北神　正行　国士舘大学体育学部教授*

増田健太郎　九州大学人間環境学研究院人間科学部門教授

露口　健司　愛媛大学教育学部教授

波多江俊介　熊本学園大学商学部講師

高木　　亮　就実大学教育学部准教授*

教師のメンタルヘルスとキャリア

2016年2月20日　初版第1刷発行　（定価はカヴァーに表示してあります）

編　者　高木　亮
　　　　北神正行
発行者　中西健夫
発行所　株式会社ナカニシヤ出版
　　　　〒606-8161　京都市左京区一乗寺木ノ本町15番地
　　　　　　　　　　Telephone　075-723-0111
　　　　　　　　　　Facsimile　075-723-0095
　　　　　　Website　http://www.nakanishiya.co.jp/
　　　　　　Email　iihon-ippai@nakanishiya.co.jp
　　　　　　　　　　郵便振替　01030-0-13128

装幀＝白沢　正／印刷・製本＝西濃印刷株式会社
Printed in Japan.
Copyright © 2016 by R. Takagi & M. Kitagami
ISBN978-4-7795-1037-3

本書のコピー，スキャン，デジタル化等の無断複製は著作権法上での例外を除き禁じられています。本書を代行業者等の第三者に依頼してスキャンやデジタル化することはたとえ個人や家庭内の利用であっても著作権法上認められておりません。